普通高等教育汽车类专业精品系列教材

新能源汽车检测与诊断实验

主　编　毛彩云　周锡恩　龙纪文
主　审　王海林

北京理工大学出版社
BEIJING INSTITUTE OF TECHNOLOGY PRESS

内 容 简 介

本实验教程根据实验教学实际，结合现代汽车检测与故障诊断技术的发展，以纯电动汽车和混合动力汽车技术为主，选取了汽车整车、驱动电机、动力电池、发动机、底盘、车身电器等，精心编写了 26 个相关实验。每个实验主要分为问题导入、实验目的、实验内容、实验前准备工作、实验注意事项、仪器结构功能、操作步骤、数据标准与故障分析八部分以及思考题，以激发学生学习兴趣，提高学生的独立思考能力。

本实验教程可作为本科院校及高职高专院校汽车类专业的实验教材，也可作为广大汽车维修从业人员的培训指导书。

版权专有　侵权必究

图书在版编目(CIP)数据

新能源汽车检测与诊断实验／毛彩云，周锡恩，龙纪文主编. —北京：北京理工大学出版社，2020.12

ISBN 978-7-5682-9392-1

Ⅰ. ①新… Ⅱ. ①毛… ②周… ③龙… Ⅲ. ①汽车-故障检测-高等学校-教材②汽车-故障诊断-高等学校-教材 Ⅳ. ①U469.707

中国版本图书馆 CIP 数据核字(2020)第 263634 号

出版发行 ／ 北京理工大学出版社有限责任公司
社　　址 ／ 北京市海淀区中关村南大街 5 号
邮　　编 ／ 100081
电　　话 ／ (010)68914775(总编室)
　　　　　　(010)82562903(教材售后服务热线)
　　　　　　(010)68948351(其他图书服务热线)
网　　址 ／ http://www.bitpress.com.cn
经　　销 ／ 全国各地新华书店
印　　刷 ／ 三河市天利华印刷装订有限公司
开　　本 ／ 787 毫米×1092 毫米　1/16
印　　张 ／ 17.25　　　　　　　　　　　　　　　责任编辑 ／ 高　芳
字　　数 ／ 372 千字　　　　　　　　　　　　　　文案编辑 ／ 赵　轩
版　　次 ／ 2020 年 12 月第 1 版　2020 年 12 月第 1 次印刷　　责任校对 ／ 刘亚男
定　　价 ／ 52.00 元　　　　　　　　　　　　　　责任印制 ／ 李志强

图书出现印装质量问题，请拨打售后服务热线，本社负责调换

前言

随着汽车工业和汽车技术的快速发展，新能源汽车随之发展迅速，尤其是纯电动汽车和混合动力汽车技术较为成熟，在国家政策的支持下，越来越多的人开始使用新能源汽车，但随之而来的是新能源汽车检测维修专业技术人才的缺乏。随着科学技术的进步和检修对象的发展变化，传统的检测方法和检测设备已不能满足新能源汽车的检测需求，因此，有必要根据新形势对新技术的需求编写新能源汽车检测与诊断实验，以培养更多新能源汽车检测维修专业技术人才。

本实验教程根据实验教学实际，结合现代汽车检测与故障诊断技术的发展，以纯电动汽车和混合动力汽车技术为主，选取了汽车整车、驱动电机、动力电池、发动机、底盘、车身电器等，精心编写了 26 个相关实验。

本实验教程分为三章，分别为：第一章新能源汽车动力系统检测与诊断实验，包括汽车故障诊断仪的使用、驱动电动机性能检测与诊断等 14 个实验；第二章新能源汽车底盘检测与诊断实验，包括微机型四轮定位仪的使用、气泡水准式四轮定位仪的使用等 6 个实验；第三章车身与电器检测与诊断实验，包括灯光检测、非接触温度检测等 6 个实验。每个实验主要分为问题导入、实验目的、实验内容、实验前准备工作、实验注意事项、仪器结构功能、操作步骤、数据标准与故障分析八部分以及思考题，以激发学生学习兴趣，提高学生的独立思考能力。

本实验教程由广州欧纬德教学设备技术有限公司教研中心统筹组织策划，由华南农业大学一线教师毛彩云、周锡恩和企业技术骨干龙纪文主编，王海林老师主审。本教程可作为本科院校及高职高专院校汽车类专业的实验教材，以提高汽车类相关专业毕业生的专业技能，也可为相关专业教师在实验教学过程中提供规范和指导。

本实验教程的编写过程中，学生张文烨、潘健坤、谢是宇、林嘉铨、任宇乾、李潇阳、周柱森、钟梓崇等参与了实验的全过程并做了大量的资料收集和整理工作，在此致以衷心的感谢。本书列出了参考并引用的一些书籍，在此也向原作者表示感谢！

限于编者的经历和水平，书中难免存在不妥或者错误之处，敬请广大读者批评指正。

目 录

第一章 新能源汽车动力系统检测与诊断实验 (1)
- 实验1 汽车故障诊断仪的使用 (1)
- 实验2 驱动电动机性能检测与诊断 (14)
- 实验3 动力电池检测与诊断 (42)
- 实验4 电源管理系统检测与诊断 (75)
- 实验5 充电系统检测与诊断 (83)
- 实验6 DC-DC转换器检测与诊断 (88)
- 实验7 新能源汽车永磁电动机解剖演示台 (93)
- 实验8 三元锂电池与磷酸铁锂电池结构解剖及故障诊断 (98)
- 实验9 发动机综合性能检测 (110)
- 实验10 汽油机尾气监测 (129)
- 实验11 气缸压力检测 (141)
- 实验12 气缸、曲柄连杆组件故障检测 (146)
- 实验13 发动机功率检测 (151)
- 实验14 喷油嘴清洗检测仪的使用 (155)

第二章 新能源汽车底盘检测与诊断实验 (164)
- 实验1 微机型四轮定位仪的使用 (164)
- 实验2 气泡水准式四轮定位仪的使用 (172)
- 实验3 轴重、侧滑、悬架和制动系统综合性能测试 (178)
- 实验4 车轮动平衡测试 (187)
- 实验5 轮胎气压检测 (193)
- 实验6 转向性能检测 (196)

第三章 车身与电器检测与诊断实验 (205)
- 实验1 灯光检测 (205)
- 实验2 非接触温度检测 (216)
- 实验3 噪声检测 (222)

实验 4　万用表的使用 …………………………………………………（231）
实验 5　空调检测 ……………………………………………………（235）
实验 6　ADO 示波器的使用 …………………………………………（242）
思考题参考答案 ………………………………………………………（251）
参考文献 ………………………………………………………………（268）

第一章 新能源汽车动力系统检测与诊断实验

实验1 汽车故障诊断仪的使用

一、问题导入

当纯电动汽车无法正常启动或空调无法正常工作时，快速地判断故障点是非常重要的。随着电子技术尤其是计算机技术在汽车上的应用越来越广泛，汽车在动力性、经济性、安全性、排放性、舒适性等方面都有很大的提高和改善。但汽车电器故障占汽车总故障的比重也在不断提高，对广大维修技术人员的要求也越来越高，而汽车检测仪器与检测设备的发展和应用，极大地提高了电器故障的快速诊断。如何用现代的检测技术对汽车电控系统（电控系统）进行全面的故障诊断，是维修人员迫切需要掌握的诊断技术。现代汽车诊断技术是从20世纪50年代末到70年代初发端的。首先出现的是一些专用的检测仪器，如发动机正时提前测试仪，这些仪器主要对发动机进行检测和检验，只是故障诊断的辅助工具。1976年，美国通用公司推出世界上第一个电子点火控制系统（简称"点火系统"）MISAR，其已具备了自诊断功能，它不但能控制点火系统，而且能对发动机冷却水温度、电路内部故障和蓄电池电压信号进行实时监控，发生异常情况时点亮报警指示灯。MISAR的出现带动了其他各汽车生产商对车上诊断系统的研制。20世纪80年代后，技术发展迅速，故障诊断仪已能够对各个传感器、执行器和ECU（电子控制单元）本身进行监测；并能判断和区分故障类型，以故障码的形式存储起来，供维修人员用专门的故障代码设备读出，这就给用户在汽车运行中及时发现故障和汽车修理时故障的查询带来极大的方便。

汽车故障诊断仪是汽车故障自检终端，是用于检测汽车故障的便携式智能汽车故障自检仪，用户可以利用它迅速地读取电控系统中的故障，并通过液晶显示屏显示的故障信息，迅速查明发生故障的部位及原因。

本节将介绍如何运用汽车故障诊断仪（俗称解码器）对电控系统进行故障诊断以及故障排除的方法。不同的解码器有不同的使用方法，本实验以北汽纯电动汽车诊断仪（VCX）为例进行介绍。

二、实验目的

（1）掌握北汽纯电动汽车诊断仪（VCX）的使用方法。
（2）学会使用汽车故障诊断仪读取故障码和清除故障码。
（3）学会使用汽车故障诊断仪进行系统匹配和动作元件的测试。
（4）学会使用汽车故障诊断仪进行数据流测试和动力元件测试。
（5）学会使用汽车故障诊断仪对汽车故障进行诊断。

三、实验内容

VCX 可检测新能源汽车整车控制器、驱动电动机系统、电池高压管理系统、制动防抱死系统、电动助力转向系统、组合仪表、远程监控系统等，基本覆盖了电动车的核心系统部件。

（1）查控制电脑型号：读取所测电控系统的电脑版本型号、系统类型、发动机类型、控制单元编号及服务站代码等。

（2）读取故障码：电控系统的电子控制单元（电控单元）内部一般都有一个故障自诊断电路系统（OBD），它能在运行过程中不断监测电控系统各部分的工作情况，并能检测出电控系统中大部分故障，将故障以代码的形式存储在电控单元的存储器内。维修人员可按照特定的方法将故障代码读出，为检测与诊断电控系统提供依据。

（3）清除故障码：在电控系统故障排除后，必须清除故障代码，才能让电控系统正常工作。

（4）读取数据流：对电控系统参数瞬时值的检测并不能完整反映其工作状况的好坏。有时瞬间检测出的参数是正常的，但进行连续检测后会发现在另外的一瞬间参数是不正常的。因此，诊断故障时常采用检测和分析数据流的方法。汽车数据流分析是对数据的数值变化规律和数值变化范围、数值响应的速率、数据与数据之间的关系进行分析，以及相同车种及系统在相同条件下的相同数据组进行比较分析或与标准数据组进行比较分析。

（5）系统基本调整：电控系统某些基本运行参数的设定。

（6）读取独立通道数据：读取控制电脑的运行数据（以单通道数据显示）。

（7）控制单元编码：如果车辆的代码没有显示或主电脑已更换，则必须给控制单元编码。根据车辆使用的国家、地区和发动机、变速器及其他配置输入适当的设定号（CODING NUMBER）。

（8）检测执行元件：驱动执行元件单独工作，检测执行元件工作是否正常。

(9)通道调整匹配:根据厂方要求和实际需要修改和输入某些设定值。

四、实验前准备工作

1. 软件运行环境

(1)硬件要求:笔记本电脑,台式机,平板(Pad),系统盘空间不小于5G,内存不小于1G。

(2)操作系统:WINDOWS XP SP3,WIONDOWS 7 和 WIONDOWS 8,暂不支持 WINDOWS RT。

(3)网络要求:本软件需要在线激活和网络下载,务必保证正常连接 Internet。

(4)安装条件:Windows 登录账户必须是管理员身份。

2. 软件下载与安装

在软件运行环境合适的情况下,进行软件的下载和安装。

3. 连接测试插头

通过诊断主线和测试插头将汽车诊断座与北汽纯电动汽车诊断仪连接起来。

五、实验注意事项

(1)第一次使用无线诊断系统(BDS)时,需先激活产品,激活过程如下。

进入无线诊断系统界面,选择"用户激活"选项并确定后,进入用户隐私界面,请对此保管好此信息,以免被他人使用,如图1-1-1所示。

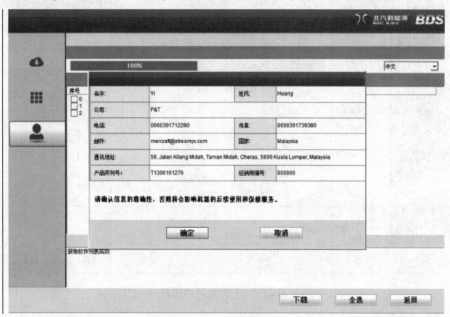

图 1-1-1 用户隐私界面

填写完毕后,单击"确认"按钮,确认填写的信息是否符合要求。再单击"确认"

按钮，保存用户信息，如图 1-1-2 所示。

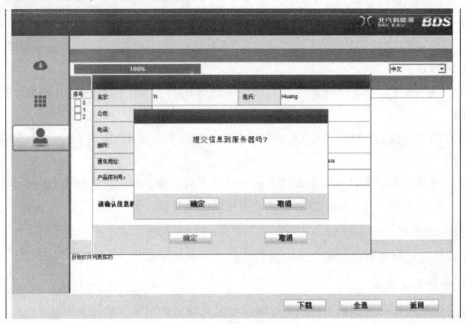

图 1-1-2　保存用户信息

单击"确认"按钮完成激活，如图 1-1-3 所示。

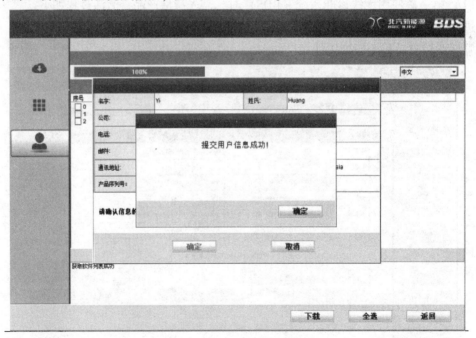

图 1-1-3　激活用户信息

（2）为保证仪器的正常使用，需确定 USB 连接和网络是否正常工作。如果 USB 连接失败，则硬件版本会显示"未知"，如图 1-1-4 所示。

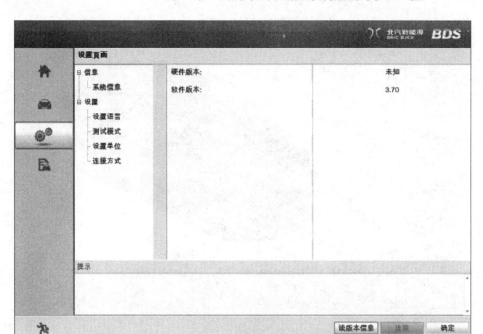

图 1-1-4　设置页面

六、仪器结构功能

（1）VCX 介绍：VCX 实物如图 1-1-5 所示，VCX 具备无线诊断，包括读 ECU 信息、故障码分析、冻结帧数据记录、元件执行、电脑编程、匹配等功能。VCX 的软件管理功能包括产品软件管理等功能。VCX 配置中主要包含下列软件：整车控制器、安全气囊、驱动电动机系统、动力电池系统、组合仪表、车载充电机、远程监控系统、电动助力转向系统、中控信息娱乐系统、车身电控模块。

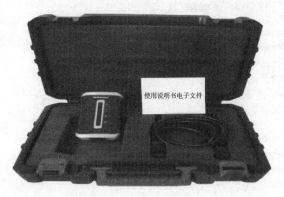

图 1-1-5　VCX 实物

（2）无线诊断系统主界面如图 1-1-6 所示。其中介绍和描述产品性能和品牌。

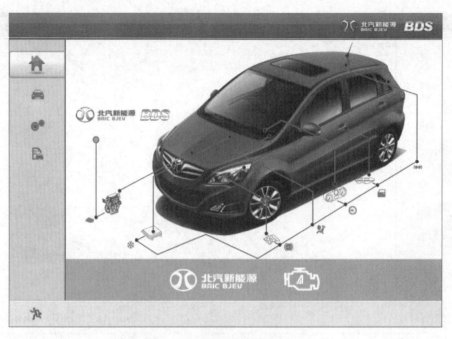

图 1-1-6　无线诊断系统主界面

（3）汽车智能诊断系统是汽车无线诊断系统的核心功能，它提供了简易而专业的汽车综合诊断功能，包括读 ECU 信息、故障码分析、数据流分析、冻结帧数据记录、元件执行、电脑编程、匹配、设定和防盗等功能。

（4）系统设置界面如图 1-1-7 所示。它提供设置语言、测试模式、设置单位和连接方式等功能，从而丰富了用户体验。

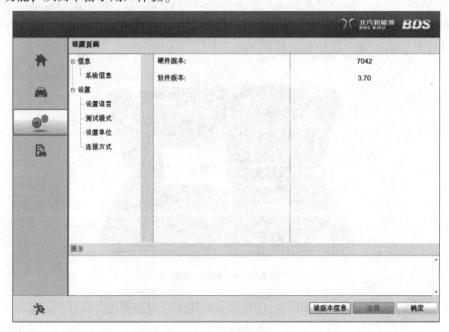

图 1-1-7　系统设置界面

设置语言界面：用户可以根据不同语言需求选择不同语言，如图1-1-8所示。

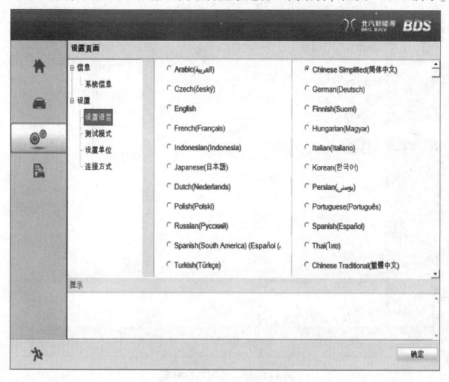

图1-1-8 设置语言界面

测试模式界面：提供演示模式，以方便BDS未连接VCI（蓝牙连接盒）情况下展示软件功能，模拟BDS工作时的情况，如图1-1-9所示。

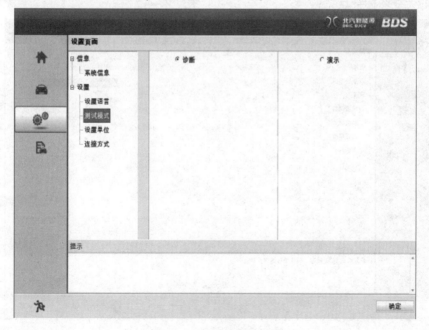

图1-1-9 测试模式界面

设置单位界面：提供单位的公、英制转换，如图 1-1-10 所示。

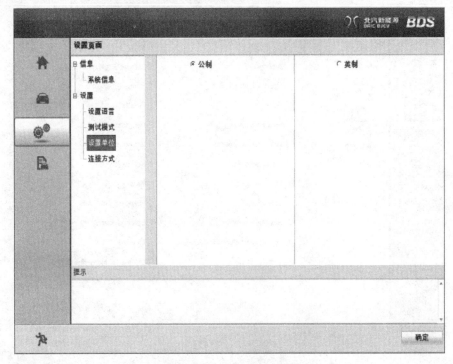

图 1-1-10　设置单位界面

连接方式界面：VCI 固定的 SSID（服务集标识符）为 UCANDAS，如图 1-1-11 所示。如果你的 WIFI 自动连接没有成功，请手动设置 WIFI 连接到 UCANDAS，WIFI 连接成功后，VCI 的无线图标会点亮。

图 1-1-11　连接方式界面

(5) 产品软件管理：用于甄别汽车诊断软件的版本信息，以便客户升级软件；用于客户管理汽车诊断车型软件；用于注册用户信息，以加强用户的安全性，以及客户打印测试报告时显示用户信息。产品软件管理功能说明，如表1-1-1所示。

表1-1-1　产品软件管理功能说明

功能图标	功能名称	功能描述
	软件升级	自动甄别车型软件版本，一键式升级产品软件，在减少用户操作复杂度的同时，节约用户的时间
	车型管理	协助用户删除不需要的车型软件
	用户激活	记录用户基本信息，加强用户与厂家联系，以及时共享厂家资源；增加用户对产品使用安全，方便客户投诉和反馈建议

(6) 系统退出：安全退出 BDS。

七、操作步骤

以北汽新能源 E150EV 为例介绍具体操作步骤。

(1) 将 VCI 连接到汽车的 OBD（车载自动诊断系统），VCI 另一端连接电脑，连接完后，电源指示会灯亮起。

(2) 启动 BDS，单击"系统设置"图标，"连接方式"设置为"J2534"。

(3) 在诊断界面中单击需汽车诊断的车标。以北汽新能源 E150EV 为例，如图 1-1-12 所示。

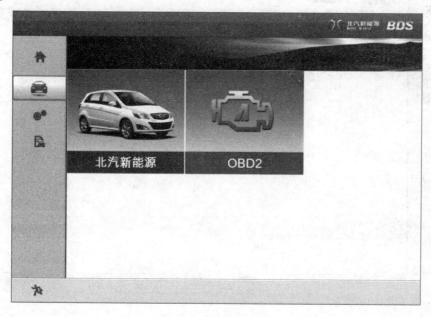

图 1-1-12　诊断界面

(4)选择需要的车型图标,单击软件版本,进入对应车型的诊断程序,如图1-1-13所示。

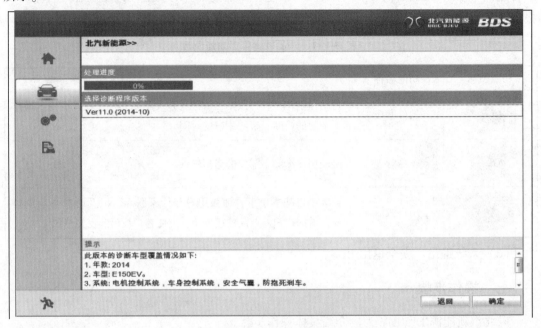

图1-1-13 进入诊断程序

(5)在图1-1-13中单击"确定"按钮,进入车辆选择,如图1-1-14所示。这里选择车型为"EX系列",批次为"E150EV"。

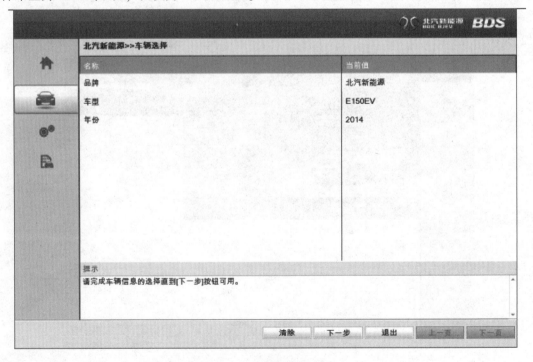

图1-1-14 车辆选择界面

(6) 进行车型诊断，如图 1-1-15、图 1-1-16 所示。

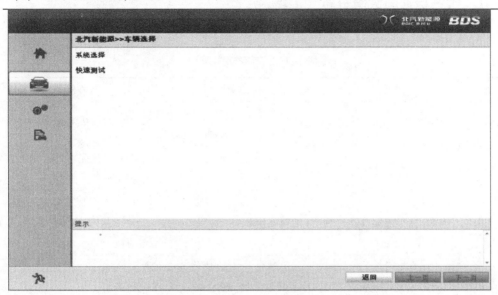

图 1-1-15　车辆选择界面

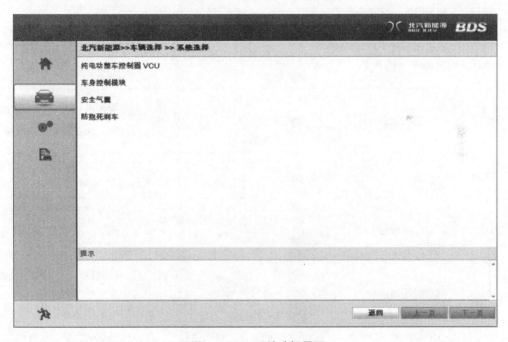

图 1-1-16　系统选择界面

(7) 浏览故障码及清除故障码。

八、数据标准与故障分析

EX360 故障码，如表 1-1-2 所示。

表 1-1-2 EX360 故障码

故障码	定义	故障原因	故障修复方法
C004601	大气压力传感器故障	应变片胶层有气泡或者有杂质，应变片胶层本身性能不稳定	更换压力传感器
U300316	蓄电池电压低	电解液比重或液面过低，板极间短路，极板硫化	给蓄电池充电，若充电失败则更换蓄电池
P169E09	ECC 内存内部故障	电位器损坏或电源线未接好	检查温控传感器是否开路，是否接反接错，是否需要更换
U025987	和 ECC 内存通信丢失	蓄电池加热模块故障或者加热模块和电池之间连接线截断	更换新线束
U010087	和 VCU（整车控制器）通信丢失	VCU 线束磨损	更换线束
U010000	和 EMS 通信丢失	电控电脑线路故障，电脑的插头松脱	检查线路，压紧电脑插头
U000700	CAN 总线欠压	汽车工作电压不正常，CAN 总线系统的链路故障，CAN 总线系统的节点故障	测量车辆电压，检查电压是否正常，是否需要更换线束
P182231	电子锁上锁反馈信号丢失故障	蓄电池没电，磁场干扰，干扰器和解码器影响	对遥控器进行清码，重新对码
U100587	网络管理跛行回家	蓄电池电量过低或传感器故障	给蓄电池充电，检查传感器是否正常，是否需要更换传感器
P150264	倒车雷达通信丢失	传感器不工作，或传感器内部接触不良，或系统显示器或蜂鸣器不工作	检查控制器与传感器之间是否正常工作，若不能正常工作则更换传感器
P118722	温度不均衡	温度传感器故障或线路问题	更换温度传感器或更换线路
U300316	MCU 低压电源欠压故障	输入电压偏低，输入端导线过细，线损过大	换用更大功率的输入电源，将输入电压调准或更换输入导线
P116016	IGBT 驱动电路过流故障	输入电压偏高，输出端悬空或无负载，实际负载过轻	将输入电源调准，检查负载状况，避免负载过轻或空载现象

续表

故障码	定义	故障原因	故障修复方法
P0A001C	电动机温度检测回路故障	温度传感器故障或线束故障	更换温度传感器或更换线速
U014000	BCM 通信丢失	BCM 损坏或线路问题	更换 BCM 或更换导线
U100587	网络管理故障	网络总线负载率过高或软件问题引起网络不正常	调整网络总线负载率，使其正常运行，对每个软件模块进行分析
P101221	SOC 太低报警	电流不校准，电池长期未深度充电	校准电流，每周做一次深度充放电
B116414	近光灯继电器控制输出短接到地或开路	继电器损坏或线路损坏	更换继电器或更换新线路
B110314	前雾灯继电器控制输出短接到地或开路	继电器损坏或线路损坏	更换继电器或使用新线路
B113914	喇叭继电器控制输出短接到地或开路	继电器损坏或线路	更换继电器或使用新线路

其他车型故障码如表 1-1-3 所示。

表 1-1-3　其他车型故障码

故障码	定义	故障原因	故障修复方法
P0519	驱动电动机超速保护故障	旋转变压器及其线路故障	修复线路或更换旋转变压器
P0520	温度传感器短路故障	温度传感器及其线路故障	修复线路或更换温度传感器
P0772	驱动电动机系统生命信号故障	供电熔丝或线路故障，或驱动电动机控制器损坏	更换供电熔丝或更换驱动电动机控制器
P1280	驱动电动机过热故障	冷却液不足 冷却系统堵塞 冷却泵不工作 散热风扇不工作	视情况补充冷却液，疏通冷却系统，更换冷却泵或散热风扇
P1793	驱动电动机发电模式失效故障	驱动电动机控制器及其线路故障	修复线路或更换驱动电动机控制器

九、思考题

（1）VCI 连接到汽车的 OBD 后，硬件显示"未知"是出现了什么问题？

（2）当使用汽车诊断仪检测安全气囊（SDM）时当前值显示为"N/A"，这有何含义？

（3）什么情况下需要对汽车进行故障码清除？

实验2 驱动电动机性能检测与诊断

一、问题导入

驱动电动机在电动汽车上承担了类似于发动机在传统汽车上的功能，车辆行驶时，依靠驱动电动机提供行进的动力。驱动电动机的主要功能在于将蓄电池中的电能转换成机械能，以及通过蓄电池的制动功能，反馈车辆的动能。

随着时代进步，驱动电动机也在更新换代。在电动车发展初期，凭借着控制装置简单、成本较低等特点，在电动汽车发展早期，直流电动机成了很多电动车制造厂的首选方案。但同时直流电动机本身的缺点也非常突出，首先电刷和机械换向器等组成了其自身较为复杂的机械结构，同时还制约了它的过载能力和电动机转速。而且在长时间高速大负荷下运行时，换向器表面还会出现火花，以上这些因素都会影响到整车性能。随着碳刷的磨损，如果不及时进行保养维护，电动机的可靠性和寿命都会有所降低，目前的电动汽车已经将直流电动机基本淘汰。交流异步电动机是当今工业中主流电动机之一，它也叫感应电动机，它拥有结构简单、耐用可靠、维修方便等优点。因为其定子、转子之间没有相互接触的机械部件，所以结构上较为简单，加上免去了磨损部件，运行也更加可靠。与直流电动机相比，交流异步电动机的功率更高，质量还轻了1/2左右。但在高转情况下电动机的转子会出现发热严重等问题，为了保证电动机的冷却，交流异步电动机还需要配备冷却系统，这也导致了成本偏高。驱动电动机的主要功能是将车辆中的电能转换为机械能，保证汽车能够正常行驶。

通过对维修厂驱动电动机故障调研，收集到以下故障案例。

组合仪表报"系统故障、联系维修""EHPS失效"。故障提示：车辆掉高压电无法READY（此时控制器已关闭IPU，无法再上高压电）；断12 V负极或者清除故障码后，车辆可以READY，但一挂挡后，车辆无法行驶，明显听到前驱动电动机空转的声音；检查差速器、减速器连接轴与驱动电动机结合位置有油迹渗出。面对此故障，先使用故障诊断仪查询系统存在的故障码，通过故障码报告，很容易联想到高压互锁问题，但是高压互锁问题是报出驱动电动机3级故障的原因，还是因为驱动电动机3级故障引起了高压互锁问题，这个时候往驱动电动机方向去排查问题，上述故障还有过速故障，所谓过速实际就是一个没有负载、超过峰值的转速。检修过程中首先检查驱动电动机的接插件，检查该插件是否接插良好；其次检查驱动电动机与减速器连接轴的结合面，检查是否有油渗出。如有油渗出且能听见明显的空转声音，则需要重点检查减速器连接轴的状态。如果上述两个地方状态良好，则测量驱动电动机插头的旋变量。如果该点旋变值不符合要求，则可判定该驱动电动机内部存在故障。

二、实验目的

（1）对常见故障现象做出合理的检测诊断，以及采取相应的处理方法。

（2）了解电动车直流驱动电动机与驱动控制器综合测试系统的检测原理、结构及特点。

（3）熟悉电动车直流驱动电动机与驱动控制器综合测试系统的检测功能。

（4）清楚各项检测项目对驱动电动机性能的影响，掌握电动车直流驱动电动机与驱动控制器综合测试系统的操作方法。

（5）综合处理测试结果，对驱动电动机及其控制系统的性能、车辆技术状况做出较正确的判断。

三、实验内容

1. 汽车故障诊断仪的使用

汽车故障诊断仪的使用参考第一章实验1中的操作步骤，对故障车辆进行预先检测。

2. 驱动电动机的性能检测

（1）使用电动车直流驱动电动机与控制器综合测试系统对驱动电动机及驱动控制器进行测试，表1-2-1为实验项目。

表1-2-1　实验项目

实验项目	实验项目
电动机转速测试实验	电动机功率扭矩测试实验
电动机空载实验	电动机总体效率实验
电动机温升测试实验	驱动控制器过载能力实验
电动机堵转测试实验	

（2）进行了上述实验项目，对产生的数据进行分析，得出电动机的温升特性、工作特性、效率等。

（3）根据数据分析结果，评测驱动电动机及驱动控制器性能。

四、实验前准备工作

1. 驱动电动机及驱动控制器的要求

驱动电动机及驱动控制器表面不应有锈蚀、碰伤、划痕，涂覆层不应有剥落，紧固件连接应牢固，引出线或接线端应完整无损，颜色和标志应正确，铭牌的字迹和内容应清晰无误，且不应脱落。

2. 电动车直流驱动电动机与驱动控制器综合测试系统的准备

（1）检查系统。检查系统接线，电源电压是否正常，插座是否已经插好，如无异常，开启控制柜电源，电源开关位置如图1-2-1所示，控制柜电源开启后，控制柜交流停止指示灯亮，3个三相交流电流电压表开始工作，则控制柜运行正常，如图1-2-2所示。

图 1-2-1　电源开关位置

图 1-2-2　系统检查完成

（2）选择供电。选择交流电为电动机供电，按下交流启动按钮，电源启动指示灯亮，力矩数显表亮，如图1-2-3所示。

（3）点火启动。将钥匙开关打到ON挡，直流电压指示灯亮起，综合显示仪表工作，如图1-2-4所示。

图 1-2-3　选择供电

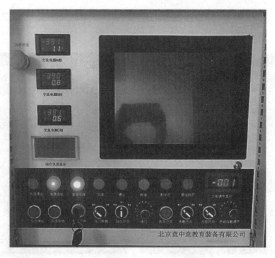

图 1-2-4 点火启动

(4) 打开测试软件。控制柜指示灯上方有银色按钮,按下打开电脑,在电脑屏幕上打开测试软件,开始测试,如图 1-2-5 所示。

(5) 测试过程中,有手动测试和自动测试。手动测试是指在控制柜上通过油门旋转开关、手动加载旋转开关来控制电动机的油门和加载量;自动测试是通过上位机测试软件来控制电动机的油门和加载量。

(6) 选择所要控制的方式并进行实验。

(7) 手动测试操作过程:首先将油门转换开关打到手动挡(测试过程中挡位开关一般都打到前进挡);然后通过控制油门旋转开关调节油门大小,将负载开关打到启动挡,测功机指示灯亮;最后力矩开关打到手动挡,通过控制手动加载旋转开关调节电动机负载,如图 1-2-6 所示。

图 1-2-5 测试软件界面

图 1-2-6 手动测试

(8) 自动测试操作过程:首先将油门转换开关打到自动挡(测试过程中挡位开关一般都打到前进挡);然后在上位机右下方选择"油门控制值",通过快加、快减、慢加、慢减控制油门大小,或者通过"油门值"直接设置油门大小,如图 1-2-7 所示。

将负载开关打到启动挡,测功机指示灯亮;最后力矩开关打到自动挡,在上位机右下方选择"制动加载值",通过快加、快减、慢加、慢减控制加载量大小,或者通过制动值直接设置加载量大小,如图1-2-8所示。

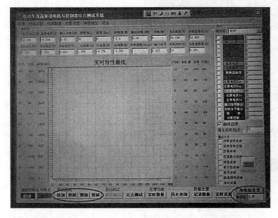

图1-2-7 设置油门值大小

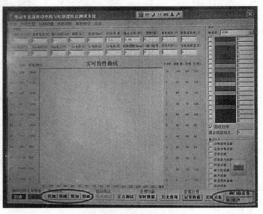

图1-2-8 设置加载值大小

3. 测试软件的使用

测试软件主界面如图1-2-9所示。

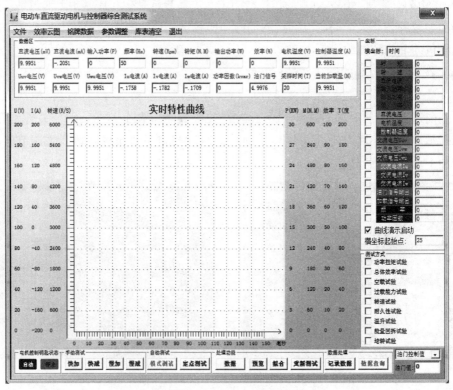

图1-2-9 测试软件主界面

1)操作实验详细指导方法

(1)如何通过控制器钥匙状态观测电动机是否启动?

启动按钮为红色,停止按钮为黑色,启动状态如图1-2-10所示。

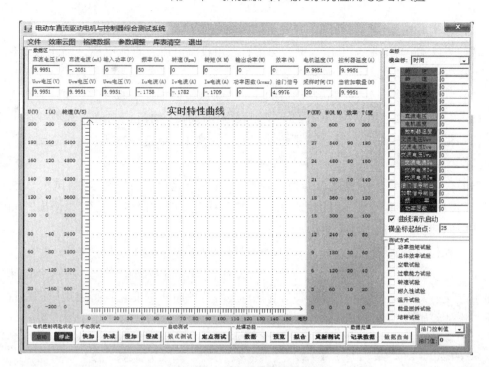

图 1-2-10 启动状态

停止状态如图 1-2-11 所示。

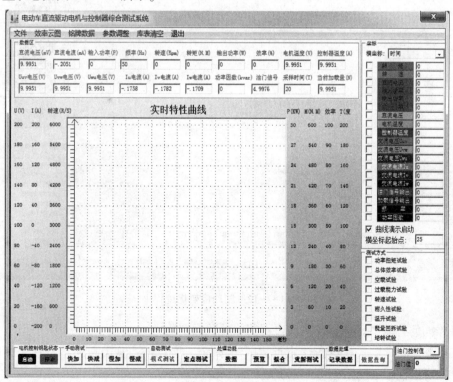

图 1-2-11 停止状态

（2）系统启动运行后如何观测各变量的实时曲线？

以观测直流电流、直流电压为例：勾选右上角直流电流、直流电压，中间部分有对应的曲线及与色标相符的颜色。

（3）如何手动测试油门值和制动值的快加、快减、慢加、慢减？

对油门值的快加：单击右下角的下拉列表框，选择"油门控制值"选项，在"手动测试"一栏单击"快加"按钮：右下角油门值由 0 变 1，单击一次再加 1，直到油门值为 3，此时单击"快减"按钮，单击后油门值为 2。

单击右下角的下拉列表框，选择"制动加载值"选项：在"手动测试"一栏单击"快加"按钮制动值由 0 变 1，此时单击"快减"按钮，制动值由 1 变 0，"慢加"和"慢减"按钮同理，但数值以 0.1 递增。

（4）如何自动测试定点油门值和制动值的快加、快减、慢加、慢减？

在"自动测试"一栏单击"定点测试"按钮，制动值自动地变化。在这个慢速递增到递减过程中，可以观测到数据区数据变化与实时特性曲线的变化；得出规律和结论，制动值变化过程如图 1-2-12 所示。

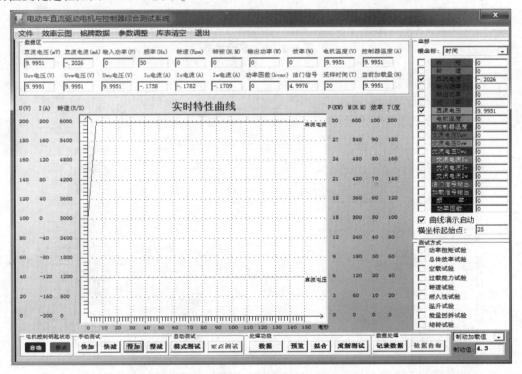

图 1-2-12 制动值变化过程

（5）如何自动测试选择模式，再观测相关数据变化？

在"自动测试"一栏单击"定点测试"按钮，再单击"模式测试"按钮，弹出"模式测试"对话框，如图 1-2-13 所示。

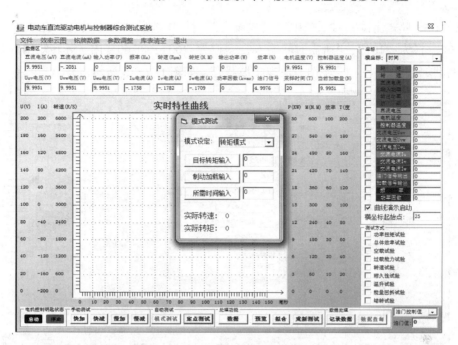

图 1-2-13 "模式测试"对话框

在"模式测试"对话框中"模式设定"一栏中选择"转速模式"选项，如图1-2-14所示，输入目标转速与所需时间观测实际转速是否到达 1 000（±0.5%），如果达到就自动保持。

在制动加载输入数值模拟爬坡时，要达到爬坡时转速保持 1 000，转矩也自动增加到 30。

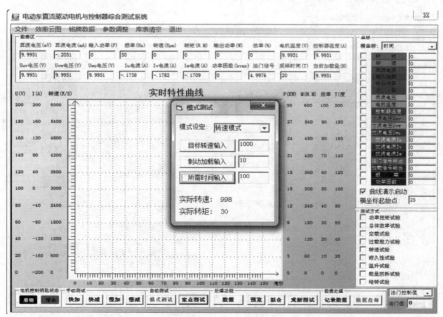

1-2-14 选择"转速模式"选项

然后在"模式测试"对话框中"模式设定"一栏中选择"转矩模式"选项。"目标转矩输入"一栏为"101","所需时间输入"一栏为"60",在60 s内实际转矩增加到99保持,"制动加载输入"一栏为10,模拟爬坡状态,如图1-2-15所示。

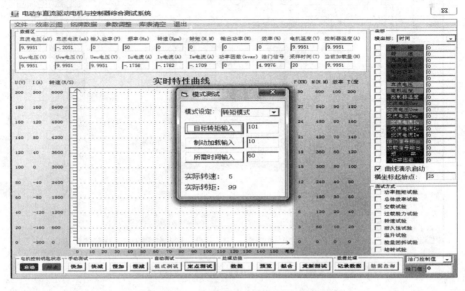

图1-2-15 选择"转矩模式"选项

如果转矩保持99 N·m,速度自动降低到5,再选择"PWM模式"选项,"脉宽百分比输入"一栏为"50","所需时间输入"一栏为"60",通过脉宽改变电流大小得出实际转速和转矩发生变化。"制动加载输入"一栏为"40"模拟爬坡,脉宽不变,功率就不变,转矩增加速度降低,如图1-2-16所示。

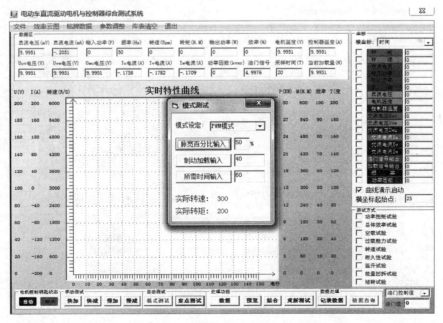

图1-2-16 选择"PWM模式"选项

（6）如何操作"测试方式"一栏里的试验？

以"温升试验"得出电流和温度之间的关系为例：勾选"测试方式"一栏内的"温升试验"选项如图1-2-17所示。勾选后坐标区内相关曲线将自动勾选。

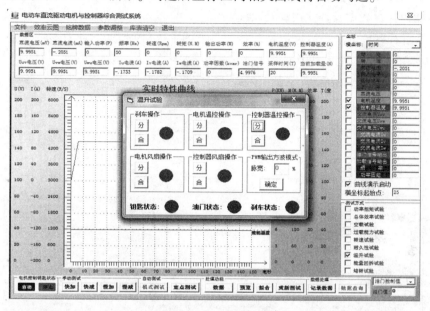

图1-2-17 温升试验

在"电机温控操作"与"控制器温控操作"一栏单击"合"按钮，如图1-2-18所示。

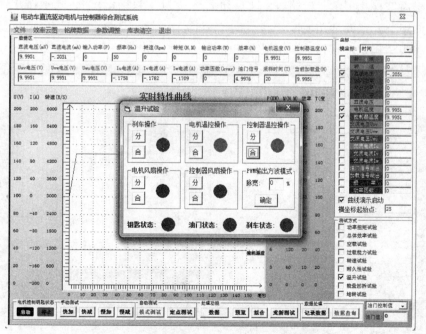

图1-2-18 设置"温升试验"对话框

关闭"温升试验"对话框，单击"手动测试"一栏中"快加"按钮，油门值增加，观测当前直流电流、电动机温度、控制器温度曲线；再单击"快加"按钮到油门值为8，油门值增加电流就增加，这时温度有变化，直流电流增加，电动机温度升高。

（7）如何保存数据及查找报表及曲线？

在主界面右下角单击"数据记录"按钮，如图1-2-19所示。此时该按钮变为"停止记录"，表示已经保存数据。

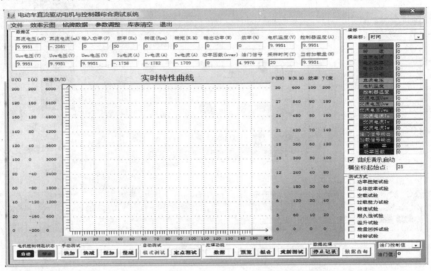

图1-2-19 保存数据

再次单击"停止记录"按钮后，此按钮名称变为"数据记录"，表示停止保存数据。单击主界面中下方"处理功能"一栏里的"数据"按钮。选择起始日期，再进行名称选择，最后单击"确定"按钮，数据报表和曲线全部展示出来，如图1-2-20所示。

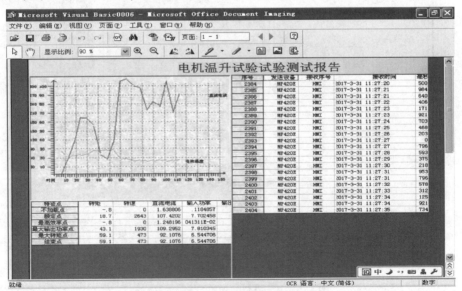

图1-2-20 数据报表和曲线

· 24 ·

单击“数据清空”按钮，数据报表数据隐藏，如图 1-2-21 所示。

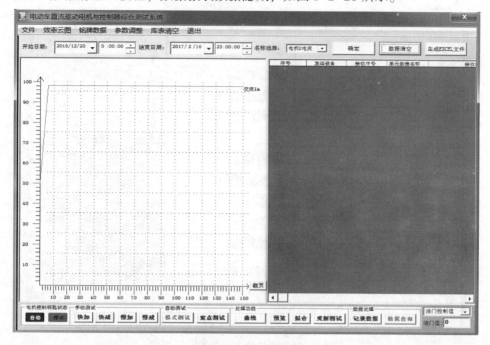

图 1-2-21 数据清空

先单击“生成 EXCEL 文件”按钮，再单击“是”按钮输入文件名，最后单击“确定”按钮数据保存成功，提示在指定目录打开指定目录的 EXCEL 文件。该文件就是保存的数据，生成 EXCEL 报表，可以打印，如图 1-2-22 所示。

Microsoft Excel - abc

	A	B	C	D	E	F	G	H	I	J	K	L	M
1	序号	发送设备	接收序	单元数据	接收	毫秒	系数	偏移量	单位	单元数据	单元数据	单元数据	单元数据
2	141	MP420	1	直流电流	2017/2/14 13:18	104	40	0	A	-0.2051	74.8022	74.8022	74.8022
3	155	MP420	2	直流电流	2017/2/14 13:18	671	40	0	A	-0.2051	74.8022	74.8022	74.8022
4	169	MP420	3	直流电流	2017/2/14 13:19	498	40	0	A	-0.2051	74.8022	74.8022	74.8022
5	183	MP420	4	直流电流	2017/2/14 13:19	147	40	0	A	-0.2051	74.8022	74.8022	74.8022
6	197	MP420	5	直流电流	2017/2/14 13:19	841	40	0	A	-0.2051	74.8022	74.8022	74.8022
7	211	MP420	6	直流电流	2017/2/14 13:19	886	40	0	A	-0.2051	74.8022	74.8022	74.8022
8	225	MP420	7	直流电流	2017/2/14 13:19	269	40	0	A	-0.2051	74.8022	74.8022	74.8022
9	239	MP420	8	直流电流	2017/2/14 13:19	306	40	0	A	-0.2051	74.8022	74.8022	74.8022
10	253	MP420	9	直流电流	2017/2/14 13:19	801	40	0	A	-0.2173	74.8022	74.8022	74.8022
11	267	MP420	10	直流电流	2017/2/14 13:19	341	40	0	A	-0.2051	74.8022	74.8022	74.8022
12	281	MP420	11	直流电流	2017/2/14 13:19	862	40	0	A	-0.2051	74.8022	74.8022	74.8022
13	295	MP420	12	直流电流	2017/2/14 13:19	50	40	0	A	-0.2051	74.8022	74.8022	74.8022
14	309	MP420	13	直流电流	2017/2/14 13:19	995	40	0	A	-0.2051	74.8022	74.8022	74.8022
15	323	MP420	14	直流电流	2017/2/16 13:17	480	40	0	A	-0.2051	74.8022	74.8022	74.8022
16	337	MP420	15	直流电流	2017/2/16 13:17	797	40	0	A	-0.2051	74.8022	74.8022	74.8022
17	351	MP420	16	直流电流	2017/2/16 13:17	183	40	0	A	-0.2051	74.8022	74.8022	74.8022
18	365	MP420	17	直流电流	2017/2/16 13:17	231	40	0	A	-0.2051	74.8022	74.8022	74.8022
19	379	MP420	18	直流电流	2017/2/16 13:17	660	40	0	A	-0.2051	74.8022	74.8022	74.8022
20	393	MP420	19	直流电流	2017/2/16 13:17	697	40	0	A	-0.2051	74.8022	74.8022	74.8022
21	407	MP420	20	直流电流	2017/2/16 13:17	87	40	0	A	-0.2051	74.8022	74.8022	74.8022

图 1-2-22 生成 EXCEL 报表

（8）如何将测试后结果存入铭牌数据历史档案？

单击菜单栏中的“铭牌数据”选项，弹出“铭牌参数设置”对话框，如图 1-2-23

所示。

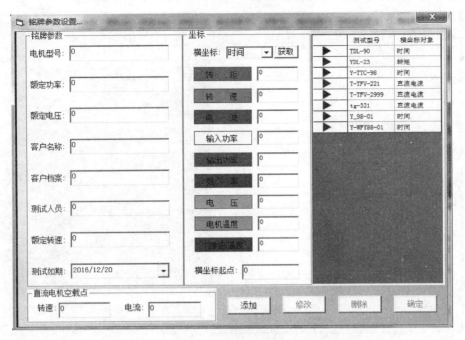

图1-2-23 "铭牌参数设置"对话框

如果测试正确,可以在"铭牌参数设置"对话框中单击"获取"按钮,得到数据值,如图1-2-24所示。此时按钮名称由"获取"变为"手写",在"铭牌参数设置"对话框中右边为历史保存的记录,中间为详细参数数据,左边为用户设备类型和用户档案。

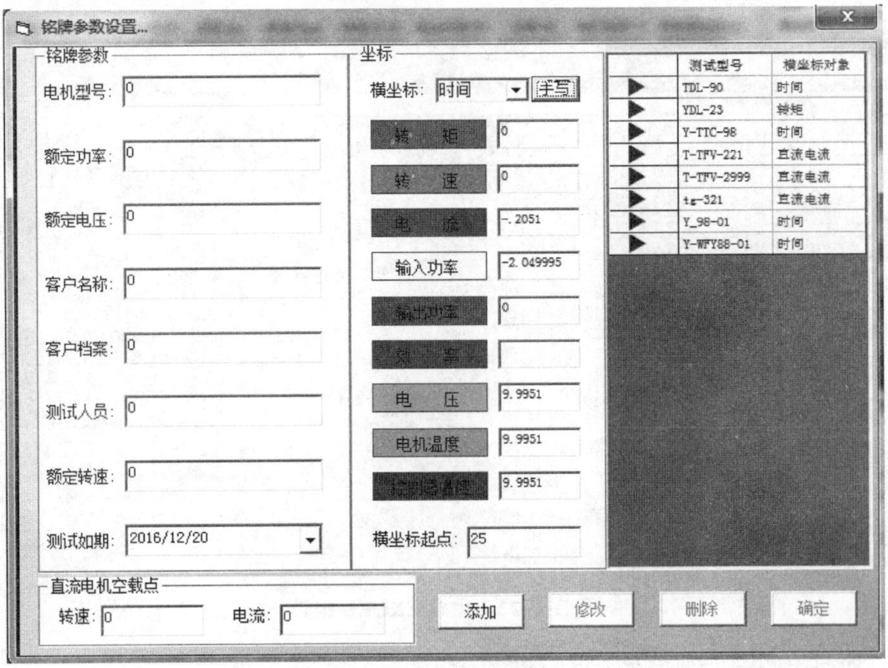

图1-2-24 获取数据值

在"铭牌参数设置"对话框中单击"添加"按钮,此时对话框左边为手动书写部分书写后单击"确定"按钮,则数据覆盖已经保存在右边区域"Y_ L_ M3"内的记录。

(9) 如何将之前已经存在的电动机型号,用现在测试后结果对铭牌数据档案进行修改?

修改"TDL-90"内的电动机参数,在"铭牌参数设置"对话框中单击右边区域"TDL-90",如图1-2-25所示。此时,"TDL-90"内的记录被调出,显示在铭牌参数区,若需对数据进行修改,可单击"修改"按钮修改数据。

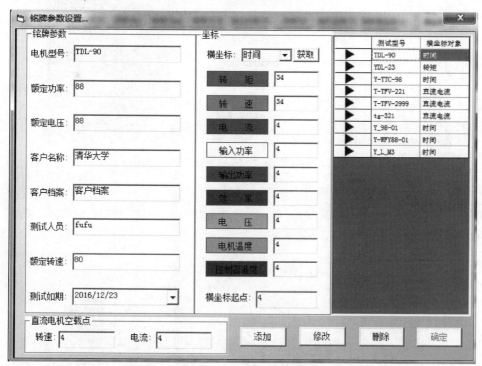

图 1-2-25 修改"TDL-90"内的电动机参数

(10) 如何将之前测试后已经存在的电动机型号删除?

以"YDL-23"为例,在"铭牌参数设置"对话框中单击右边区域,在"YDL-23"对应的行,"YDL-23"的记录已经展示到铭牌参数区内。此时单击"删除"按钮,如图1-2-26所示,则"YDL-23"对应的记录被删除。

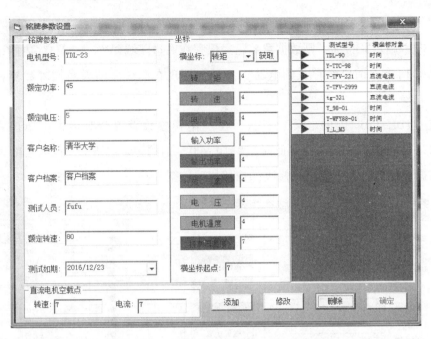

图 1-2-26 删除"YDL-23"对应的记录

(11) 如何生成效率云图？

单击菜单栏中的"效率云图"按钮，然后单击"数据测试"按钮，弹出"效率云图生成测试实验"对话框，如图 1-2-27 所示。

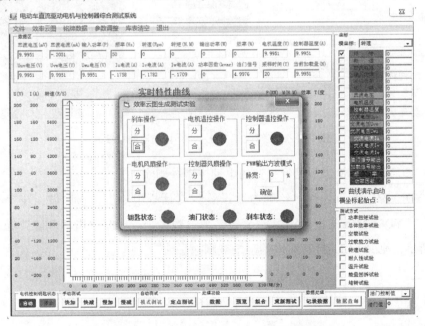

图 1-2-27 "效率云图生成测试实验"对话框

在"效率云图生成测试实验"对话框中"电机温控操作"一栏单击"合"按钮，"控制器温控操作"一栏单击"合"按钮，"电机风扇操作"一栏单击"合"按钮，"控制器风扇操作"一栏单击"合"按钮,方波输出方式为50,单击"记录数据"按钮、"定点测试"按钮,选择"制动加载值"选项,制动值从0~10,再从10~0后结束。最后选择图形生成,执行后生成效率云图,如图1-2-28所示。

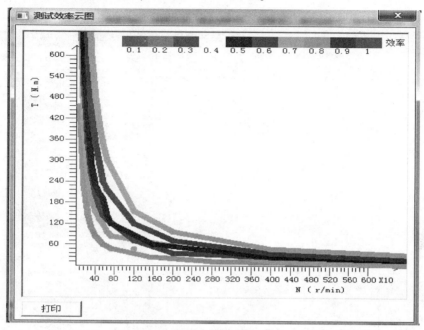

图 1-2-28 效率云图

(12) 如何调整坐标系?

单击菜单栏中"参数调整"按钮,弹出"参数调整"对话框,如图1-2-29所示。

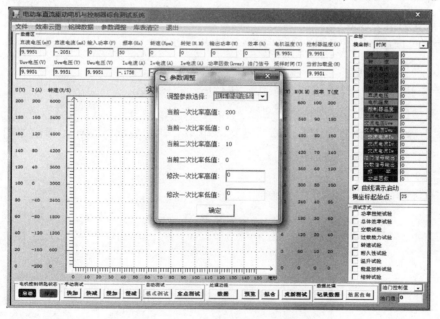

图 1-2-29 "参数调整"对话框

在"参数调整"对话框的"调整参数选择"一栏中选择"转速参数调整"选项,如果由原来的0~6 000调整到0~2 000,则"修改一次比率高值"为2 000,"修改一次比率低值"为0。此时转速由原来0~6 000变为0~2 000,退出参数调整,得到了改变的坐标系,如图1-2-30所示。

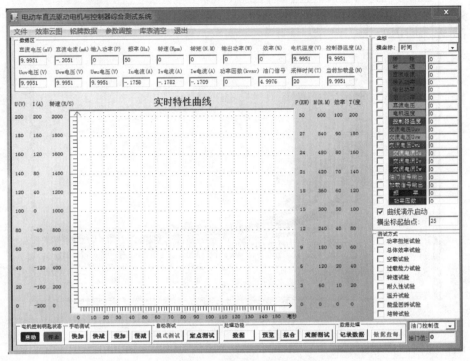

图1-2-30 改变的坐标系

(13) 如何清空库表?

单击菜单栏中的"库表清空"按钮,执行后,清空完毕。

(14) 如何退出程序?

单击菜单栏中的"库表清空"按钮,执行后,程序退出。

2) 电动机温升测试实验的操作过程

勾选主界面右下角的"温升试验"选项,单击"铭牌数据"按钮,弹出如图1-2-31所示的"铭牌参数设置"对话框。

图1-2-31 "铭牌参数设置"对话框

输入对应的铭牌电动机及调节参数,滑动时间滑块,选择模式后单击"确定"按钮,并记录数据,如图1-2-32所示。

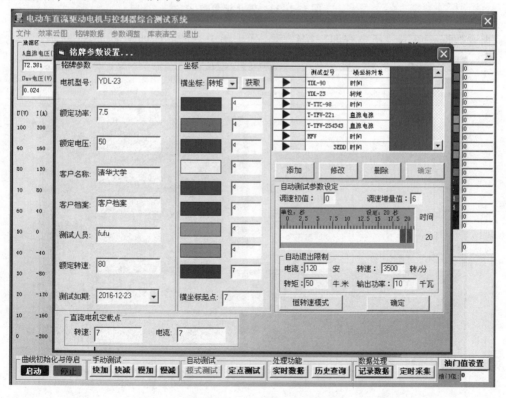

图1-2-32 滑动时间滑块

在"曲线初始化与停启"一栏中单击"启动"按钮,待试验需停止时单击"停止"按钮停止记录数据,如图1-2-33所示。

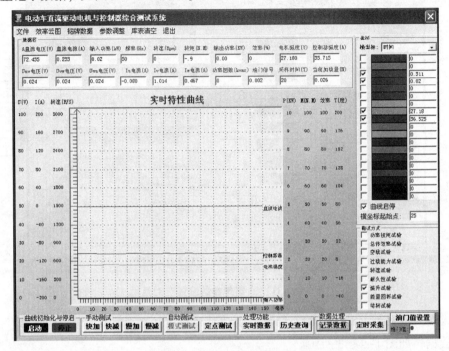

图1-2-33 停止记录数据

查看数据,单击"历史查询"按钮后,弹出历史查询界面如图1-2-34所示。

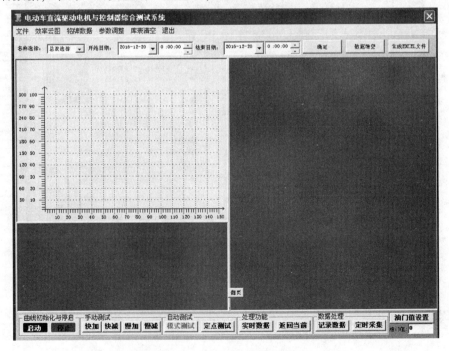

图1-2-34 历史查询界面

在"名称选择"文本框中选择"温升试验"选项,如图1-2-35所示。

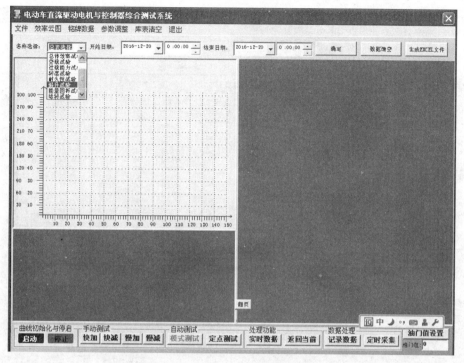

图1-2-35 选择"温升试验"选项

在"开始时间记录项选择"文本框中选择时间记录项,如图1-2-36所示。

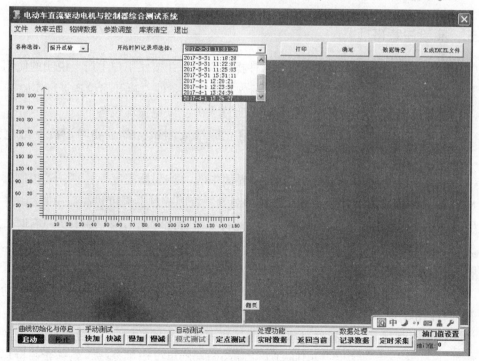

图1-2-36 选择时间记录项

最后单击"打印"按钮打印数据，如图 1-2-37 所示。

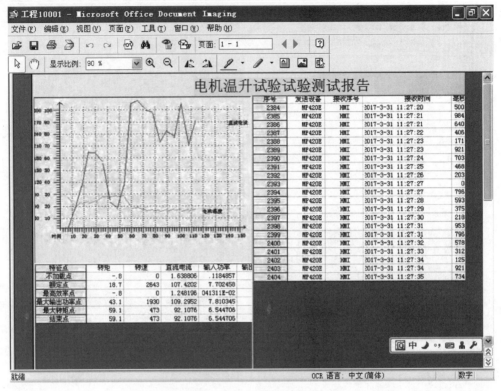

图 1-2-37 打印数据

五、实验注意事项

（1）实验前请仔细阅读用户手册与软件操作说明，并按照用户手册上说明的使用条件和步骤来启动设备，如不符合使用条件，请先改善使用条件，再开启设备进行实验。

（2）调节油门值与制动值时，避免调节跨度太大，以免损坏设备。

（3）如果发生电动机运行状态异常，请立即结束测试，有必要时请按下红色急停开关。

（4）测试过程中应时刻观察测试软件主界面中的"控制器温度"一栏，若控制器温度大于 80 ℃，则需停止测试，避免测试过程中测量系统因控制器温度过高而中断测试。

（5）当测试系统不受油门控制而不稳定运行并查得此时油门信号在 1.7 左右时，此时先单击测试软件界面的"手动测试"一栏的"慢加"按钮几下，再点几下"慢减"按钮便可解决不受控制的问题。

（6）在测试软件主界面中选择相应的测试方式后会弹出如图 1-2-38 所示的"功率扭矩试验"对话框，该对话框直接关闭便可以，不影响以后的操作。

（7）此综合测试系统的运作过程中，由于机器本身性能的限制，无法保证检测的结果与电动机设计的原本标准吻合，因此对于实际的测试结果仅用于参考，熟悉实验过程以及检测的目的即可。

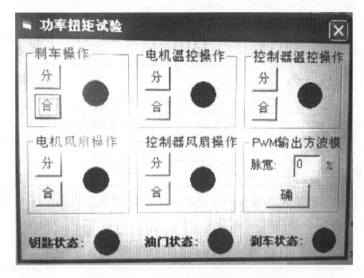

图 1-2-38 "功率扭矩试验"对话框

六、仪器结构功能

图 1-2-39 为电动车直流驱动电动机与驱动控制器综合测试系统,下面介绍该综合测试系统的结构组成。

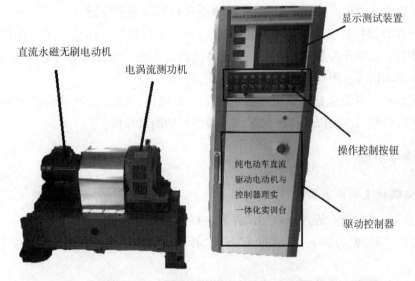

图 1-2-39 电动车直流驱动电动机与驱动控制器综合测试系统

(1) 直流永磁无刷电动机铭牌,如表 1-2-2 所示。该直流电动机为所测对象,通过测试系统对其工作特性、温升特性以及效率等做出一定的判断。

表1-2-2 直流永磁无刷电动机铭牌

直流永磁无刷电动机	
型号：YP112B5-72V7.5-2800	
额定电压：72 V	额定功率：7.5 kW
额定电流：105 A	额定转速：2 800 r/min
防护等级：IP54	绝缘等级：F
S/N：YP112B5-97/20161105-312	

（2）电涡流测功机铭牌，如表1-2-3所示。电涡流测功机用于吸收驱动电动机的输出功率，同时也可对驱动电动机实施加载。

表1-2-3 电涡流测功机铭牌

电涡流测功机	
吸收功率：7.5 kW（3 000 r/min）	励磁电压：<90 V
额定转矩：25 N·m	励磁电流：<5 A
负载特性：250 r/min 恒转矩~300 r/min 恒功率	

（3）驱动控制器对驱动电动机的速度、转矩和旋转方向进行控制，与驱动电动机必须配套使用，直流电动机主要通过 DC-DC 转换器进行调压调速控制。

（4）操作控制按钮包括交流停止、交流启动、油门转换、挡位开关、油门、刹车开关、负载开关、力矩开关等调节按钮，用于启动测试系统、电动机油门的手动调整以及负载大小的手动调整等；还有更重要的急停开关。

（5）显示测试装置包括驱动电动机各相的电源电压、综合仪表显示以及 PC 显示屏，用于观察此时的驱动电动机的各种状态以及操作自动测试界面。

七、操作步骤

1. 电动机转速测试实验

（1）进入测试阶段。进入开放测试界面，数据区将会有部分数据显示跳动；在坐标栏中横坐标选择"时间"选项，显示曲线勾选"转速"选项，测试方式中勾选"转速试验"选项。

（2）制动加载为0的前提下，在油门值设置中设置油门值的大小。

（3）依次测试油门值从0~10，记录电动机速度稳定后不同油门值下电动机转速。

2. 电动机空载实验

（1）进入测试阶段。进入开放测试界面，数据区将会有部分数据显示跳动；在坐标栏中横坐标选择"时间"选项，显示曲线勾选"电压""电流""转速""转矩""效率"选项，测试方式中勾选"空载试验"选项。

（2）在"制动值"和"油门值"文本框里输入数据，设置油门值为5，制动值为0，此时被测电动机开始转动。

（3）转速扭矩稳定以后，记录电动机的电压、电流、效率、当前转速和转矩等参数。

（4）改变油门值，依次记录电动机在不同油门值下的电压、电流、效率、当前转速和转矩等参数。

3. 电动机温升测试实验

（1）进入测试阶段。进入开放测试界面，数据区将会有部分数据显示跳动；在坐标栏中横坐标选择"时间"选项，显示曲线勾选"电动机温度"与"控制器温度"选项，测试方式中勾选"温升试验"选项。

（2）在"制动值"和"油门值"文本框里输入数据，设置油门值为5，制动值为1，此时被测电动机提供正向扭矩开始转动。

（3）转速扭矩稳定以后，温度探头的温度将逐渐升高，等待温度稳定，记录当前温度；此时结束实验，查看数据并导出报表，并命名为"单击温升测试实验"；然后计算电动机各部位的温升。

（4）改变测量点或者电动机运行状态，测量多组数据并导出报表。

4. 电动机堵转测试实验

（1）进入测试阶段。进入开放测试界面，数据区将会有部分数据显示跳动；在坐标栏中横坐标选择"时间"选项，显示曲线勾选"电压""电流""转速""扭矩"等选项，测试方式中勾选"堵转测试验"选项。

（2）"油门值"文本框里输入数据，设置油门值为5，待电动机稳定后记录此时电动机电压、电流、转速、扭矩等参数；

（3）在油门值不变的情况下，增加制动值，直到电动机停止转动，记录此时电动机电压、电流、转速、扭矩等参数；

（4）3 s 后停止测试，查看数据并导出报表，报表命名为"电动机堵转测试实验"。

（5）改变测量点或者改变电动机运行状态，测量多组数据，查看数据并导出报表进行比较。

5. 电动机功率扭矩测试实验

（1）进入测试阶段。进入开放测试界面，数据区将会有部分数据显示跳动；在坐标栏中横坐标选择"时间"选项，显示曲线勾选"直流电流""直流电压""转速""转矩""输入功率""输出功率"选项，测试方式中勾选"功率扭矩测试试验"选项。

（2）在"制动值"和"油门值"文本框里输入数据，设置油门值为5，制动值为1，此时被测电动机提供正向扭矩开始转动。

（3）转速扭矩稳定以后，记录电动机的直流电流、直流电压、转速、转矩、输入功率、输出功率等参数。

（4）对制动值和油门值做正交试验，依次记录电动机的直流电流、直流电压、转速、转矩、输入功率、输出功率等参数。

6. 电动机总体效率实验

（1）进入测试阶段。进入开放测试界面，数据区将会有部分数据显示跳动；在坐标栏中横坐标选择"时间"选项，显示曲线勾选"输入功率""输出功率""效率"选项，测试方式中勾选"总体效率试验"选项。

（2）单击"曲线初始化与停启"一栏中的"启动"按钮，在"制动值"和"油门值"文本框里输入数据，设置油门值为5，制动值为1，此时被测电动机提供正向扭矩开始转动。

（3）转速扭矩稳定以后，记录电动机的输入功率、输出功率、效率等参数。

（4）对制动值和油门值做正交试验，依次记录电动机的输入功率、输出功率、效率等参数。

7. 驱动控制器过载能力实验

（1）进入测试阶段。进入开放测试界面，数据区将会有部分数据显示跳动；在坐标栏中横坐标选择"时间"选项，显示曲线勾选"输入功率""转速""转矩""直流电流""直流电压""电动机温度"选项，测试方式中勾选"过载能力试验"选项。

（2）单击"曲线初始化与停启"一栏中的"启动"按钮，油门值为10，制动值为1时，使驱动控制器输入功率接近9 000 W，即1.2倍额定功率，然后持续运行10 min。若过程中出现紧急情况，请及时按下红色紧急开关。

（3）记录当前室温和各部分温升。

八、数据标准与故障分析

1. 数据标准

按国家标准《电动汽车用驱动电动机系统第1部分：技术条件》（GB/T 18488.1—2015）的规定驱动电动机及其驱动控制器性能要求如表1-2-4所示。

表1-2-4 驱动电动机及其驱动控制器性能要求

性能指标	性能要求
电动机转矩-转速特性	驱动电动机的转矩-转速特性应符合产品技术文件规定
电动机最高工作转速	在额定电压时，电动机带载运行所能达到的最高转速，符合产品设计要求
电动机峰值功率	按产品规定的持续时间，电动机的最大输出功率应符合产品的设计要求
电动机堵转转矩	为保证车辆有足够大的启动转矩，电动机堵转转矩应能达到产品的设计要求
电动机堵转电流	电动机堵转电流不应大于驱动控制器提供的最大电流值
驱动控制器持续工作电流	驱动控制器持续工作电流应符合产品技术文件规定

续表

性能指标	性能要求
驱动控制器最大工作电流	驱动控制器最大工作电流应符合产品技术文件规定
驱动控制器的保护功能	驱动控制器应具有短路、过电流、过电压、欠电压和过热的保护功能
驱动控制器耐久性性能	在额定负载和额定转速的运行条件下,驱动控制器第一次使用无故障工作时间为3 000 h
驱动控制器过载能力	在额定输出电流下连续工作,允许加非周期性过载,其过载倍数和持续时间应符合产品设计要求

2. 数据分析

通过驱动电动机的各个实验,获得了在一定实验条件下驱动电动机性能的数据,下面以电动机转速测试实验中所获得的数据为例,对驱动电动机的最高工作转速等性能进行分析,画得折线图如图1-2-40所示。

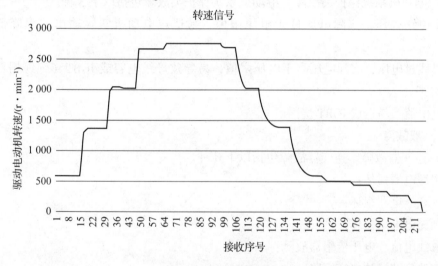

图1-2-40 折线图

根据实验测试结果,该驱动电动机的最大转速为2 770 r/min,小于额定转速2 800 r/min,由数据标准可知,该驱动电动机未能达到产品规定的电动机最高工作转速。

3. 驱动电动机故障分析

这里主要针对电动汽车感应电动机的故障类型、现象及原因进行分析研究,并将驱动电动机故障按汽车故障类型分类。

1)致命故障

(1) 电动机定子绕组故障(线间短路),可能造成绕组烧毁、转矩波动。

(2) 定子铁芯故障,表现为空载电流加大,振动和噪声加大;定子铁芯硅钢片熔化,烧毁绕组绝缘。

(3) 转子本体故障,转子偏心产生不平衡磁拉力,引起振动。严重时最终导致电动机损坏。

（4）轴承故障，使振动加剧，导致振动超标。

2）严重故障

（1）电动机本体。电动机本体故障包括以下2种。

①电磁气隙偏心。转子偏心产生不平衡磁拉力，引起振动，转子与定子间发生摩擦。

②位置传感器故障，易造成电动机系统失控。

（2）逆变器故障。逆变器故障包括以下4种。

①功率模块故障，使电动机过热，绝缘老化，甚至烧毁电动机或电动机输出转矩减小，且有波动。

②相电流传感器故障。

③三相电源不平衡故障，电动机过热。

④电动机断相运行，故障带来的后果同功率模块故障。该类故障发生时需更换故障部件甚至更换逆变器处理。

（3）电动机系统保护类故障。电动机系统保护类故障包括以下3种。

①主电路欠压，实际电压低于电压限值，易造成电动机实际输出功率降低，电流增大。

②母线过电压，实际电压高于电压限值，易导致母线电容或IGBT（绝缘栅双极型晶体管）击穿。

③过电流，易造成IGBT烧毁。

3）一般故障

（1）逆变器故障。逆变器故障包括以下几种。

①主继电器损坏；

②预充继电器损坏；

③预充电电阻损坏；

④总线电流、电压传感器故障；

⑤直流环节滤波电容短路。

前两种故障的检测方法为加闭合信号，测压降。

（2）驱动控制器故障。驱动控制器故障包括以下几种。

①驱动电路损坏（电力开关基极开路）；

②相电流采集单元故障；

③速度采集单元故障；

④CAN总线通信不正常；

⑤逆变器过热。

前4种故障可用示波器检测输出信号判定。

4）轻微故障

（1）电动机本体：轴承故障等。

（2）驱动控制器：接插件损坏、瞬时掉电等。

九、思考题

1. 电动机转速测试实验

(1) 制动值为 0 时,油门值为多少时电动机开始运转?对比不同油门值下电动机转速,有什么变化?

(2) 电动机转速最大值为多少?实际最大转速与额定转速的大小关系是怎样的?为什么会有这种现象?

2. 电动机空载实验

(1) 油门值为 5,制动值为 0 时,电动机的空载效率是多少?对比其他状态下的效率,有什么变化?

(2) 电动机在额定电压下运行,测量电动机空载时的转速。

3. 电动机温升测试实验

(1) 油门值为 5,制动值为 1 时,电动机的各部位温升是多少?

(2) 不同运行状态对电动机的运行状态是否有影响?哪个参数对电动机的运行状态影响比较大?

4. 电动机堵转测试实验

(1) 在油门值为 5 的状态下,被测电动机的堵转电流有多大?与油门值为 5,制动值为 0 的状态比较,堵转电流增大了多少倍?请分析原因并查找资料,了解电动机堵转的危害。

(2) 不同油门值对于堵转电流有什么影响?

(3) 不同油门值下堵转,系统有什么响应?

5. 电动机功率扭矩测试实验

(1) 实验过程中,电动机的功率和扭矩是如何变化的,尝试分析电动机转速和扭矩的变化关系,油门值、制动值与扭矩的对应关系。

(2) 实验过程中,电动机的电压电流是如何变化的,尝试分析电动机输入电压和电流的变化关系。

6. 电动机总体效率实验

(1) 油门值为 5,制动值为 1 时,电动机的空载效率是多少?

(2) 电动机在油门值与制动值为多少时效率最大?

(3) 分析油门值、制动值与电动机效率之间的关系。

7. 驱动控制器过载能力实验

(1) 驱动控制器是否能在 1.2 倍过载的情况下运行 10 min?

(2) 查找更多的资料,看是否有更多的检验驱动控制器过载能力的指标?

实验3 动力电池检测与诊断

目前动力电池的检测设备有三种规格,即测单体的 $3\sim5$ V 的小型检测设备、测模组的 $30\sim75$ V 的中型检测设备、测组包的 $300\sim1\,000$ V 的大型检测设备,本文介绍测单体的 $3\sim5$ V 的小型检测设备和测组包的 $300\sim1\,000$ V 的大型检测设备。

实验3.1 单体检测与诊断

一、问题导入

动力电池的直接作用是为电动汽车提供动力来源的电源。电动汽车以电力驱动,行驶无排放,噪声低,能量转化效率比内燃机汽车高很多,但是电动汽车目前还存在续航里程较短、动力性能较差等问题。车用动力电池的开始还要追溯到1800年,亚历山大·伏特制成了人类历史上最早的电池,后人称之为伏特电池。1830年,威廉姆·斯特金解决了伏特电池的弱电流和极化问题,使电池的使用寿命大大延长。1836年,约翰·丹尼尔进一步改进了伏特电池,提高了伏特电池的稳定性,后人称之为丹尼尔电池。它是第一个可长时间持续供电的蓄电池。1859年,法国科学家普兰特·加斯东发明了一种能够产生较大电流的可重复充电的铅酸电池,1901年爱迪生发明了 Fe-Ni 电池,1984年波兰飞利浦(Philips)公司成功研制出 La-Ni 储氢合金,并制备出 MH-Ni 电池,1991年可充电的锂离子蓄电池问世,实验室制成的第一只18650型锂电池容量仅为 600 mA·h,1992年索尼公司开始大规模生产民用锂离子电池,1995年索尼公司首先研制出了 100 A·h 锂离子动力电池并在电动汽车上应用,展示了锂离子电池作为电动汽车用动力电池优越性能,引起了广泛关注。

长期以来,电池的寿命和成本问题一直是制约电动汽车发展的技术瓶颈。通过不断的技术创新与技术改进,电池技术得到了飞速的发展。动力电池已经从传统的铅酸电池发展到镍氢动力电池、钴酸锂、锰酸锂、聚合物、三元材料、磷酸铁锂等先进的绿色动力电池,动力电池在比能量、比功率、安全性、可靠性、循环寿命、成本等方面,都取得了很大的进步。

通过对维修厂动力电池故障进行调研以及查阅资料,发现部分电动汽车都经历过以下案例。

故障现象:组合仪表报"系统故障、联系维修""EHPS失效"。

排查步骤如下:第一步,先读取故障码。首先使用北汽新能源专用诊断仪读取故障码,再进行下一步检查;第二步,检查供电熔丝,检查前机舱电器盒内的动力电池低压供电熔丝是否熔断;第三步,检查动力电池低压供电,具体检测方法是:将车辆升起,断开动力电池低压控制插件,打开点火开关至 ON 挡,随后用万用表负极接车身搭铁,正极分别测量动力电池低压控制插件 B、H、L 端子的供电电压;第四步,检查电源线通断;第五步,检查低压电动机与整车控制器的连接;第六步,检查低压唤醒线,检查动力电池低压控制插件 C 端子与整车控制器(VBU)的 81 号端子之间的通断;第七步,检测动力电池内部预充电阻;第八步,检测动力电池低压控制插件搭铁线;最后一步,检测动力电池低压继电器搭铁线是否连接良好。

电动汽车动力电池故障中单体电池过压、电池高温、电池温度异常,以及可充电储能系统不匹配报警、单体电池欠压、SOC(片上系统)过高、SOC 过低、SOC 跳变、车载储能装置过压、车载储能装置欠压、温度异常、电池单体一致性差等故障综合高达 25.8%,排在电动汽车整车故障的第二位。面对这样的故障,检测步骤为:首先使用专用的汽车故障诊断仪进行检测,准确确定故障部件,当故障部件确定为动力电池性能时,从车上取下动力电池组。

针对动力电池性能的检测,一般情况下需要分别对三种不同规格的动力电池单体、模组和包体进行检测,表 1-3-1 为动力电池单体、模组和包体的常用规格。本节以动力电池单体为例,着重对纯电动汽车动力电池性能的检测过程进行叙述。

表 1-3-1 动力电池单体、模组和包体的常用规格

测试规格	电流范围/A	电压范围/V	设备输出功率/kW
动力电池单体测试系统: 5 V-30 A	0 ~ ±30	0 ~ 5	150
动力电池模组测试系统: 350 V-200 A	0 ~ ±200	20 ~ 350	70
动力电池包体测试系统: 750 V-300 A	0 ~ ±300	20 ~ 750	180/225

二、实验目的

(1)运用电池检测设备对动力电池单体进行检测以及故障排除。
(2)了解动力电池的运作原理。
(3)熟悉动力电池的内部结构。

三、实验内容

对动力电池单体进行综合性能测试,建立电力电池单体运行工步与管理工步,记录数据并对其进行分析,导出实验数据,最后对电池故障进行诊断。

四、实验前准备工作

(1)软件安装:安装电池检测软件、计算机 Office 办公软件。
(2)熟悉操作说明书,包括编辑工步、数据处理、整理成图像、导出数据。

五、实验注意事项

（1）设备运行时，该设备带有危险的电压。如不遵守安全警告可能会出现严重的人身伤害或财产损失。操作人员必须熟悉操作说明中的警告安全提示和维护措施。要使本装置可靠且安全地运行，需要合理的运输、合理的放置、专业的定位安装及小心的操作和维护。

（2）电路板中包含有静电敏感元件，如处理不当，这些模块极易损坏。工作时必须注意以下事项：只有在绝对必要的情况下，才去触摸电路板。当必须接触电路板时，身体必须事先放电。电路板及元器件只能放在导电包装内存储或运输。

（3）设备未可靠接地，可能会造成触电。安装一个外部配电保护装置（配电柜），以便在紧急情况下能及时断开电源。请选择合适的进出线电缆。不要让电缆碰到尖锐的物体、过度挤压、拉扯电缆，以及电缆负重荷，否则可能出现短路危险。不要让设备碰到水、铁屑、粉尘、可燃气体和可燃物，否则可能出现产品损坏及财产损失。请确保遵守规定的输入电压及正确的接线，否则可能造成设备损坏。不要带电插拔设备内所有接线，否则可能出现设备损坏或人身伤害。搬运和安装系统时应避免碰撞，防止操作面板和液晶屏被划伤。系统发生故障或报警后，应先排除故障，解除报警，再重新启动，否则可能使故障扩大。

（4）该充放电设备正负极线很多，再加上温度传感器的电线，在给电池接线时要注意观察电线上的数字一致，且与之后进行操作的电脑软件中的电池板块也要一致。

（5）使用电脑观察并进行实验时，应关注屏幕上电池的状况是否安全。

（6）当电池检测装置系统出现异常情况时，可以按下柜门上的紧急停机按钮"EPO"。

（7）由于实验条件的限制，动力电池单体、模组和包体的工步条件需要按照电池厂家企业规定的工步设置、充放电终止条件以及搁置时间等做出相应具体改变，得出电池的初始容量和能量、室温功率、标准循环寿命、工况循环寿命等。因此，以下实验测试所得的结果不代表电池实际情况。

六、仪器结构功能

该电池充放电测试设备分为高压型和低压型，高压有最大输出750 V和350 V两种，低压有最大输出60 V和5 V两种。高压机型一般由隔离变压器、PV模块、DC-DC模块组成，相互之间通过CAN总线通信；60 V机型由PV模块、DC-DC模块组成；5 V机型由单模块构成，每个模块有16通道，每通道30 A，通道间可并联，最大可进行120 A充/放电；模块间也可并联，最大并联3个模块。电池充放电测试设备实物如图1-3-1所示，电池充放电测试设备的主要功能是：蓄电池组恒流放电、在线监测和快速容量分析、活化等。

图1-3-1 电池充放电测试设备实物

七、操作步骤

1. 电池单体的接线

把电池充放电测试设备的引线连接到对应电池单体的正负极,用胶带把温度引线贴至电池池体,如图1-3-2所示。

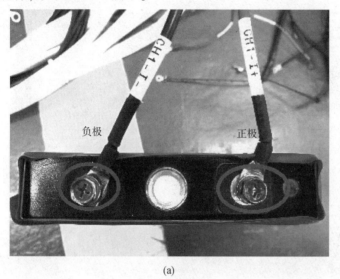

图1-3-2 电池单体的接线

(a) 正负极引线接法;(b) 温度引线接法

2. 打开软件

启动工步编辑器,单击系统菜单栏选择工步设置,打开的工步编辑器界面如图1-3-3所示。

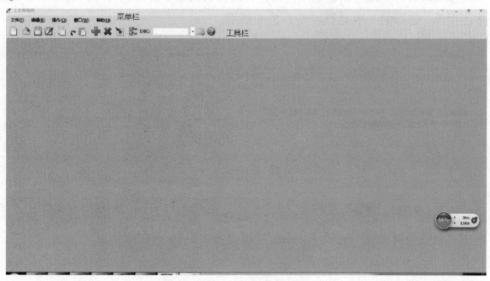

图1-3-3 工步编辑器界面

3. 配置信息

工步编辑器的配置信息包括工步参数的单位、有效值范围、显示颜色、有效工步内容等。

（1）单位配置如图 1-3-4 所示。

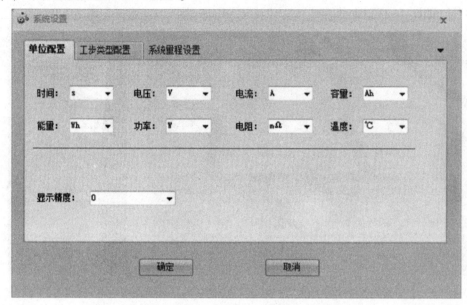

图 1-3-4　单位配置

（2）工步类型配置。

在"系统设置"对话框中单击"工步类型配置"选项卡，会弹出"警告"对话框，如图 1-3-5 所示，这个对话框提示，修改工步类型操作，对于已经打开的工步文件不生效，只对修改以后打开或者新建的工艺文件有效。如果需要对已经打开的有效需要关闭再打开才能生效。选择的工步类型如图 1-3-6 所示。

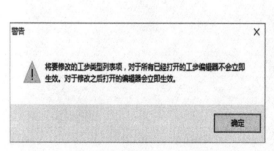

图 1-3-5　"警告"对话框

图 1-3-6　选择的工步类型

单击"系统量程设置"选项卡，系统量程设置如图 1-3-7 所示。

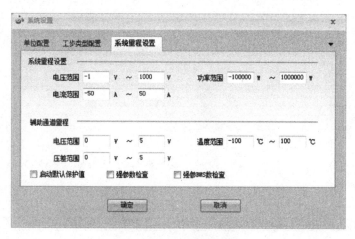

图 1-3-7　系统量程设置

4. 新建工步文件

单击菜单栏中"文件"→"新建",或者在工具栏中单击"新建"按钮可新建工步,如图 1-3-8 所示。

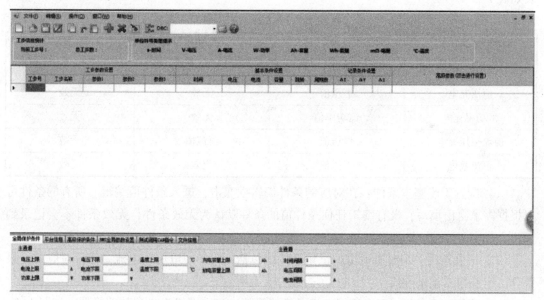

图 1-3-8　新建工步

5. 编辑工步

选择工步名称:双击"工步名称"对应的表格框,可以打开工步类型列表如图 1-3-9 所示。

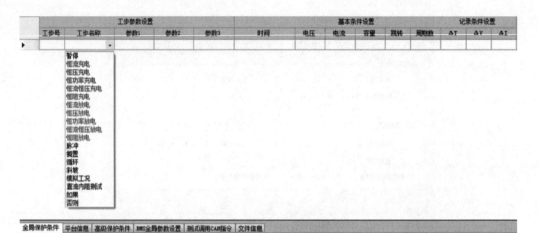

图 1-3-9 工步类型列表

6. 输入工步参数

工步参数不同，工步类型也不同，根据选择的工步类型识别工步参数。工步参数对应表如表 1-3-2 所示。

表 1-3-2 工步参数对应表

工步名称	参数 1	参数 2	参数 3
恒流充电	恒流值	无效	无效
恒压充电	恒压值	无效	无效
恒功率充电	恒功率值	无效	无效
恒流恒压充电	恒压值	恒流值	无效
恒流放电	恒流值	无效	无效

（1）配置工步基本条件：在对应的条件编辑框双击，进入条件值编辑。所有的条件可以根据需求自由填写，没有编辑任何条件值的条件默认为无效条件，无效条件不会记录到工步文件中。

（2）记录条件：配置主通道的记录条件，包括：时间、电压、电流。设置对应的记录条件，定制数据记录方式。

（3）高级工步条件：双击高级工步条件编辑框，弹出高级工步参数编辑器，如图 1-3-10 所示。（高级条件可以编辑更多条件，而且可以根据需求定制更多截止条件、跳转以及保护值，目前包括 BMS、辅助通道的记录条件及保护条件等。）

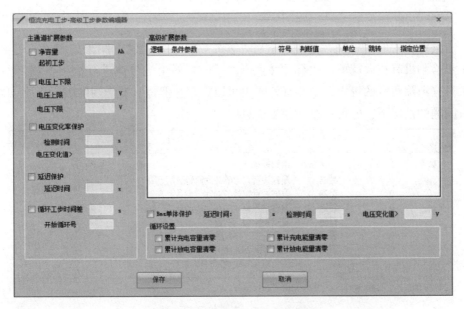

图 1-3-10　高级工步参数编辑器

（4）全局保护条件。全局保护条件分为主通道保护值和辅助通道保护值，如图 1-3-11 所示。

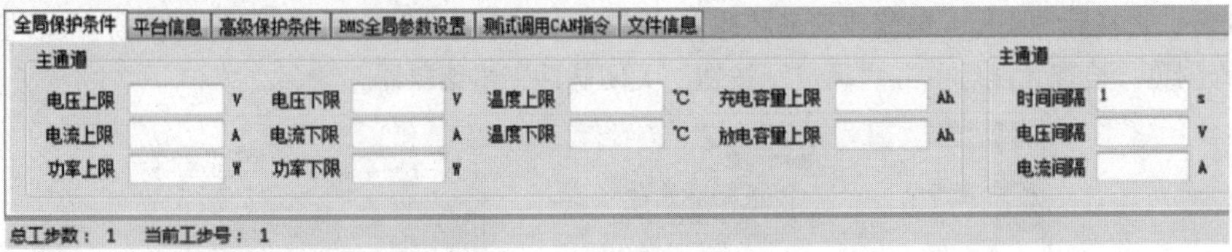

图 1-3-11　全局保护条件

（5）文件信息如图 1-3-12 所示。

图 1-3-12　文件信息

（6）工步编辑完成界面如图 1-3-13 所示。

工步参数设置					基本条件设置					记录条件设置			
工步号	工步名称	参数1	参数2	参数3	时间	电压	电流	容量	跳转	周期数	ΔT	ΔV	ΔI
1	搁置				00:01:00.000				下一步				
2	恒流恒压充电	3.65V	30A				5A		下一步				
3	搁置				00:01:00.000				下一步				
4	恒流放电	30A				2.5V			下一步				
5	循环	起始工步:1	循环次数:5						下一步				

图 1-3-13　工步编辑完成界面

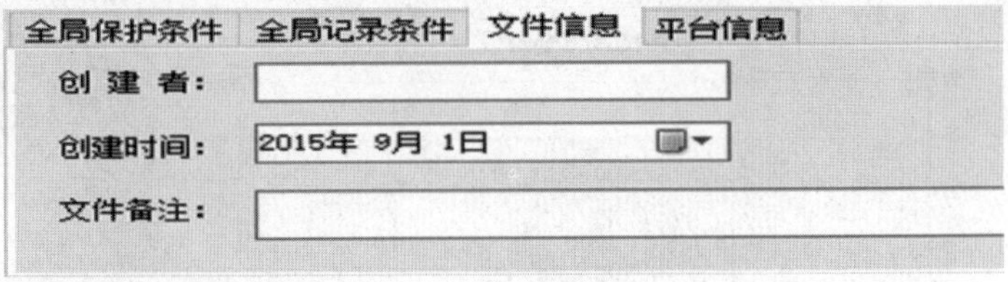

7. 工步检测

右击菜单栏中的"检测"选项可进行工步检测。工步检测的结果如图 1-3-14 所示。如果工步检测没有错误就可以执行文件存盘，此时可对电池单体进行检测。（注意：工步检测中最好消除所有的警告，虽然有警告也可以保存，但是有警告往往表示存在问题，只在没有问题的情况下，方可忽略掉警告信息。）

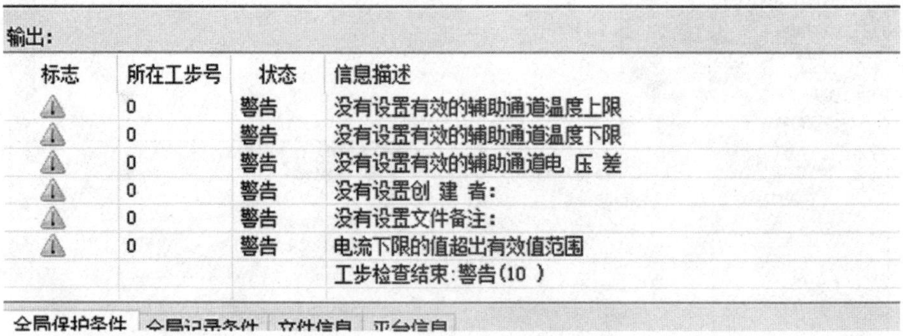

图 1-3-14　工步检测的结果

8. 脉冲工步编辑

首先新建工步，"工步名称"选择"脉冲"，然后打开脉冲工步编辑器（见图 1-3-15），选择脉冲类型：电流或功率脉冲，接着输入脉冲值和脉宽，编辑脉冲次数，最后检查浏览，检查无误后单击"确定"按钮，关闭脉冲工步编辑器。

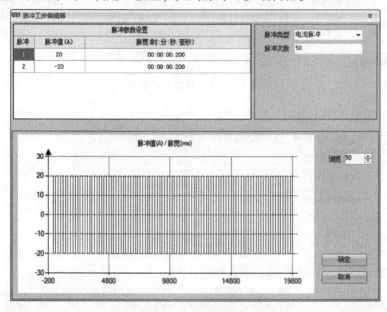

图 1-3-15　脉冲工步编辑器

9. 斜坡工步编辑

首先新建工步，"工步名称"选择"斜坡"，然后打开斜坡工步编辑器（见图 1-3-16），选择斜坡类型：电流或电压斜坡，接着输入起始值、终止值和脉宽，编辑脉冲次数，最后检查浏览，确认无误后单击"确定"按钮，关闭斜坡工步编辑器。

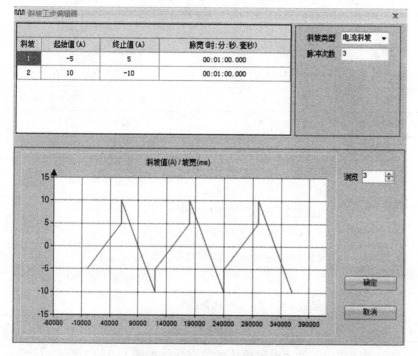

图 1-3-16　斜坡工步编辑器

10. 运行

打开工步文件并运行。

八、数据标准与故障分析

1. 数据标准

根据国家标准《电动汽车用动力蓄电池循环寿命要求及试验方法》（GB/T 31484—2015），对电动汽车动力电池的要求如下。

（1）室温放电容量（初始容量）：蓄电池单体在室温20 ℃时，其放电容量应不低于额定容量，并且不超过额定容量的110%，同时所有测试样品初始容量极差不大于初始容量平均值的5%。

（2）标准循环寿命：测试样品按照试验方法，进行标准循环寿命测试时，循环次数达到500次时放电容量应不低于初始容量的90%，或者循环次数达到1 000次时放电容量应不低于初始容量的80%。

（3）对纯电动乘用车用能量型蓄电池进行工况循环测试的要求是：总放电能量与电池初始能量的比值达500时，计量放电容量。

2. 数据分析

（1）动力电池单体实验采用5 V-30 A规格动力电池，工步设置情况如表1-3-3所示。

表 1-3-3 工步设置情况

工步号	工步名	工步参数	基本截止条件	跳转
1	搁置		截止时间：00：00：20.000	下一步
2	恒流恒压充电	3.65 V，30 A	截止电流：2 A	下一步
3	搁置		截止时间：00：05：00.000	下一步
4	恒流放电	30 A	截止电压：2.5 V	下一步
5	搁置		截止时间：00：05：00.000	下一步
6	直流内阻测试	电流值 1～10 A，直流内阻测试，运行 10 s，采样点 9 s 电流值 2～20 A，直流内阻测试，运行 10 s，采样点 1 s		
7	模拟工况	电流-时间有 418 条工况数据		下一步
8	搁置		截止时间：00：05：00.000	下一步
9	循环	起始工步：2，循环次数：5		
10	结束			

(2) 工步设置完成后，动力电池单体的数据曲线如图 1-3-17 所示。

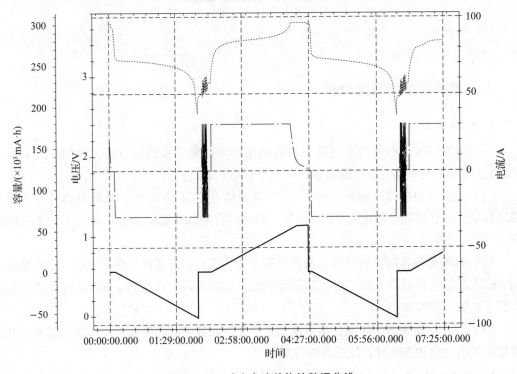

图 1-3-17 动力电池单体的数据曲线

运行工步文件后，计算机会输出实验得出的数据表，通过对数据表的分析获得动力电池的室温放电容量、标准循环寿命等数据，通过对比所测电池的设计数据，结合数据标准，得出该电池合格与否的结论。

3. 动力电池常见故障

1) 锂电池容量偏低的原因

（1）正极材料的结构变化：当锂离子从正极中脱出时，为了维持材料电中性状态，金属元素必然会被氧化到达一个高的氧化态，伴随了组分的转变。组分的转变容易导致相转变和体相结构的变化。电极材料相转变可以引起晶格参数的变化及晶格失配，由此产生的诱导应力引起晶粒的破碎，并引发裂纹的传播，造成材料的结构发生机械破坏，从而引起锂电池电化学性能衰减。

（2）负极材料结构：锂电池常用的负极材料有碳材料、钛酸锂等，以负极石墨为例，随着锂电池使用，石墨结构的变化也会造成电池容量下降。

（3）电解液的氧化分解：电解液的性质显著影响锂电池的比容量、寿命、倍率充放电性能、工作温度范围以及安全性能等。溶剂的分解、电解质的分解都会导致电池容量的损失。

（4）快速充放电：快速充电时，电流密度过大，负极严重极化，锂电池的沉积会更明显，使在铜箔与碳类活性物质边界处的铜箔脆化，极易产生裂纹。

（5）长期深度充放电：一是会造成电解液过度挥发，二是锂电池的负极过度反应。

（6）温度因素：过高的温度或过低的温度都会造成活性锂离子含量的降低，从而减少锂电池寿命。

2) 锂电池寿命下降原因

（1）充电截止电压：在一定范围内，不同充电截止电压的循环寿命分别随充电电压升高而缩短。高的充电截止电压会加剧电池副反应的发生导致电池使用寿命缩短。

（2）充放电倍率：大倍率充放电会加速电池容量的衰减，充放电倍率越大，电池容量衰减越快。

（3）使用温度：不同动力电池有不同的最佳使用温度，过高或过低的温度都会对电池的使用寿命产生影响。

（4）搁置条件：在搁置不使用的条件下，会由于电池本身的性质发生自放电、正负极材料钝化、电解液分解等情况。

3) 单体的不一致性对动力电池组的影响（容量衰减、寿命下降）

（1）电压的不一致性；

（2）容量的不一致性；

（3）内阻的不一致性。

实验 3.2　组包检测与诊断

一、问题导入

动力电池组是电动汽车的重要组成部分。动力电池组作为工具提供动力来源的电源，多指为电动汽车、电动列车、电动自行车、高尔夫球车提供动力的蓄电池。

动力电池组多采用阀口密封式铅酸蓄电池、敞口式管式铅酸蓄电池以及磷酸铁锂蓄电池，主要结构是电池盖、正极（活性物质为氧化钴锂）、隔膜（一种特殊的复合膜）、负极（活性物质为碳）、有机电解液与电池壳。动力电池组的要求是：高能量和高功率，高能量密度，高倍率部分荷电状态下的循环使用，工作温度范围宽（$-30 \sim 65℃$），使用寿命长，安全可靠。

通过维修厂调研，收集到以下故障案例。

①电池电压高：满电静置后，电池单串或几串电压明显偏高，其他单体正常。

故障原因：采集误差，LMU（现场监测单元）均衡功能差或失效，电芯容量低，充电时电压上升较快。

处理方法：单体电压显示值较其余单体偏高，测量单体实际电压值进行比对，若实际值较显示值低，且与其他单体电压相同，则以实际值为标准对 LMU 单体电压进行校准；若测量值与显示值相符，则人工对单体电池进行放电均衡。检查电压采样线是否断裂、虚接；更换 LMU。

②温度高于某数值后，风扇未工作。

故障原因：风扇继电器或 BMU 故障，风扇或继电器供电电路异常。

处理方法：修复或更换风扇继电器、BMU；检查修复供电电路异常。

③电池系统中某个或者某几个温度点偏高，运行或充电中达到报警阈值。

故障原因：温度传感器故障；LMU 故障；电连接异常导致局部发热，风扇未开启，散热差；靠近电动机等热源或者是过充电。

处理方法：测量温度传感器电阻值，将其与显示值进行比对，若实际值较显示值低，且与其他温度值相同，则以实际值为标准对 LMU 温度值进行校准；紧固电连接点，清理连接点异物；确保风扇开启；增加隔热材料，将电池系统与热源进行隔离；暂停运营进行散热；立即停止充电；更换 LMU。

动力电池组的重要性不言而喻，因此组包检测与诊断也尤为重要。本实验将着重对组包检测与诊断进行叙述。

二、实验目的

运用电池检测设备对动力电池组进行检测、诊断以及故障排除。

三、实验内容

对动力电池组进行综合性能测试，建立动力电池组运行工步与管理工步，记录数据并对其进行分析，导出实验数据，最后对电池故障进行诊断。

四、实验前准备工作

安装相关软件并且熟悉操作说明书。

五、实验注意事项

为操作员提供正确的动力电池组综合测试系统操作方法，规范设备使用操作，确保元器件、成品品质，延长仪器使用寿命，保障测试安全。

六、仪器结构功能

设备名称：测试柜；设备型号：NEEF450-750600-2。

测试柜是锂离子电池批量化成，容量分选的设备，每一台测试柜可同时对512个电池进行充放电，使用RS-485通信电缆将多台设备联网，统一发送工作流程，效率极高。其中检测系统由上位机及下位机组成。上位机由一台计算机及相应控制软件包构成。下位机由单片机及键盘、显示屏组成，采用模块化设计。每台下位机由512路电池通道组成，每个通道的恒压恒流源是共用的。一台上位机和若干台下位机组成一个电池柜，每台电池柜既可在下位机的控制下独立运行，也可交由上位机控制运行。测试柜如图1-3-18所示。

图1-3-18 测试柜

七、操作步骤

1. 用户登录

（1）工况模拟测试系统安装完成后，在"开始"菜单下生成新的程序组"星云电子"（新程序组名为安装时用户自定义的文件名），选择"星云电子"单击"工况模拟测试系统 NE 84A"（见图 1-3-19），启动测试系统。

图 1-3-19　"开始"菜单

（2）在弹出的用户登录界面（见图 1-3-20）中，选择用户、输入密码后单击"登录"按钮进入测试系统；单击"取消"按钮则取消登录。

图 1-3-20　用户登录界面

（3）用户名、密码通过验证后操作当前登录用户开放的权限功能。测试系统主界面如图 1-3-21 所示。

图 1-3-21　测试系统主界面

2. 切换用户

(1) 切换用户可改变当前登录的用户，无须退出系统后重新登录以改变用户操作权限。在测试系统主界面中单击"切换用户"按钮，弹出切换用户界面（见图1-3-22）。

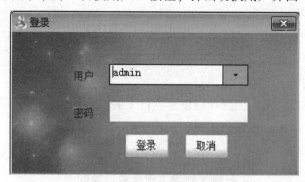

图1-3-22　切换用户界面

(2) 选择用户名并输入密码，最后单击"登录"按钮后验证输入的用户名、密码。

3. 工况项目

(1) 通过"新建""删除""重命名""复制"等按钮进行工况项目管理，完成项目编辑后再进行工步设计（见图1-3-23）。

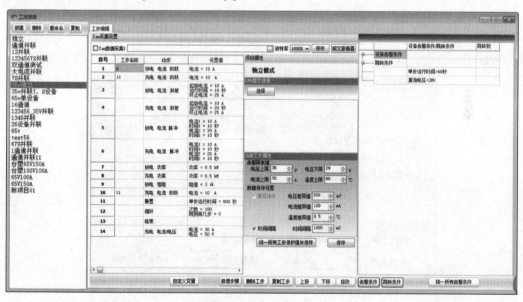

图1-3-23　工况项目

(2) 根据"新增步骤""删除工步""复制工步""上移""下移""修改"等按钮展开工步设计。

(3) 若现有的变量未能满足当前执行老化的条件，可通过"自定义变量"按钮设计新变量条件，在已有变量的基础上通过加、减、乘、除等算法重新组合成新变量条件。

(4) 单击"告警条件""跳转条件"等按钮完成工步条件设置。其中，跳转条件为工步的必要条件,但路谱采集、静置、循环、结束等工步类型除外。

(5) 单击"统一所有告警条件"按钮,将所有工步的告警条件统一,同当前所选中工步的告警条件一致,一步到位完成告警条件设置。

4. 工况项目管理

工况项目通过"新建""删除""重命名""复制"等按钮(见图1-3-24)进行管理。

(1)"新建"按钮:新建工况项目;

(2)"删除"按钮:删除工况项目以及项目下的工步内容;

(3)"重命名"按钮:重命名工况项目;

(4)"复制"按钮:复制工况项目以及工步内容。

图1-3-24 工况项目管理

5. 新建工况项目

(1) 单击"新建"按钮,打开"新建项目"对话框(见图1-3-25),输入项目名称,并确认工作模式和告警限制值后,最后单击"保存"按钮,完成新项目的增加;单击"取消"按钮则退出项目新增操作。

注意:独立模式表示通道之间为独立的工作模式;设备并联指的是2个及2个以上设备为并联工作模式;通道并联指8个设备中存在任意一个设备的通道是并联工作模式。

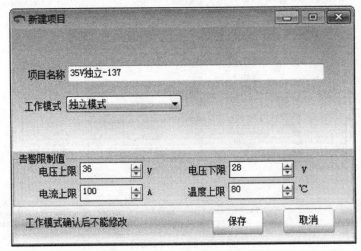

图1-3-25 "新建项目"对话框

(2) 新建项目时可制定项目的工作模式,工况项目有3种工作模式:独立模式、设备并联、通道并联;选定工作模式,确认后禁止修改。

6. 新增成功

(1) 新增成功,工况项目列表显示新工况项目(见图1-3-26)。

图 1-3-26 工况项目列表

（2）项目属性区，显示项目的工作模式，表示该工况项目为独立工作模式。

（3）设备并联，表示该工况项目可执行设备 1、3、7 的并联工作模式。

（4）通道并联，表示根据通道的接线方式，运行该项目对应的通道，如设备 1、2、3、5、7 为并联的接线方式，则在这些设备的通道 1 上运行通道并联的项目或这些设备并联的项目。

注意：全部并联在同一组电池的设备每次仅执行一个工况项目。

7. 新增失败

项目新增失败，弹出新增失败的提示信息。具体的提示信息及解决方法如下。

（1）项目名称为空。解决方法：单击"保存"按钮，弹出"项目名称不能为空"的提示信息。单击"确定"按钮后返回新建项目窗口。

（2）项目重名。解决方法：项目重名弹出"重名"的提示信息。单击"是"按钮覆盖已存在的项目，单击"否"按钮则返回新建项目窗口。

（3）含特殊字符。解决方法：含特殊字符新增失败，弹出"失败"的提示信息。

8. 工作模式说明

（1）独立模式。工况项目的工作模式为独立模式，需在对应的设备上执行程序。

（2）通道并联。工况项目工作模式为并联工作模式，需在相对应系统工作模式为并联工作模式时才被允许执行工况模拟。

注意：多设备并联情况下，一次只能测试一个设备并联工作模式的工况项目；工况项目需同当前设备的连接状态对应，如通道独立的工作模式仅运行选中独立模式的工况项目。

9. 删除

选中工况项目列表中的工况项目，然后单击"删除"按钮，弹出"删除"对话框，单击"是"按钮后，项目被删除；取消删除则单击"否"按钮，取消删除工况项目操作。

10. 重命名

重命名用于工况项目的重新命名，具体操作步骤如下：

（1）选中需重命名的工况项目，其高亮显示；

（2）单击"重命名"按钮,弹出"重命名"对话框（见图1-3-27）；

（3）输入新项目名称后单击"确定"按钮,关闭对话框,项目名称显示更名后的项目名称；

（4）在"重命名"对话框中单击"取消"按钮关闭对话框,重新命名的内容不保存。

图1-3-27　"重命名"对话框

11. 复制

复制用于复制项目的工步内容以及工步的保护控制,具体操作步骤如下：

（1）选中工况项目,被选中的工况项目高亮显示；

（2）单击"复制"按钮,输入工况项目名称；单击"确定"按钮,确定复制项目为新项目,项目文件列表中可查看新项目；

（3）单击"取消"按钮则取消复制操作。

12. CAN采集配置

CAN采集设置是根据测试电池需要,选中CAN的配置文件,单击"保存"按钮后完成设置如图1-3-28所示。

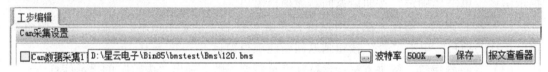

图1-3-28　CAN采集设置

13. 浏览报文数据配置文件

（1）单击图1-3-28中的"报文查看器"按钮打开电池BMS报文管理操作界面,浏览、设计报文内容；

（2）单击 按钮浏览设置CAN数据采集的报文设计文件；

（3）双击CAN数据采集的报文设计文件后显示对应的路径以及波特率。

14. 告警限制值说明

告警限制值提供配置设备在执行过程中的电压、电流、温度告警提示,请根据电池实际的充放电最大限制进行配置,该配置是对设备硬件以及电池进行最高保护的设置。

15. 数据保存设置

数据保存设置：设置系统老化过程中采集数据的保存方式。

（1）差异保存：电压差异值指采集数据中记录的是电压差距达到设置值后即保存该笔数据,电流差异值、温度差异值保存同理；3种差异值的设置关系为"或"关系,任意一个条件即保存。

（2）时间间隔：老化测试达到设置的间隔时间后即执行保存采集数据操作。

16. 工步编辑

设计工况项目的工步内容，并配置设备告警条件/跳转条件，工况模拟中根据工步的设备告警条件、跳转条件进行告警、跳转。工况项目设计界面如图 1-3-29 所示。

“自定义变量”按钮可定义新变量，“新增步骤”“删除工步”“复制工步”“修改”按钮可编辑工步内容；“上移”“下移”按钮可调整工步执行的顺序。

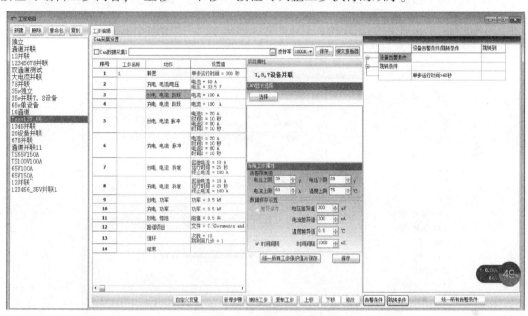

图 1-3-29　工况项目设计界面

17. 自定义变量

通过已知的变量根据加、减、乘、除的重新组合，定义一新变量。

18. 增加自定义变量

（1）单击“增加”按钮，新增一新条件输入记录行。

（2）在自定义变量的编辑列表，输入对应的变量说明、变量名称、单位等信息，如图 1-3-30 所示。

自定义变量

	变量说明	变量名称	单位
	电压/电流	U/I	Ω

图 1-3-30　新变量命名

（3）引用已知变量。选中新变量，双击选中的右边已知变量列表的变量或单击“引入变量”按钮，变量引用至公式编辑框中，根据加、减、乘、除以及数字的重新组合定义新变量。

(4) 单击"保存公式"按钮保存当前选中的新变量下的公式。

19. 删除自定义变量

选中自定义变量列表的记录,单击"删除"按钮,弹出确认提示信息,确认删除单击"是"按钮,不删除则单击"否"按钮。

20. 新增步骤

工况项目的工步新增,可选择 15 种工步类型进行添加。新增步骤的操作如下:

(1) 单击"新增步骤"按钮,弹出"工步编辑"对话框如图 1-3-31 所示,选择工步类型。

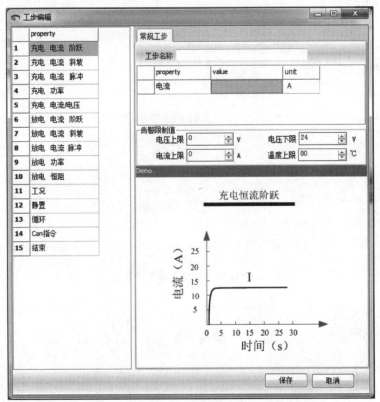

图 1-3-31 "工步编辑"对话框

(2) 输入工步设置值、告警限制值,以及设置工步名称(可选择)。

(3) 工步设置值、告警限制值设置后,确认添加单击"保存"按钮,满足输入要求后添加成功并退出"工步编辑"对话框;取消新增步骤操作则单击"取消"按钮。

(4) 工步新增成功后,工步列表显示新工步记录,工步的告警限制值可在当前工步属性区进行编辑并单击"保存"按钮进行保存,如图 1-3-32 所示。

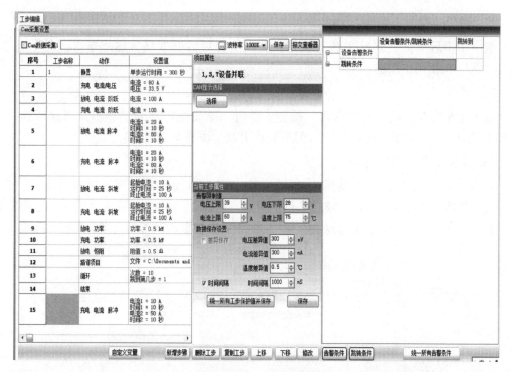

图 1-3-32　工步列表

已添加的工步，可通过"上移""下移"按钮来调整工步的执行顺序，如图 1-3-33 所示。

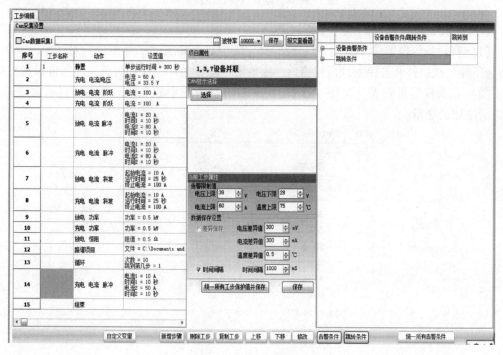

图 1-3-33　工步调整

21. 删除工步

选中工步后单击"删除工步"按钮，在弹出的对话框中确认删除单击"是"按钮，单击"否"按钮则不删除。

22. 修改

选中工步右双击或单击"修改"按钮，弹出"工步编辑"对话框，对当前所选中的工步设置值或告警限制值进行修改，但不允许更改工步类型。

23. 设置告警、跳转条件

选中工步后，单击"告警条件""跳转条件"按钮或双击条件区设置对应的设备告警条件、跳转条件，进行告警条件、跳转条件的设置（见图1-3-34）。单击"统一所有告警条件"按钮，将当前项目下工步列表中所有工步的设备告警条件调整为与当前设置一致。

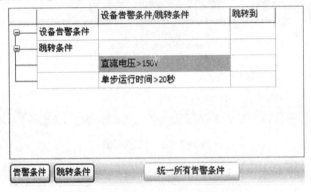

图1-3-34 设置告警、跳转条件

设置跳转、告警条件的具体步骤如下。

（1）在设备告警条件/跳转条件对应的操作区中双击弹出"条件设置"对话框，或单击"告警条件"按钮打开告警条件设置窗口，或单击"跳转条件"按钮打开跳转条件设置窗口。

（2）在条件变量列表（见图1-3-35）中双击右边选中的变量，则左边已选择变量列表显示添加的变量。

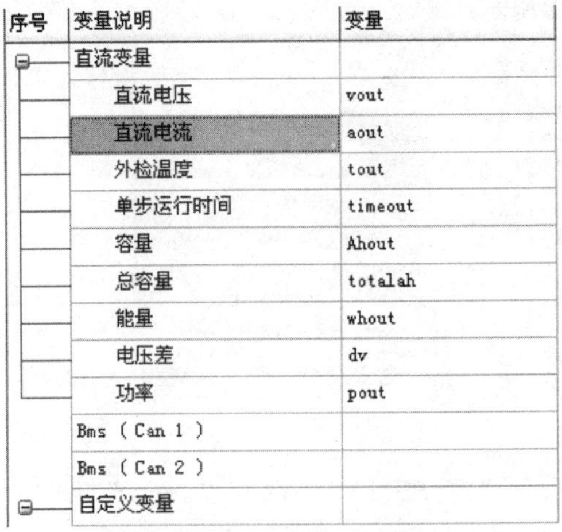

图1-3-35 条件变量列表

(3) 在已选条件变量列表中，编辑设置条件（见图1-3-36）。

设置	变量	动作	设置值	单位	跳转到
	直流电压	>	135	V	Step1
	单步运行时间	>	0:0:30	秒	

图1-3-36 已选条件变量列表

24. 增与项目

单击"增与项目"按钮，已选条件变量列表新增一粉红色底的新条件记录，选中新条件可重命名条件变量名称，然后单击"增与子项"按钮，新条件下新增"与"关系的变量条件，需满足新条件下所有的变量条件才执行该条件的跳转或告警。

25. 增与子项

选中与项目以及右边的变量后，单击"增与子项"按钮设置"与"关系的条件变量。

26. 工况模拟

根据工况项目的工步设计执行工况模拟（见图1-3-37）。

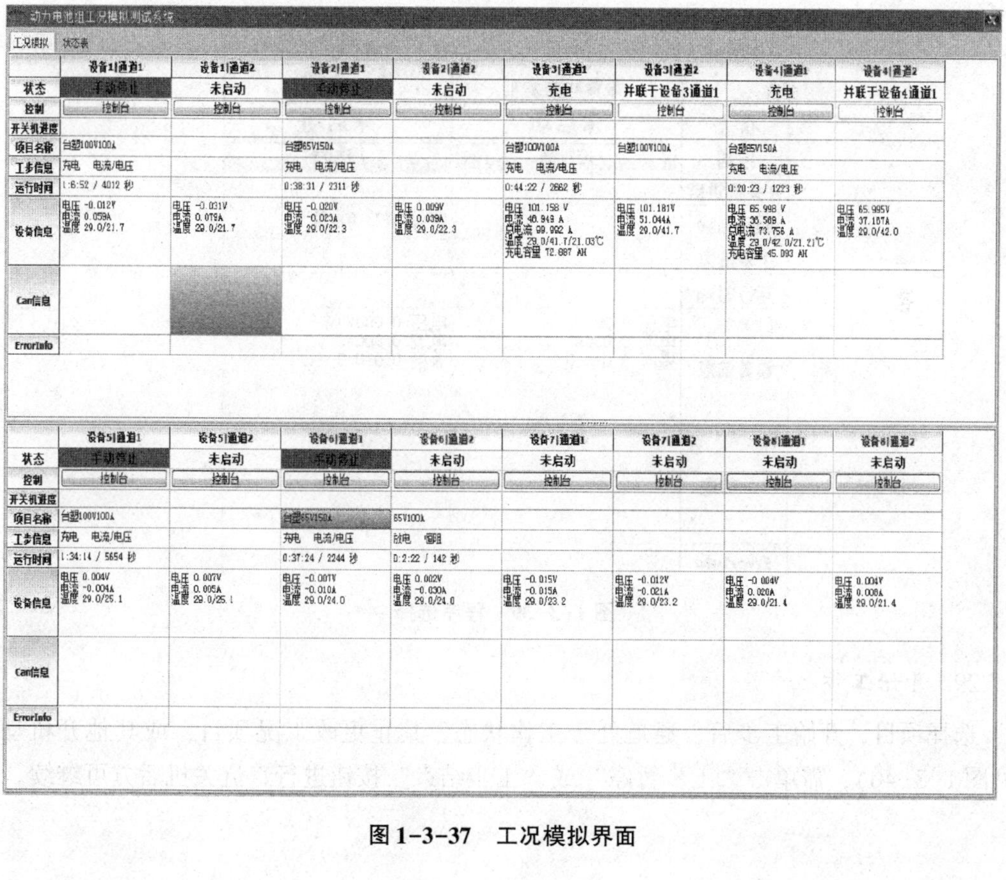

图1-3-37 工况模拟界面

27. 控制台

操作控制台，可进行"程序选择""开始工步""接续开始""工步跳转>""工步结束""工步暂停""数据查看""项目编辑/查看""通道复位"等操作（见图1-3-38）。

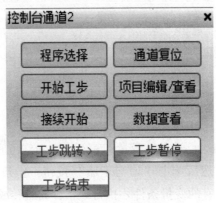

图1-3-38 控制台

28. 程序选择

选中工况项目后单击"确认"按钮，退出项目选择窗口，工况项目显示于通道的项目名称一栏（见图1-3-39）。

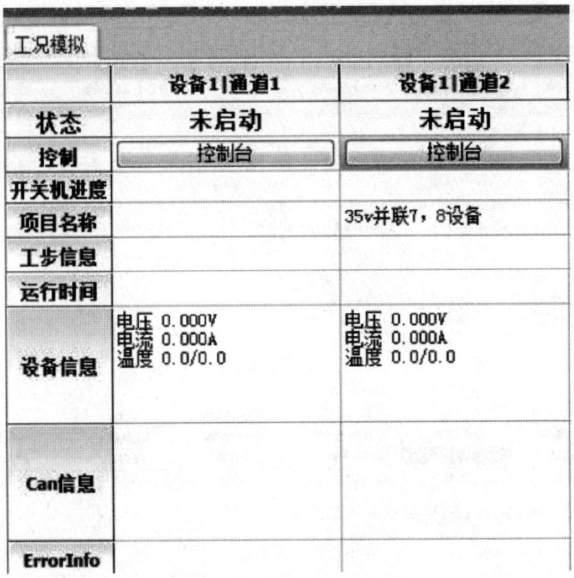

图1-3-39 程序选择

29. 开始工步

选择项目，开始工步后，通道处于工作状态，禁止更改工况项目，或其他开机动作（见图1-3-40），需单击"工步暂停"或"工步结束"按钮进行直流关机后方可继续。

图1-3-40 开始工步

工步执行过程中,可单击"工步跳转>"按钮选择跳转至当前执行的项目下的其他工步(见图1-3-41),选中工步单击"确认"按钮即完成工步的手工跳转,单击"返回"按钮则返回工况模拟界面。

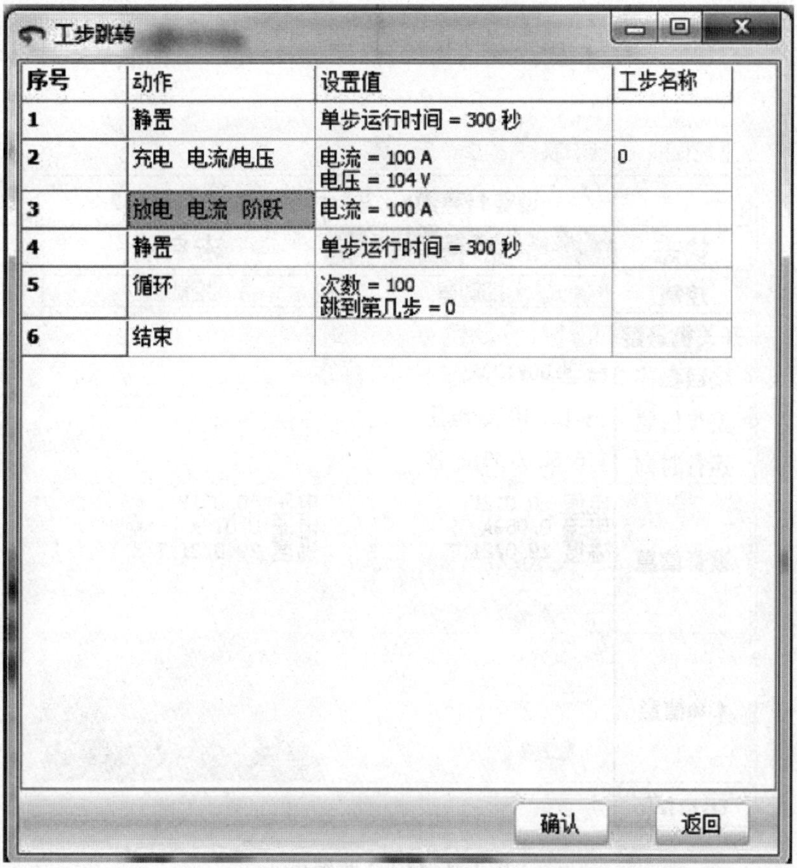

图1-3-41 "工步跳转"对话框

30. 工步暂停

正在工作中的通道,可在"控制台"中单击"工步暂停"按钮暂停工作,待下次开机继接该通道的当前暂停项目的当前循环、当前工步操作。

31. 接续开始

单击"程序选择"按钮选择工况项目后,单击"接续开始"按钮,继接同上一次启动一致的项目,符合则开始继接上一次暂停的当前循环、当前工步;反之不一致,则右下角弹出启动失败的提示信息(见图1-3-42)。

如果符合接续开始的项目,上一次状态为"老化结束",单击"接续开始"按钮则同单击"开始工步"按钮的效果一致,重新由第一步开始执行老化测试。

图1-3-42 提示信息

32. 工步结束

单击"工步结束"按钮,结束当前正在执行的项目,且对应的通道直流关机,如图1-3-43所示。

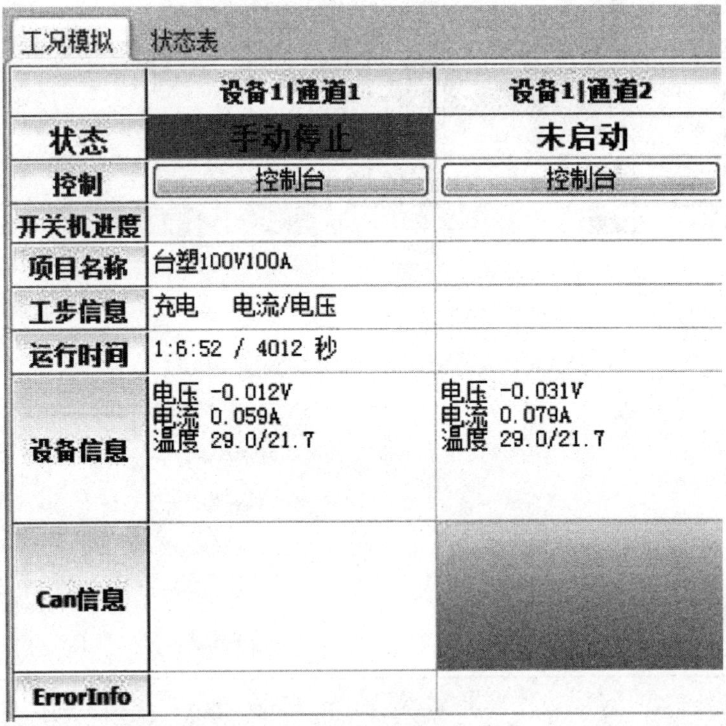

图1-3-43 工步结束

中断工况模拟并退出工况模拟界面的操作步骤如下:

(1)单击"工步结束"按钮后,结束当前正在执行的项目,当前通道直流关机;

(2)等待听到关机的声音且直流关机的进度条结束后,才能操作关闭窗口开始执行放电进行AC关机;

（3）设备执行"AC 关机"等待放电进度条结束后，窗口关闭。

具体说明如下。

① "开始工步"按钮：同控制台的"开始工步"按钮一致，开启当前通道执行老化测试程序。

② "接续开始"按钮：继续被暂停的工况项目的工步。

③ "工步跳转>"按钮：执行过程手工选择跳转工步。

④ "工步暂停"按钮：暂停工步，待下次继续当前暂停的工步，继续执行测试。

⑤ "工步结束"按钮：结束当前通道上正在执行的老化测试。

⑥ "项目编辑/查看"按钮：打开"工况项目"模块，可查看、编辑当前项目的工步内容。

⑦ "数据查看"按钮：打开"工况模拟数据"模块，查看当前通道老化日志。

注意：异常情况，未能正常关机退出窗口时，下位机保存当前工步，需操作设备上的"急停"功能按钮，待 5 min 后再开机。

33. 路谱项目

通过路谱项目对路谱测试的所需项目进行管理。路谱项目中提供了电流阶跃、功率、电流斜坡 3 种路谱方案，根据测试电池类型需要选择是否配置 CAN 采集数据（见图 1-3-44）。

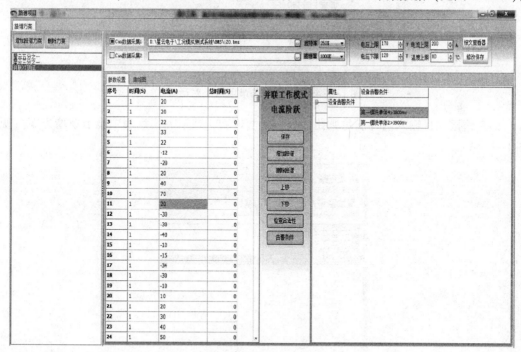

图 1-3-44　路谱项目

34. 增加路谱方案

单击"增加路谱方案"按钮,打开"新增路谱项目"对话框(见图1-3-45);输入路谱名称、选择类型并设置告警限制值后单击"确定"按钮完成路谱方案的新增。

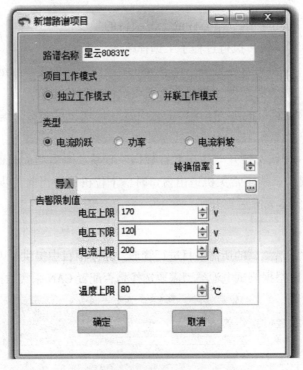

图1-3-45 "新增路谱项目"对话框

如果路谱项目输入内容满足则路谱项目新增成功,路谱方案列表中显示新增方案(见图1-3-46)。

图1-3-46 路谱方案列表

35. 路谱方案新增失败提示

路谱方案新增失败,提示失败信息,根据提示信息说明检查输入的值并进行修改。

36. 路谱文件导入

输入路谱名称、选择项目工作模式、类型、设置转换倍率并选择导入的路谱文件以及配置告警限制值后单击"确定"按钮，符合设置要求，则路谱的参数设置列表中显示导入的路谱文件内容，并根据增加的类型进行转换后的路谱记录显示（见图1-3-47、图1-3-48）。

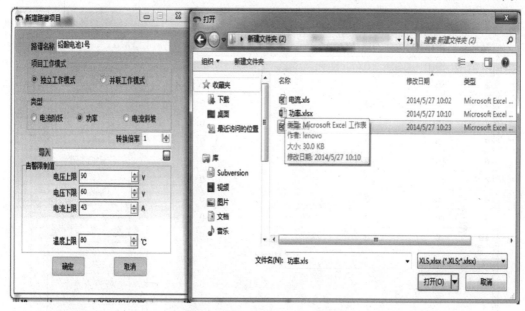

图1-3-47 选择导入的路谱文件

序号	时间(S)	电流(A)	总时间(S)
48597	0.01	50	485.97
48598	0.01	50	485.98
48599	0.01	50	485.99
48600	0.01	50	486
48601	0.01	50.1	486.01
48602	0.01	50	486.02
48603	0.01	50	486.03
48604	0.01	50	486.04
48605	0.01	50.1	486.05
48606	0.01	50.1	486.06
48607	0.01	50.1	486.07
48608	0.01	50	486.08
48609	0.01	50	486.09
48610	0.01	50	486.1

图1-3-48 路谱文件内容

37. 增加路谱参数记录

（1）单击"增加路谱"按钮，即增加10行空工步记录，并且每一个工步的运行不能低于10 ms，如添加电流阶跃的路谱方案类型，则参数设置列表分为时间、电流、总时间，如图1-3-49所示。

图1-3-49 增加路谱参数记录

（2）通过"上移""下移"按钮可改变路谱时间段执行的参数变化，顺序改变后需单击"保存"按钮才能生效；通过"检查合法性"按钮检查合法性，并刷新总时间。

38. 删除路谱

单击"删除路谱"按钮，逐条删除当前选中的路谱记录。

39. 更改参数顺序

（1）通过"上移""下移"按钮改变路谱模拟中时间段执行的变化。

（2）选中路谱，单击"上移"按钮向上移动参数行，单击"下移"按钮向下移动参数行，路谱参数设置列表的顺序更改后需单击"保存"按钮，方能生效。

40. 参数设置菜单说明

（1）"增加路谱"按钮：增加路谱记录，以一次添加10条工步为单位进行添加。

（2）"删除路谱"按钮：删除路谱的参数设置记录。

（3）"上移""下移"按钮：改变路谱时间段执行的参数变化。

（4）"保存"按钮：保存当前路谱方案下进行"上移""下移"更新后的顺序。

（5）"检查合法性"按钮：检查选中的路谱方案下的路谱记录的合法性，并重新计算总时间。

（6）"告警条件"按钮：路谱项目的告警条件设置。

说明："时间（s）"表示每一工步的时间长度；"总时间（s）"表示执行到当前步骤所累计的时间秒数。

41. CAN 数据采集及保护值设置

CAN 数据采集及保护值设置，如图 1-3-50 所示。

图 1-3-50　CAN 数据采集及保护值设置

42. 告警限制值修改

在路谱参数设置上方的告警限制值区域中输入修改值后，单击"修改保存"按钮可更改告警限制值。

43. CAN 的设置

单击"报文查看器"按钮进入电池 BMS 报文管理系统，查看报文项目的设计信息，退出电池 BMS 报文管理系统，单击"▣"按钮选择报文设计文件完成路谱方案对应的 CAN 数据采集的设置。最后单击"修改保存"按钮，完成对 CAN 的设置。

44. 曲线图

曲线图中可预览根据路谱方案下参数设置的值绘制的趋势图，具体操作如下。

单击"预览趋势图"按钮对根据路谱方案下电流（或电压、功率）绘制的曲线进行预览。如电流阶跃趋势图，则是根据电流绘制的曲线图，如图 1-3-51 所示。

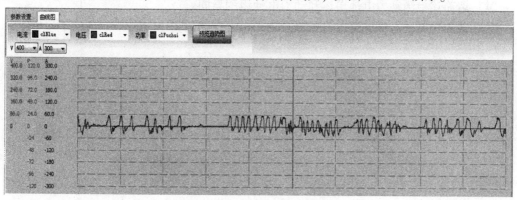

图 1-3-51　电流阶跃趋势图

恒功率路谱项目曲线图，则是根据功率绘制的曲线图，如图 1-3-52 所示。

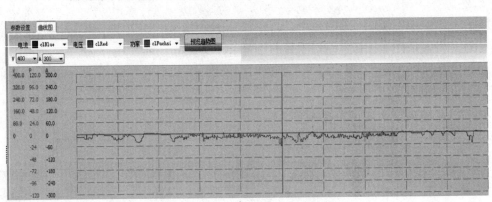

图 1-3-52 恒功率路谱项目曲线图

45. 删除路谱方案

单击"删除方案"按钮,弹出删除确认提示。确认删除单击"是"按钮,路谱方案删除;取消则单击"否"按钮关闭提示,路谱方案保留。

46. 注意事项

(1) 设备要在校验日期内方可使用。
(2) 设备点检正常方可使用。

八、思考题

(1) 动力电池有哪些常见类型?
(2) 动力电池有哪些常见故障?
(3) 请进行电池检测操作,从电池接线到导出数据完整地做一遍。
(4) 请简述检测动力电池单体和动力电池组的异同。
(5) 请简述有什么措施可以有效提升动力电池组的耐久度。

实验 4　电源管理系统检测与诊断

一、问题导入

电池管理系统（Battery Management System，BMS），是电动汽车动力电池系统的重要组成。其主要任务是防止过充、避免过放、温度控制、电池组件电压和温度的平衡、预测电池的荷电状态（SOC）和剩余行驶里程。特斯拉与博世是目前在 BMS 领域发展较好的两家公司。

特斯拉的 BMS 能够提供精确的电池健康状态预估技术、电池平衡管理技术、电池残电量管理技术、电池热管理技术、诊断与预警技术。即使是同样电池容量的电动汽车，由于 BMS 的不同，其续航里程、充电时间、启动加速时间和电池寿命将大不相同。特斯拉通过其强大的 BMS，可以有效实现超过 7 000 节 18650 锂电池的一致性管理，达到高安全性和可靠性目标。此外，在电池冷却、安全、电荷平衡等与 BMS 相关的领域，特斯拉申请的核心专利超过 140 项，因此 BMS 是特斯拉的核心竞争力之一。特斯拉电池组的每一组都有其独立的 BMS，位于电池组侧面。其中的感应器和芯片，随时监控每粒电池的温度变化，遇到意外情况，能以毫秒级别时间关闭电池。而博世对于 BMS 的研究开始较早，对于 BMS 的研究有很好的基础，对于 BMS 其提出了云端电池管理系统，简单来说，就是在不改变硬件的前提下，通过对于软件的升级和优化来提升性能。博世通过采集 BMS 和驾驶员驾驶习惯的数据，提升电池性能和寿命。对此，博世云服务将采集所有电池相关的数据，如当前环境温度和充电习惯，实时传输到云端，之后用机器学习算法进行精准数据评估。通过一系列计算，为驾驶员提供一个了解当前电池状态的窗口，并实现对电池当前性能及其剩余使用寿命的可靠预测。

通过在维修厂的调查和提供的资料收集到以下案例。

（1）车主发现 EX360 电动汽车无法点火。一般来说，第一时间用汽车故障诊断仪对这辆车进行诊断，电脑显示为 BMS 的 P4 模块电源线断路，结果很快发现了问题并更换了损坏的地方。

（2）EX360 电动汽车的仪表盘出现电池温度过热，单体一致性偏差大等电池性能问题。通过汽车故障诊断仪，发现 BMS 出现了故障，不能对电池进行监控，无法估计电池的荷电状态。

本实验主要用于熟悉 BMS 的测试过程，了解 BMS 的性能特点。

二、实验目的

(1) 巩固 BMS 的功能、原理和组成。
(2) 熟悉 BMS 的功能测试操作流程。
(3) 了解 BMS 性能特点。
(4) 能根据测试结果分析 BMS 是否有功能故障及故障原因。

三、实验内容

利用 BMS 实训台，对 BMS 的工作原理、功能进行测试以及设置故障，通过测试之后确定故障性质，由此巩固对 BMS 的认识。

四、实验前准备工作

1. 实训台的检查

(1) 检查实训台外部电路、电线是否完好有效，接线是否牢固正常。
(2) 检查踏板位置等机械部件是否正常工作。
(3) 测试实训台中驱动电动机是否正常工作，是否有异响。

2. 充电准备

当电池工作组电压低于 45 V 时，需进行充电。充电操作如下：
(1) 打开车载充电器开关；
(2) 电源开关打到"ON"位置，打开点火开关；
(3) 将充放电模式开关按至"ON"位置；
(4) 待电池工作电压在 45 V 即可进行通电操作。

五、实验注意事项

(1) 该实训台属于高电压设备，设备运行时及放电结束前勿触摸设备的电路及电源部分；
(2) 继电器部分不可触摸和拆下，以免发生事故；
(3) 该设备通过电动机驱动器直接控制，在使用设备前首先要选择合适的电源，同时确保接线牢固正确。
(4) 在操作过程中不要用短接器短接不是同一根线的 2 个端子，在确定是同一根线时才能用短接器短接，否则容易引起短路而烧坏电器元件或引起线路着火。

六、仪器结构功能

EX360 电池管理系统平台（见图 1-4-1）采用分布式系统拓扑结构，每一系统包括 1 个主控单元（Battery Control Unit，BCU）、5 个从控单元（Battery Measure Unit，BMU）。

各个单元之间通过高速 CAN 总线进行互联，完成实时数据的传输与控制。

BMU 负责动力电池单体的电压检测、电池温度检测、均衡控制，并将采集的电池数据和 BMU 的实时工作状态通过 CAN 总线发送给 BCU 或其他监控设备。

BCU 负责动力电池的工作电流检测、充放电安时累计、电池总电压检测、预充电回路总电压检测、电池箱绝缘状态检测，并将采集的电池数据和高压单元的实时工作状态通过 CAN 总线发送给其他监控设备。

BCU 通过内网 CAN 总线收集 BMU 的数据并在线分析动力电池系统的工作状态，根据数据分析结果进行动力电池故障报警、动力电池最大允许充放电功率预测、动力电池 SOC 估算、动力电池热场管理、充电管理。BCU 对外提供两路高速 CAN 总线，一路高速 CAN 总线与整车控制器（或与电动机控制器）进行数据通信，根据整车的需求完成整车高压系统上下电流程管理，同时将动力电池的状态信息提供给整车控制器以优化整车驾驶性能。另外一路高速 CAN 总线与充电机或充电桩进行数据通信，完成充电管理。

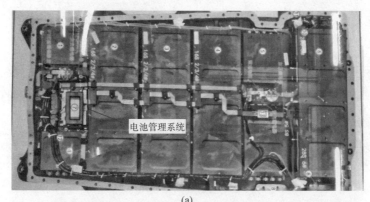

(a)

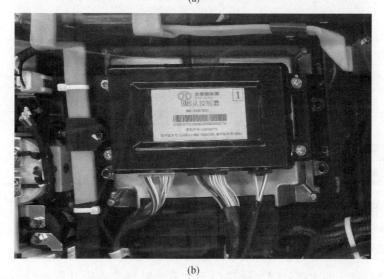

(b)

图 1-4-1　EX360 电池管理系统平台

(a) 北汽 EX360 电池组；(b) 北汽 EX360 电池管理系统

BMS 实训台结构如图 1-4-2 所示,其参数情况如表 1-4-1 所示。

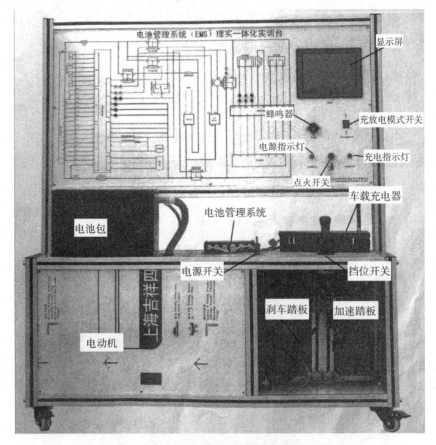

图 1-4-2　BMS 实训台结构

表 1-4-1　BMS 实训台参数情况

参数	数值
尺寸/（mm×mm×mm）	1 415×800×1 600
驱动方式	电动机控制器
动力电池组/V	48
电动机控制器电源电压/V	48
电动机控制器电源电流/A	10

七、操作步骤

1. 汽车故障诊断

一般来说,BMS 的大部分问题通过汽车故障诊断仪来查得其故障原因,通过故障代码,维修工人按照维修手册,对汽车故障进行解决。下面以 BMS 实训台为例,对 BMS 的故障进行检测。

2. BMS 实训台的运行前准备

（1）充放电控制开关处于非工作状态（即"运行"按钮打到"OFF"位置）；

（2）起动时确保挡位处于空挡；

（3）设备运转时请锁死刹车脚轮；

（4）确保 BMS 实训台电量充足。

3. BMS 实训台操作演示

（1）充放电控制开关处于非工作状态（即"运行"按钮打到"OFF"位置）；

（2）将换挡开关置入"D"挡位置，踩下加速踏板，直流电动机开始正转；

（3）将换挡开关置入"R"挡位置，踩下加速踏板，直流电动机开始反转。

4. 故障设置

（1）将电源开关置于"ON"位置，显示屏显示"初始模式"；

（2）按"菜单"键，进入目录菜单，显示屏显示："1-故障设置 2-清除故障 3-试题库 4-计时考核"，按"确定"键，进入"1-故障设置"，显示屏显示："密码登录"，输入"1234"，按"确定"键进入故障设置模式。

（3）在故障设置模式下，输入数字 0~9 可进行故障设置。若需要清除"故障设置"，返回目录菜单界面选择"2-清除故障"模式，按"确定"键即可清除。

（4）在清除故障模式下，显示屏显示"查询-0000 清除 全清除"。如果清除个例故障设置可选"清除"；如果清除所有故障设置可选"全清除"。

（5）在试题库模式下，显示屏显示"3-试题库"，进入试题库内后，可选择试卷，进入试卷编写模式。输入故障设置代码数字 0~9。

（6）在考核模式下，选择"4-计时考核"，进入试卷库，选择试卷，进入试卷回答模式：

①利用万用表在 BMS 实训台面板上进行操作；

②选择欧姆挡，测试各部分是否有断路情况（注意：接线端应正确连接）。

八、数据标准与故障分析

（1）BMS 实训台故障分析。BMS 实训台电路图如图 1-4-3 所示，故障现象及名称如表 1-4-2 所示。

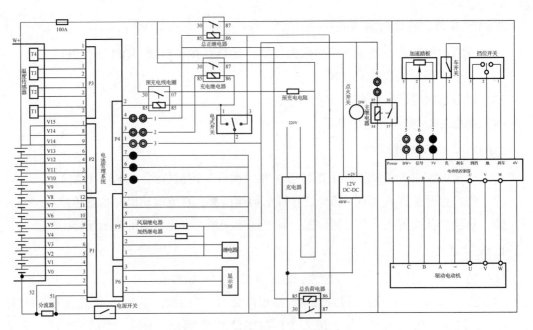

图 1-4-3　BMS 实训台电路图

表 1-4-2　故障现象及名称

序号	故障现象	故障名称
1	电动机无法正常工作	总正继电器控制线断路
2	实训台充电工作异常	充电继电器控制线断路
3	无法点火	BMS 的 P4 模块电源线断路
4	电动机无法正常工作	主继电器控制线断路
5	加速踏板工作异常	加速踏板位置传感器电源线断路
6	加速踏板工作异常	加速踏板位置传感器信号线断路
7	加速踏板工作异常	加速踏板位置传感器地线断路

（2）BMS 故障的分析方法（见表 1-4-3）。

表 1-4-3　BMS 故障的分析方法

分析方法	故障现象
观察法	当系统发生通信中断或控制异常时，观察系统各个模块是否有报警，显示屏上是否有报警图标，再针对得出的现象一一排查
故障复现法	车辆在不同的条件下出现的故障是不同的，在条件允许的情况，尽可能在相同条件下让故障复现，对问题点进行确认
排除法	当系统发生类似干扰现象时，应逐个去除系统中的各个部件，来判断是哪个部分对系统造成影响

续表

分析方法	故障现象
替换法	当某个模块出现温度、电压、控制等异常时,调换相同串数的模块位置,来诊断是模块问题或线束问题
环境检查法	当系统出现故障时,如系统无法显示,先不要急于进行深入的考虑,因为往往会忽略一些细节问题。首先应该看看那些显而易见的东西:如有没有接通电源?开关是否已打开?是不是所有的接线都连接上了
程序升级法	当新的程序烧录后出现不明故障,导致系统控制异常,可烧录前一版程序进行比对,来进行故障的分析处理
数据分析法	当BMS发生控制或相关故障时,可对BMS存储数据进行分析,对CAN总线中的报文内容进行分析

(3) BMS常见故障、可能原因及处理方式(见表1-4-4)。

表1-4-4 BMS常见故障、可能原因及处理方式

常见故障	可能原因	处理方式
系统供电后整个系统不工作	供电异常、线束短路、DC-DC转换器无电压输出	检查外部电源给管理系统供电是否正常,是否能达到管理系统要求的最低工作电压,看外部电源是否有限流设置,导致管理系统的供电功率不足;可以调整外部电源,使其满足管理系统的用电要求;检查管理系统的线束是否短路或断路,对线束进行修改,使其工作正常;外部供电和线束都正常,则查看管理系统中给整个系统供电的DC-DC转换器是否有电压输出;如有异常可更换损坏的DC-DC转换器模块
BMS不能与ECU通信	BMU未工作、CAN信号线断线	检查BMU的电源12 V/24 V是否正常;检查CAN信号线是否退针或插头未插,监听CAN端口数据,是否能够收到BMS或者ECU数据包
BMS与ECU通信不稳定	外部CAN总线匹配不良、总线分支过长	检测总线匹配电阻是否正确;匹配位置是否正确,分支是否过长
BMS内部通信不稳定	通信线插头松动、CAN走线不规范、BSU地址有重复	检测接线是否松动;检测总线匹配电阻是否正确,匹配位置是否正确,分支是否过长;检查BSU(采集均衡模块)地址是否重复
绝缘检测报警	电池或驱动器漏电、绝缘模块检测线接错	使用BDU(电源分配单元)显示模块查看绝缘检测数据,查看电池母线电压,负母线对地电压是否正常;使用绝缘摇表分别测量母线和驱动器对地绝缘电阻
上电后主继电器不吸合	负载检测线未接、预充继电器开路、预充电阻开路	使用BDU显示模块查看母线电压数据,查看电池母线电压,负母线电压是否正常;检查预充过程中负载母线电压是否有上升

·81·

续表

常见故障	可能原因	处理方式
采集模块数据为0	采集模块采集线断开、采集模块损坏	重新拔插模块接线，在采集线接头处测量电池电压是否正常，在温度传感器线插头处测量阻值是否正常
电池电流数据错误	霍尔信号线插头松动、霍尔传感器损坏、采集模块损坏	重新拔插电流霍尔传感器信号线；检查霍尔传感器电源是否正常，信号输出是否正常；更换采集模块
电池温差过大	散热风扇插头松动，散热风扇故障	重新拔插风扇插头线；给风扇单独供电，检查风扇是否正常
电池温度过高或过低	散热风扇插头松动，散热风扇故障，温度探头损坏	重新拔插风扇插头线；给风扇单独供电，检查风扇是否正常；检查电池实际温度是否过高或过低；测量温度探头内阻
继电器动作后系统报错	继电器辅助触点断开，继电器触点粘连	重新拔插线束；用万用表测量辅助触点通断状态是否正确
不能使用充电机充电	充电机与BMS通信不正常	更换一台充电机或BMS，以确认是BMS故障还是充电机故障；检查BMS充电端口的匹配电阻是否正常
车载仪表无BMS数据显示	BCU线束连接异常	检查BCU线束是否连接，低压工作电压是否正常，BCU是否工作正常
部分电池箱的检测数据丢失	整车部分接插件可能接触不良，或者BMU不能正常工作	检查接插件接触情况，或更换BMU

九、思考题

（1）简述BMS的作用。

（2）BMS一般采用模块化分布式结构设计，具体包含哪些结构？

（3）实验过程中有哪些故障，分别如何查得故障，请简述其故障现象、检测过程以及得出结论的过程。

实验5　充电系统检测与诊断

一、问题导入

对于一辆电动汽车而言，蓄电池充电设备是其必不可少的装备之一。交流充电桩就是这样的设备，其主要功能是实现新能源汽车的充电功能，刷卡计量功能以及用户与厂家的网络计费功能，同时充电桩具有完善的故障保护和报警功能，包括过压、欠压、过流、短路保护以及漏电保护等功能。

充电桩按安装方式分为：落地式充电桩、挂壁式充电桩；按充电接口数分为一桩一冲与一桩多充；按充电方式分为直流充电桩、交流充电桩和交直流一体充电桩。

地面充电站中充电器的方案为：该充电器由一个能将输入的电流转换为直流电的整流器和一个能调节直流电的功率转换器组成，通过把带电线的插头插入电动汽车上配套的插座中，直流电就输入蓄电池对其充电。充电器设置了一个锁止杠杆以利于插入和取出插头，同时杠杆还能提供一个确定已经锁紧的信号以确保安全。根据充电器和车上 BMS 相互之间的通信，功率转换器能在线调节直流充电功率，而且充电器能显示充电电压、充电电流、充电量和充电费用。

特斯拉在充电系统方面，能做到 30 min 充满 50% 的电量，如果按 18650 锂电池，且每节电池 1.5 A·h 的量，特斯拉上有由 3 000 个 18650 锂电池组成的电池组，由此可见特斯拉充电系统的强大之处，特斯拉的快充理念是需要突破交流供电（单相 220 V，三相 380 V）的电压限制。通过水冷充电线输送到 model S 充电口处的电压为直流，并且电压提升到了 480 V。因此 85 kW/480 V＝177 A，对应的特斯拉普通家用充电器使用交流 220 V，充电电流为 40 A，对应充电功率 8.8 kW。

通过调查北汽新能源汽车的相关充电桩，充电桩出现过以下问题：
（1）充电枪插上去，充电显示屏界面没有反应；
（2）充电结束后出现锁卡现象；
（3）充电桩出现绝缘检测异常。

面对这样的问题，解决方式如下：首先检查有没有误操作，如果问题继续存在，更换正常充电桩充电，且需用汽车故障诊断仪检测汽车充电系统是否存在故障。本节着重对北汽新能源汽车充电桩进行结构原理的了解以及故障分析。

二、实验目的

（1）了解交流充电桩的功能、操作方法以及工作原理。
（2）提高学生分析问题的能力，增强独立工作，独立思考的能力。

三、实验内容

(1) 根据问题导入中充电系统的各个故障现象,找到故障发生的原因。
(2) 熟悉交流充电桩在工作过程中的注意事项。
(3) 了解交流充电桩的工作原理、结构等。

四、实验前准备工作

(1) 确保交流充电桩的余额充足。
(2) 注意交流充电桩枪头以及充电口处干净。
(3) 确保充电枪或充电线缆不存在缺陷、裂痕、磨损、破裂、充电线缆裸露等情况。

五、实验注意事项

(1) 进行充电枪连接时,必须先将充电枪与车辆连接完成后,再进行刷卡充电,当出现紧急情况时应立即按下应急开关进行断电,以免造成触电伤人事故。
(2) 交流充电系统停止使用时,应先停止充电输出,然后将电缆绕好,置于原位。
(3) 潮湿天气时应确认充电枪头与电动车插座干燥,否则禁止充电;
(4) 严禁在充电枪或充电线缆存在缺陷、出现裂痕、磨损、破裂、充电线缆裸露等情况下使用充电桩,如有发现,请及时联系工作人员。
(5) 充电过程中禁止直接拔枪。
(6) 充电结束时,建议充电界面完全跳转之后再拔插充电枪。(电压电流升降需要一个过程,保证安全。)
(7) 在充电过程中,车辆禁止行驶,只有在静止时才能进行充电,充电前确保车辆已经熄火方可充电。
(8) 充电桩附近应配备专用消防设备预防紧急情况发生。

六、仪器结构功能

交流充电桩的内部模块和内部线路,如图1-5-1、图1-5-2所示。

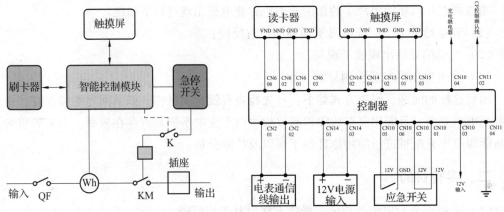

图1-5-1 交流充电桩的内部模块

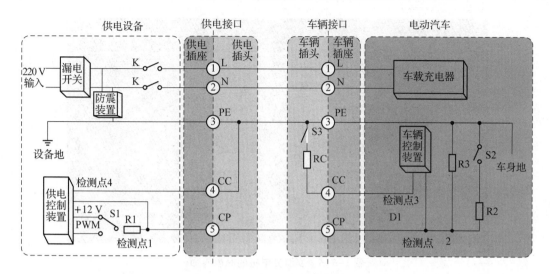

图 1-5-2　交流充电桩的内部线路

七、操作步骤

（1）将充电枪插入电动汽车充电口进行充电，如图 1-5-3 所示。

（2）在触摸屏上进行刷卡充电，如图 1-5-4 所示。

图 1-5-3　充电口

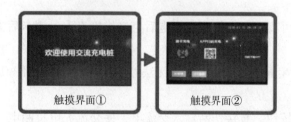

图 1-5-4　触摸屏

（3）开始充电并选择充电模式，如图 1-5-5 所示。

（4）待充电结束后，确认结束充电并拔下充电枪，放在挂枪座中。

图1-5-5 交流充电桩的充电界面

八、数据标准与故障分析

1. 交流充电桩的常见问题解决

（1）枪插上去了，界面没有显示已连接或没有显示"开始充电"按钮？

①检查充电枪是否连接可靠，充电枪的卡扣是否卡紧；

②检查充电枪连接后，车辆仪表是否有电；

③如已连接可靠，可联系厂家查看是否存在硬件或软件通信问题。

（2）（刷卡）进入充电了，过了一会就停止充电了？

①一般为电池BMS与交流充电桩的通信问题，故刷卡结束后，重新拔插测试充电。

②如出现反复，应上报并与厂家联系解决。

（3）出现锁卡现象。

①充电结束/停止后一定要记得刷卡。除非出现故障无法刷卡，一般情况下都要进行刷卡结算，否则会锁卡。

②在充电中，不可直接断电或停止充电后直接拔枪走人。锁卡后需要到指定办公点进行解锁操作。

（4）如果机器发生漏电、起火、桩体无法停止充电、内部线路短路等异常状况应如何处理？

应立即按下急停按钮，直接切断输入交流电，使交流充电桩断电。

（5）绝缘检测异常。具体故障原因及处理方法如下。

①故障原因为：

a）充电输出回路对地绝缘损坏；

b）绝缘检测模块损坏或者误报。

②处理方法为：

a）重启充电机和车辆，现场潮湿可能会引起绝缘能力降低，如有条件打开充电机柜门通风；

b）检查充电机柜和充电桩中直流输出回路的绝缘情况，是否有明显接地点；检查绝缘检测模块是否损坏；

c）反馈厂家现场情景，由厂家人员现场查看。

九、思考题

（1）除了以上几个交流充电桩常见故障外，请列举几个交流充电桩在使用中的其他故障，并简述其处理方法。

（2）简述交流充电桩各个系统工作原理及其组成构造。

（3）电流传感器在交流充电桩中有何作用？

实验6 DC-DC转换器检测与诊断

一、问题导入

DC-DC转换器是将动力电池组高电压转换为恒定12 V或者14、24 V低电压,既能给全车电器供电,又能给辅助蓄电池充电的设备。它的电能来自动力电池包,用处是给车载电器供电。它的一类重要功用是为动力转向系统、空调以及其他辅助设备提供所需电力。另一类,是在复合电源系统中与超级电容串联,起到调节电源输出,稳定母线电压的作用。DC-DC转换器主要由3个部分组成:主电路,又叫功率模块,是整个DC-DC转换器的主体;驱动模块,对于控制芯片输出的四路PWM驱动信号来说,并不能直接驱动4个功率开关管,一般需要配套一个驱动电路来驱动功率开关管;控制模块,主电路反馈的主要控制模式是电压控制模式、峰值电流控制模式和平均电流控制模式。

在维修厂调研时发现几种DC-DC转换器故障案例。一是电动汽车常电电池亏电,故障原因:DC-DC转换器无输出;排除方法:无高压(DC72 V-DC86 V)输入或无12 V启动信号电压输入以及DC-DC转换器自身故障均会造成DC-DC转换器无输出电压;排查步骤:测量DC-DC转换器输入端是否有高压输入,若无12 V启动信号电压输入,则为主线线路故障,需进一步检测主线信号插件端子至常电电池正极之间的线路。二是灯光强度不够,故障原因:DC-DC转换器输出电压低;排除方法:DC-DC转换器自身故障,更换新的DC-DC转换器;排查步骤:首先测量有无电压输入,然后测量有无12 V电压信号输入,再次测量有无电压输出。根据对EX360电动汽车的了解,DC-DC转换器(在该车上称为直流转化模块DC/DC)位于其PDU(电力分配单元),因此需要对其进行检测维修。本节主要是对DC-DC转换器进行认识和故障检测。

二、实验目的

(1)巩固DC-DC转换器的功能、原理和组成。
(2)熟悉对DC-DC转换器故障的检测。

三、实验内容

通过学习DC-DC转换器的工作原理、结构、控制原理,认识DC-DC转换器的功能,并且学会对其进行检测诊断。

四、实验前准备工作

(1)DC-DC转换器组成构造,如图1-6-1所示。

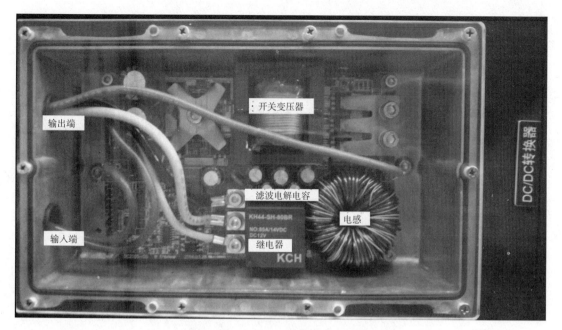

图 1-6-1　DC-DC 转换器组成构造

（2）DC-DC 转换器的原理，如图 1-6-2 所示。

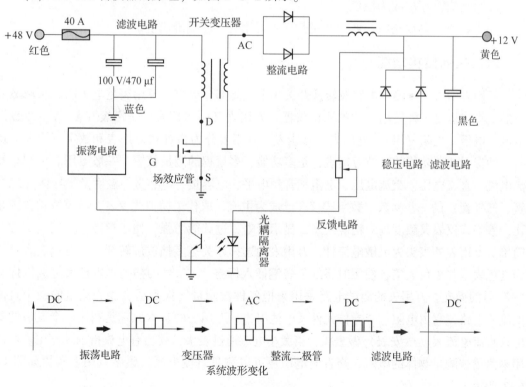

图 1-6-2　DC-DC 转换器的原理

（3）确定 DC-DC 转换器在电动汽车上的位置。

五、实验注意事项

（1）检查 DC-DC 转换器周围元器件线路、外部电路、电线是否完好有效，接线是否牢固。

（2）测量过程中，不得短路 DC-DC 控制器的接线端子，防止发生短路事故。

（3）安装 DC-DC 转换器 48 V 接头时，应先关闭电源开关再进行高压电源线束的连接，防止触点跳火造成伤人事故。

（4）若想更换 DC-DC 转换器中的某部分器件时，禁止带电作业。正规操作流程如下：

①关闭钥匙开关，取下钥匙；

②断开低压蓄电池负极电缆；

③使用专用万用表对维修部位进行电压测量，如所测值大于 0 V 时应使用专用放电棒对该部件进行放电，当电压完全消失后方可进行下一步操作；

④戴好专用防高压手套；

⑤实施作业。

注意：车上高压作业时禁止带电操作，正规操作流程依然按以上步骤进行。

（5）所有高压电线为橙色。

（6）检查控制线路时，要求使用数字式万用表，增加准确度。

六、仪器结构功能

万用表由表头、测量电路及转换开关 3 个主要部分组成。万用表是电子测试领域最基本的工具，也是一种使用广泛的测试仪器。万用表又叫多用表、三用表（A、V、Ω 也即电流、电压、电阻三用）、复用表、万能表，万用表分为指针式万用表和数字万用表，还有一种带示波器功能的示波万用表，是多功能、多量程的测量仪表。一般万用表可测量直流电流、直流电压、交流电压、电阻和音频电平、电容量、电感量、温度及半导体（二极管、三极管）的一些参数。数字式仪表已成为主流，取代了模拟式仪表。与模拟式仪表相比，数字式仪表灵敏度高，精确度高，显示清晰，过载能力强，便于携带，使用也更方便简单。万用表的表头为灵敏电流计，万用表的选择开关是多挡位旋转开关，万用表表笔分为红色表笔与黑色表笔，使用时将红色表笔插入标有"+"号的插孔，黑色表笔插入标有"-"号的插孔。万用表的测试电路是用来把各种被测量转换到适合表头测量的微小直流电流的电路，它由电阻、半导体元件及电池组成。万用表的基本原理是利用一个灵敏的磁电式直流电流表（微安表）做表头，当微小电流通过表头，就会有电流指示。万用表可以用来测量被测量物体的电阻，交直流电压还可以测量直流电压。数字万用表实物如图 1-6-3 所示。

图 1-6-3 数字万用表实物

七、操作步骤

(1) 使用汽车故障诊断仪查看故障代码，获得故障代码后发现为 DC-DC 转换器故障（排除其他故障引起的 DC-DC 转换器故障）。

(2) 查找维修手册，发现可能导致故障的原因如下：

①DC-DC 转换器过温；

②DC-DC 转换器输入电压异常；

③DC-DC 转换器输出过压。

(3) DC-DC 故障的检测。

①故障现象：低压电池电压显示为 0~0.5 V，点火开关处于 ON 挡，灯光负载收音机不工作。

②故障检修的步骤如下。

a) 电源检测：万用表红表笔接 12 V 辅助输出正极，黑表笔接 12 V 输出负极，测得 0 V 电压；

b) 大灯电源检测：拔下负载大灯插头检测插头电压为 0 V，红表笔接 12 V 辅助输出正极，黑表笔接插头 2 号脚位测得 12 V；

c) 结论：1 号脚位到 12 V 辅助输出正极断路故障。

(4) 排除完各部分的故障，建议维修措施是更换部件。

八、数据标准与故障分析

DC-DC 转换器常见故障、可能原因及处理方式，如表 1-6-1 所示。

表 1-6-1 DC-DC 转换器常见故障、可能原因及处理方式

常见故障	可能原因	处理方式
行车过程中，灯光设备变暗，助力变硬	①长时间使用功率过大，DC-DC 转换器长时间过载，触发了过热保护或者过流保护功能 ②12 V 侧负载故障，实际使用功率超标	适当降低整车使用功率，如关掉影音设备、减小玻璃升降器、中控锁动作频率等以节约电力，支撑灯光等安全性相关的设备
行车过程中，DC-DC 转换器时而工作，时而不工作	①动力电池电量不足，整车用电过大，动力电池瞬间掉到欠压保护点之下 ②动力电池断格	①为整车充电，排除动力电池欠压故障 ②排除动力电池断格故障
进水	①整车涉水 ②线束接插件缺陷	检查线束接插件是否有缺陷，采用打胶或者包胶带加强防水

九、思考题

(1) 简述 DC-DC 转换器的工作原理。

(2) 简述 DC-DC 转换器的作用。

(3) 列出实验过程中出现的故障，简述其发生的原因及解决方案。

实验7 新能源汽车永磁电动机解剖演示台

一、问题导入

永磁电动机以永磁体提供励磁，使电动机结构较为简单，降低了加工和装配费用，且省去了容易出问题的集电环和电刷，提高了电动机运行的可靠性；又因无须励磁电流，没有励磁损耗，提高了电动机的效率和功率密度。永磁电动机由定子、转子和端盖等部件构成。其定子由叠片叠压而成，以减少电动机运行时产生的铁耗，其中装有三相交流绕组，称作电驱；转子可做成实心，也可用叠片叠压。电枢绕组可采用集中整距绕组，也可采用分布短距绕组和非常规绕组。

永磁电动机由两个关键部件组成，即一个多极化永磁转子和带有适当设计绕组的定子。在操作过程中，旋转的多极化永磁转子形成一个随时间变化的磁通。这个磁通在定子绕组端子上产生交流电压，从而形成用于发电的基础，内部永磁电动机不在这里考虑。因磁铁嵌入一个电镀的铁磁芯内是非常困难的，但通过使用厚度适中的磁铁（500 μm）以及转子和定子铁芯的高性能磁材料，气隙可以做得非常大（300～500 μm）而没有明显的性能损失，这使得定子绕组在气隙中占据一定的空间，从而大大简化了永磁电动机的制造。

通过在维修厂的调查，发现以下问题。

（1）主传动电动机运转时噪声较大。故障分析：为了调整永磁电动机动平衡，其电枢和磁极转子的两端分别装有配重装置。如果这部分装置稍有松动，那么永磁电动机在高速转动时就会偏离原来的位置。故障如果发生在主传动电动机的外端面，就会造成电枢和磁极转子的局部摩擦，使噪声加大。这时就需要停机修理，恢复电枢和磁极转子的动平衡，并重新找好原动平衡配重的位置并将其固定好，使主传动电动机正常运转。

（2）主传动电动机运转不正常，故障分析：永磁电动机在运转过程中会剧烈振动，引起轴承发热。检测方法：拆开离合器电枢与磁极转子，检查电动机的轴承是否严重缺乏润滑油脂，而造成轴承严重磨损，电动机的运转性能下降。此时需要更换已损坏的轴承，并加注好润滑油脂。正常情况下，应对这部分机构的所有部件进行一次清洗、加油，以保证主传动电动机的正常运行。

在本实验中将通过解剖永磁电动机，进一步了解永磁电动机内部结构以及永磁电动机的工作原理。

二、实验目的

（1）熟悉、了解新能源汽车永磁电动机的结构组成及其作用。
（2）学习电动机实验的基本要求与安全操作注意事项。

三、实验内容

了解新能源汽车永磁电动机的结构及其工作原理。

四、实验前准备工作

永磁电动机的工作原理如下：

（1）主磁场的建立：励磁绕组通以直流励磁电流，建立极性相间的励磁磁场；

（2）载流导体：三相对称的电枢绕组充当功率绕组，成为感应电势或者感应电流的载体；

（3）切割运动：原动机拖动转子旋转，极性相间的励磁磁场随轴一起旋转并顺次切割定子各组绕组（相当于绕组的导体反向切割励磁磁场）；

（4）电枢绕组与主磁场之间的相互切割运动，使电枢绕组中感应出大小和方向按周期性变化的交变电势，并通过引线向差速器供电。

五、实验注意事项

（1）放置演示台的库房应该通风干燥，避免潮湿、阳光直射或者多尘高温，防止铁架油漆老化。

（2）演示台如果长时间或者几个月不使用，应当每隔 1 个月运行 0.5 h，防止零部件因长时间不运转而生锈和积尘过多。

（3）各部件处于半开闭状态，无特殊情况，不得拆卸演示台，否则难以修复。

（4）注意安全，运行时不要把手伸进去。

（5）不能用铁锤破坏机件，防止振裂外壳。

六、仪器结构功能

（1）演示台的基本参数如表1-7-1。

表1-7-1 演示台的基本参数

参数	数值
额定功率/kW	30
额定转速/（r·min^{-1}）	2 812
最高转速/（r·min^{-1}）	9 000
冷却方式	水冷
外形尺寸/（mm×mm×mm）	1 200×1 000×1 800
工作电源/V	AC 220，DC 12
重量/kg	200
工作温度/℃	−20~60

(2) 永磁电动机的结构及基本组成。展示面板上有永磁电动机的解剖图（见图1-7-1），具体讲明了永磁电动机的结构由定子、永磁转子、线圈绕组、前端盖、后端盖、减速机构壳体、差速器、主齿轮和减速器输入轴组成。演示台上有3条橙色管道，当演示台接入电源时，会有一股股电流流过，为使操作人员可以简单明了地看出电流走向，会有电流流向的光从管道一端向另一端按顺序亮起。在演示台上还有一组不接入任何设备的3条红色管道，其为装饰品，无实际效用。

图1-7-1 永磁电动机解剖图

演示台上的永磁电动机为三相同步电动机，结构简单、体积小、重量轻、损耗小、效率高。与直流电动机相比，它没有换向器和电刷等装置。与普通同步电动机相比，它省去了励磁装置，简化了结构，提高了效率，永磁电动机各组成结构如图1-7-2所示。具体介绍如下：

①定子又称电枢，由定子三相绕组、定子铁芯、机座和端盖等部件所构成；

②转子利用永磁铁来励磁，常见材料为铁氧体或稀土永磁材料；

③线圈绕组由绝缘铜或铝导线绕制的绕组连接而成，利用通入的三相交流电产生旋转磁场；

④减速器壳体及组件；

⑤差速器在减速器壳体内由锥轴承支撑。差速器向两边半轴传递动力的同时，允许两边半轴以不同的转速旋转，满足两边车轮尽可能以纯滚动的形式做不等距行驶，减少轮胎与地面的摩擦。

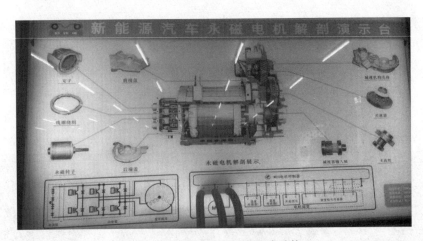

图 1-7-2　永磁电动机各组成结构

七、操作步骤

（1）接入电源，将 220 V 的线束插入演示台，另一端插入 AC 插座，如图 1-7-3 所示。

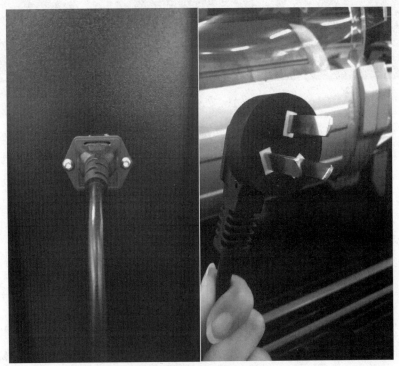

图 1-7-3　AC 插座实物

（2）按下演示台上唯一的电源开关按钮。

（3）驱动电动机开始工作，红色管道内有流水灯闪烁。

（4）仔细观察差速器齿轮转向，其能实现左右驱动轮以不同转速转动，如图 1-7-4 所示。

图 1-7-4 永磁电动机解剖演示台内部图

八、思考题

（1）简述永磁电动机的结构组成和工作原理。
（2）简述驱动电动机在汽车上的作用。
（3）对比直流电动机、交流异步电动机、永磁无刷电动机、开关磁阻电动机 4 种驱动电动机的区别。

实验 8 三元锂电池与磷酸铁锂电池结构解剖及故障诊断

一、问题导入

某 4S 店售后服务小组接到一张任务工作单：一辆混合动力汽车，行驶里程 10 000 km，行驶途中行车电脑突然报警，提示电池系统故障，限制动力输出，随即车辆失去绝大部分动力，并严重抖动，行车速度被限制在 60 km/h 以内，当时动力电池显示仍有 60% 以上电量，无亏电现象。在诊断之前，先让我们来学习一下用发动机综合性能检测仪诊断点火系统。

三元锂电池是指正极材料使用镍钴锰酸锂或者镍钴铝酸锂的锂电池。锂离子电池的正极材料有很多种，主要有钴酸锂、锰酸锂、镍酸锂、三元材料、磷酸铁锂等。其中磷酸铁锂作为正极材料的电池充放电循环寿命长，但其缺点是能量密度、高低温性能、充放电倍率特性均存在较大差距，且生产成本较高，磷酸铁锂电池技术和应用已经遇到发展的瓶颈。通过在维修厂调研发现，磷酸铁锂电池损坏后，可以通过以下方法进行修复。

（1）重新配组：整组锂电池损坏以后，对电动车锂电池组进行充放电检测，往往会发现一组电池中有 50% 的电池并没有损坏。其原因也就是在串联电池组中，个别的电池落后形成整组电池功能下降，以至于整组电瓶功能下降。

（2）补水：对使用了 4 个月左右的电池进行 1 次补水，可以延长电池的使用寿命，延长时间平均达到 3 个月以上。应该注意的是，每次补水以后，电池都利用过充电状态把电池由"准贫液"转为"贫液"状态，而这个过充电状态对提高电池容量是有好处的。

（3）消除硫化：采用磷酸铁锂电池组修复设备，对电池进行消除硫化的处理。

（4）微粒发生器：采取微粒发生器并联在电池上，对锂电池组进行修复。这种方法对修复电动车锂电池比较好，但是由于修复得比较彻底，所以如果没有过放电，对于连续使用的电动车锂电池来说，往往是彻底消除了电池硫化的可能性。

下面通过实验更加深入了解三元锂电池与磷酸铁锂电池的内容。

二、实验目的

（1）了解三元锂电池单体和磷酸铁锂电池单体充、放电过程和操作过程。

（2）了解三元锂电池组和磷酸铁锂电池组充、放电过程和操作过程。

（3）了解三元锂电池组和磷酸铁锂电池组的故障，掌握故障检测方法。

三、实验内容

了解并学会三元锂电池单体和三元锂电池组充、放电操作;磷酸铁锂电池单体和磷酸铁锂电池组充、放电操作;实训台架故障设置、现象及检测方法。

四、实验前准备工作

了解三元锂电池、磷酸铁锂电池各自的特点。

1. 三元锂电池

(1) 三元锂电池的寿命,一般是用电池循环使用次数来进行衡量。我国对于电池寿命有一些法律法规要求,即当动力电池容量衰减到80%以下时,就需要进行强制回收,继续梯次利用。

(2) 三元锂电池的平均水平可以做到140 Wh/kg,而磷酸铁锂电池的平均水平则为120 Wh/kg,在实验过程中,台架在放电过程中,三元锂电池的电压比磷酸铁锂电池低,但是电流比磷酸铁锂电池高。

(3) 能量密度高是三元锂电池的最大优势,而电压平台是电池能量密度的重要指标,决定着电池的基本效能和成本,电压平台越高,比容量越大,所以同样体积、重量,甚至同样安时的电池,电压平台比较高的三元锂电池续航时间更长。

2. 磷酸铁锂电池的结构特点

(1) 磷酸铁锂电池的寿命长,循环寿命在2 000次以上。在同样的条件下,磷酸铁锂电池壳使用7~8 a的时间。

(2) 使用安全。磷酸铁锂电池经过严格的安全测试,即使在交通事故中也不会发生爆炸。

(3) 磷酸铁锂电池耐高温,磷酸铁锂电池热风值可以达到350~500 ℃。

(4) 磷酸铁锂电池的容量大。

(5) 磷酸铁锂电池没有记忆效应。

五、实验注意事项

1. 实训台架日常维护的注意事项

(1) 放置实训台架的库房应通风干燥,避免放置阳光直射、多尘高温的地方;

(2) 实训台架闲置几个月或更长的时间不使用,应每隔1个月对蓄电池进行充电。

2. 实训台架操作的注意事项

(1) 检查元器件线路时,要求使用数字式万用表,增加准确度。

(2) 测量实训台架有关参数时,不得短路台架上的接线端子,防止出现短路事故。

(3) 实训台架检修时,注意不能在测量端子上借电,因为端子线只用于测量,不能用于大功率元器件供电。

(4) 高压蓄电池线束连接时，必须先将维修塞拔下，再进行线束的连接，以免高压电伤人。

(5) 禁止短路面板上的检测端子，以防短路损坏导线和元器件。

(6) 实训台架保险丝熔断时，必须严格按标准要求更换相同规格的保险丝，否则容易损坏线路。

(7) 使用过程中，定时检查电动机的发热情况，防止电动机负载过重。

六、仪器结构功能

1. 三元锂电池台架

(1) 三元锂电池台架的参数，如表1-8-1所示。

表1-8-1 三元锂电池台架的参数

参数	数值
外形尺寸/（mm×mm×mm）	1 200×1 000×1 700
工作电源/V	AC 220、DC 48、DC 3.7
重量/kg	100±10
工作温度/℃	-20 ~ 80

(2) 三元锂电池台架的功能介绍如下。

①进行三元锂电池结构原理学习，配套实物图和原理图。

②三元锂电池台架安装有数显表，可对驱动电动机进行供电电压、电流的监测，让学生了解电动汽车控制过程。

③三元锂电池台架控制台安装有驱动电动机、换挡杆、充电器、控制系统，可进行蓄电池的充放电实训。

2. 磷酸铁锂电池台架

(1) 磷酸铁锂电池台架的参数，如表1-8-2所示。

表1-8-2 磷酸铁锂电池台架的参数

参数	数值
外形尺寸/（mm×mm×mm）	1 200×1 000×1 700
工作电源/V	AC 220、DC 36、DC 3.2
重量/kg	100±10
工作温度/℃	-20 ~ 80

(2) 磷酸铁锂电池台架的功能介绍如下：

①进行磷酸铁锂电池结构原理学习；

②其他功能与三元锂电池台架的第②、③点功能相同。

七、操作步骤

1. 三元锂电池台架的操作步骤

1）实习操作

(1) 将电源接入控制面板上的 220 V 电源插座,如图 1-8-1 所示。

(2) 先确认高压电源部分连接是否牢固,然后将维修塞插入连接插座,如图 1-8-2 所示。

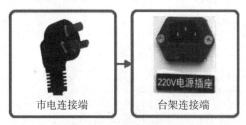

图 1-8-1　插座连接

图 1-8-2　维修塞连接

(3) 旋转点火开关至 ON 挡,低压控制电路导通,旋转点火开关至 START 挡,BMS 开始运行,电池数据显示屏点亮,如图 1-8-3 所示。

图 1-8-3　旋转点火开关

(4) 按下"切屏开关"按钮进行电池数据显示界面的切换,如图 1-8-4 所示。注意如下事项：

图1-8-4 按下"切屏开关"按钮

①电池数据显示屏显示为电池组的参数,有电压、电流等;
②电池数据显示屏可以实时显示每个电池单体的温度、电压等;
③在放电时,电池数据显示屏显示的电池组电量下降,充电时显示的电池组电量上升。电池组电量最高可充到99.99AH;

(5) 将挡位挂至前进/后退挡,如图1-8-5所示;

(6) 此时旋钮调节器进行电动机调速,电动机开始转动,如图1-8-6所示。

图1-8-5 挡位

图1-8-6 旋钮调节器

2) 三元锂电池单体充、放电操作

(1) 使用充、放电控制器对三元锂电池单体进行充、放电操作,如图1-8-7所示。

(2) 按下放电开关,电动机开始转动;此时三元锂电池单体开始放电,放电电压电流表显示放电电流、电压,如图1-8-8所示。

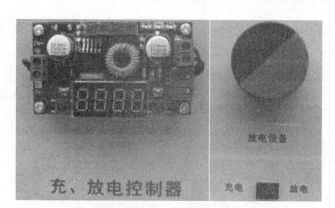

图 1-8-7 充、放电控制器

图 1-8-8 放电电压电流表

（3）按下充电开关，充、放电控制器工作；此时单体电池开始充电，充电电压电流表显示充电电流、电压，如图 1-8-9 所示。

图 1-8-9 充电开关和充电电压电流表

（4）图 1-8-10 和图 1-8-11 分别为三元锂电池单体充、放电操作时的状态及数据。

图1-8-10 充电操作时的状态及数据

图1-8-11 放电操作时的状态及数据

3）三元锂电池组充、放电操作

（1）进行放电操作时，将挡位挂至前进或后退挡，调整旋转开关，让电池给电动机供电，并读出此时的电池数据，如图1-8-12所示。

（2）按下电源开关按钮，如图1-8-13所示，拔开充电开关，使其处于充电状态，读出数据。

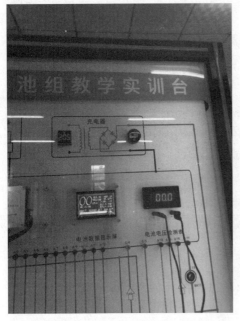
图1-8-12 三元锂电池组充、放电操作

图1-8-13 电源开关按钮操作说明

4）实验台架故障设置、现象及检测方法

（1）故障设置：第一路温度传感器 C2 开路（见图 1-8-14）；现象：BMS 温度显示异常；检测方法：通过电池数据显示屏检查各电池的温度。

（2）故障设置：电池采样线 A2 开路（见图 1-8-15）；现象：BMS 故障报警；检测方法：此时可检测各电池两端的电压。

（3）故障设置：第三路温度传感器 CA 开路（见图 1-8-16）；现象：BMS 温度显示异常；检测方法：通过电池数据显示屏检查各电池的温度。

（4）故障设置：电池采样线 B2 开路（见图 1-8-17）；现象：BMS 故障报警；检测方法：此时可检测各电池两端的电压。

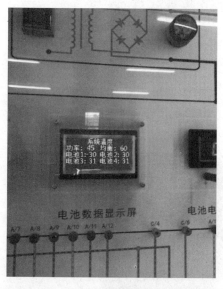

图 1-8-14　第一路温度传感器 C2 开路

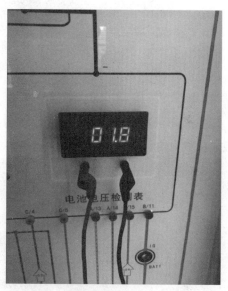

图 1-8-15　电池采样线 A2 开路

图 1-8-16　第三路温度传感器 CA 开路

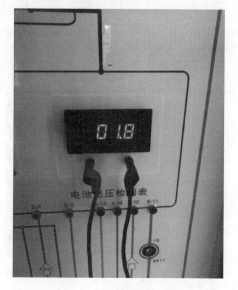

图 1-8-17　电池采样线 B2 开路

2. 磷酸铁锂电池台架的操作步骤

1) 磷酸铁锂电池单体充、放电操作

(1) 使用充、放电控制器（见图1-8-18）对磷碳铁锂电池单体进行充、放电操作。

图1-8-18　充、放电控制器

(2) 按下放电开关，电动机开始转动；此时磷酸铁锂电池单体开始放电，放电电压电流表显示放电电流、电压（见图1-8-19）。

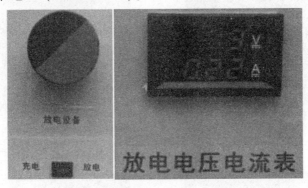

图1-8-19　放电开关和放电电压电流表

(3) 按下充电开关，充、放电控制器工作，此时磷碳铁锂电池单体开始充电，充电电压电流表显示充电电流、电压（见图1-8-20）。

图1-8-20　充电电压电流表和充电开关

2）磷酸铁锂电池组充、放电操作

（1）将电源开关按钮按指示旋转，便会自动弹出，此时为打开状态，而按下则为断开状态（见图1-8-21）。

（2）充电操作：旋转红色充电按钮，充电器电源指示灯点亮，通过多功能数显表可读取电池电压、充电电流等，充电完成后按下电源开关按钮。充电时注意充电电压，防止损坏电池造成电池爆炸等安全事故。

图1-8-21　电源开关按钮

3）实训台架故障设置及检测方法

（1）检测区说明如下：

①检测用电压表上设有两个端子，只需用跨接线路接需要检测的端子即可检测电压值，电压表内部已经指铁，不用再跨接搭铁；

②严禁使用此电压表检测除了台架以外的设备。

注意：2个端子只能同时跨接1个，否则将会损坏数显表。

（2）故障设置说明如下：

①故障设置系统直接安装在实验面板上；

②故障面板上数字代码对应实验面板上的各故障点；

③当故障开关处于"ON"位置时，表示故障开关接通，现在没有设置故障；

④当故障开关处于"OFF"位置时，表示故障开关断开，现在该处设置了故障。

（3）故障检测过程（4个故障的分析）如下：

①故障一：第一路温度传感器C2开路，电池1温度由正值变为负值（见图1-8-22）。

图1-8-22　电池1温度变为负值

②故障二：电池采样线 A2 开路，报警器发出响声，电池电压由 3.4 V 变为 0.9 V（见图 1-8-23）。

图 1-8-23 电池电压变为 0.9 V

③故障三：第三路温度传感器 CA 开路，电池 3 温度由正值变为负值（见图 1-8-24）。

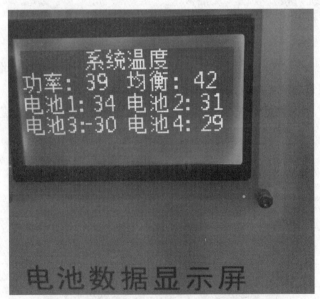

图 1-8-24 电池 3 温度变为负值

④故障四：电池采样线 B2 开路，电池电压由 55 V 变为 34.9 V（见图 1-8-25）。

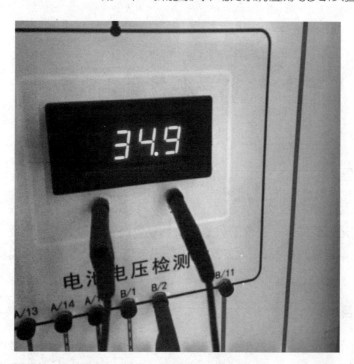

图 1-8-25　电池电压变为 **34.9 V**

八、思考题

（1）三元锂电池的结构特点是什么？
（2）磷酸铁锂电池的结构特点是什么？
（3）磷酸铁锂电池和三元锂电池各自的优缺点是什么？

实验9 发动机综合性能检测

一、问题导入

某4S店售后服务小组接到一张任务工作单：一辆混合动力汽车，行驶里程10 000 km，在急速时，偶有进气管回火、排气管放炮现象，在中高速时回火、放炮现象明显加重。经过诊断，发现配电器出现了故障。在诊断之前，先学习用发动机综合性能检测仪诊断点火系统。

二、实验目的

发动机是汽车的动力源，汽车的一些性能都与发动机有着直接或间接的联系。因此发动机综合性能的检测对于了解整车性能至关重要。在发动机不解体的情况下，及时准确地对发动机当前的运转状况做出判断，并给出其调整意见，这无疑提高了汽车使用的可靠性、经济性、安全性，同时减小了盲目维修产生的费用。

发动机综合性能分析仪（下称"分析仪"）也称为发动机综合性能检测仪或发动机综合性能合参数测试仪，是发动机检测、诊断仪器中，检测项目最多、功能最全、涉及面最广的一种仪器，当然也是结构最复杂、技术含量最高的仪器。

分析仪是以示波器为核心的仪器。当其配备多种传感器、夹持器、监试探头时，能实现对多种电量、非电量参数（温度、压力、转速、废气等）的检测。又由于分析仪的操作简单，界面表达清晰，使其在汽车综合性能检测中发挥的作用越来越大。

本节以德国进口的BOSCH MOT-240发动机综合测试仪（下称"MOT-240分析仪"）进行操作介绍，并讲解点火系统波形的故障分析方法。

三、实验内容

通过MOT-240分析仪主要的功能，可以进行如下检测。

(1) 发动机基本检测功能如下。

①发动机基本数据：发动机转速、油温、电池电压与电流的检测。

②点火系统的检测：初级与次级点火波形的采集与处理，平列波、并列波的处理与显示；断电器闭合角的测定；各缸点火波形之间重叠角的测定；点火提前角的测定。

③气缸分析：通过断缸实验判断单缸动力性，比较各缸平衡，同时测试有关的HC增量，基于启动机电流得到动态压缩测量。

(2) 万用表功能：电压测量（与发电机有关的接地电压）；单线电压测量和电流测

量；电阻测量；温度测量；零点校准；利用示波器对电压和电流进行测量并显示波形。

（3）燃油喷射系统测试功能包括：温度；氧传感器电压；喷油时间；脉冲占空因数；发动机转速。

（4）尾气分析功能：显示与 MOT-240 分析仪分析一致的成分，本实验不做介绍。

（5）点火波形分析：利用 MOT-240 分析仪示波器功能，对点火阵列波形、点火系统单缸波形、点火系统并列波形等波形进行放大、读数、对比分析。

（6）多功能示波显示：利用红色多功能采样夹拾取传感器电信号，并对其波形进行分析。

四、实验前准备工作

（1）确定发动机点火系统类型。

（2）在发动机不工作和点火系统关闭的情况下，根据发动机点火类型将信号提取系统连接到被测发动机上。

（3）MOT-240 分析仪接上电源，进入了操作界面，并进行发动机参数的设定。

（4）起动发动机预热至正常工作温度。

（5）调整发动机怠速，怠速转速应在规定范围内，并保持发动机正常运转。

五、实验注意事项

1. 测试前的注意事项

（1）进行测试的地点，必须具有良好通风设备或良好通风条件，防止汽车怠速时排放的废气危害人体健康。

（2）对点火系统进行测试前，必须对整个点火系统进行检查，包括高压线是否损坏，线路是否有短路或断路的现象，防止漏电对人员或仪器造成危害。

（3）在检测前必须确保车辆固定不动，如拉上手刹、挂上空挡等。

2. 测试时的注意事项

（1）连接仪器时，首先连接地线，并在按要求连接好其他信号线后再接上电源正极。

（2）MOT-240 分析仪各部件必须远离汽车高温部分及旋转部分，以免因高温或部件旋转而造成仪器损坏。

（3）MOT-240 分析仪进入操作界面后，才能起动发动机，否则会对仪器造成损坏。

（4）在检测期间，即发动机运转时，切勿用手触碰发动机高温部件或旋转部件，注意人身安全。

（5）测试完毕后，先把发动机关掉，然后断开仪器电源正极，再断开其他信号线，最后才断开负极线。

六、仪器结构功能

1. MOT-240 分析仪组成和原理

MOT-240 分析仪（见图 1-9-1）主要由信号提取系统、信息处理系统、采控显示系统三大部分组成。具体介绍如下。

（1）信号提取系统的作用是拾取测量点的信号，必须配备多种传感器、夹持器、探针等，直接或间接接地并与被测点接触。

（2）信号处理系统，又称为前端处理器，能对所有或部分采集的信号进行处理，即衰减、滤波、放大、整形等功能。

（3）采控显示系统，主要由微机控制，高速采控数据，通过显示器进行上、下级菜单操作，实时显示被测发动机的动态参数和波形。

2. MOT-240 分析仪基本配备工具

（1）信号提取器。信号提取器由以下几部分组成。

①油温传感器：可用于检测发动机油温、水温或空气温度。

②多重测量电缆：带一红一黑多用途夹，可测量电压、电阻、多重测试和喷射检测（喷射时间），也用于示波器的测量。

③电流钳式拾波器：接触点的相应电缆测量，测试启动电流，与负极电缆相连或与起动机电缆相连。

④次级波形图钳式拾波器：适用于单电路的点火系统，安装在点火线圈与点火分配器之间。

⑤次级波形图缠绕式传感器：用于点火线圈被整合安装在点火分电器内的点火装置，直接缠绕于外表面即可接收数据。

⑥触发钳式拾波器（一缸信号电缆）：采集一缸点火信号。

⑦电池连接电缆：从蓄电池获取电源，测量电池电压，检查带示波器的发动机。

⑧频闪观测器：测量点火提前角。

⑨ETT008.21 废气测试仪的支架：伸进排气尾管中，通过机身自带的 ETT008.21 废气测试仪的支架测量尾气含量。

（2）其他配件。其他配件有以下几种。

①液晶显示器。

②带 OS 09 操作系统的 Motorola 68000 微型计算机（分析处理及储存系统）。

③绿色机柜。

④PDR200 报告打印机/ EPSON 特制打印机。

⑤ETT008.21 废气测试仪。

3. MOT-240 分析仪操作介绍

MOT-240 分析仪上主要有 13 个按键（见图 1-9-2），以下做简单介绍。

（1） F1～F6 按钮与显示屏下方所显示的 6 个功能提示区相对应。

（2）存储键：每个检测程序中按下此键，能贮存测量值，已贮存的测量值对数与状态行上的符号一起显示出来。

（3）读取键：在示波器功能中，按此键波形图被贮存，而且在按此键之前出现的波形图（最多32个图像）也被贮存，其中每一个都可以在子程序中读出来。

（4）退出键：按下此键回到上一级程序。

（5）打印键：按下此键打印储存数据。

（6）断缸键：进行断缸实验时以此键进行点火短路控制。

（7）提示键：此键在面板右上区，按下此键得到当前操作项目或者错误项目的提示信息。

（8）示波切换键：按此键切换数值与示波显示界面，即进入示波功能界面。

图 1-9-1　MOT-240 分析仪

图 1-9-2　MOT-240 分析仪右键区

七、操作步骤

1. 信号提取系统的连接

在发动机不工作和点火系统关闭的情况下，根据发动机点火类型将信号提取系统连接到被测发动机上。

MOT-240 分析仪在测试时将点火系统分为有分电器和无分电器两大类，具体有以下连接方法。

1)有分电器点火系统的连接

(1) 连接单电路点火装置,如图 1-9-3 所示。具体连接方式如下:

①黑色夹接在车辆蓄电池负极(B-);

②红色夹接在车辆蓄电池正极(B+);

③黄色夹接在点火线圈的接线端子(+);

④绿色夹接在点火线圈的接线端子(-)(图 1-9-3 中使用初级连接电缆接线端子,如果使用车辆专用的初级接合电缆的话,则无第③项和第④项);

⑤触发器夹接在第一气缸的点火电缆上;

⑥次级测量值发送器夹接在点火线圈与点火分电器之间的点火电缆上。

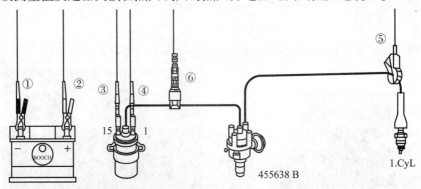

图 1-9-3 单电路点火装置的连接

(2) 连接点火线圈被整合安装在点火分电器内的点火装置,如图 1-9-4 所示。

点火线圈被整合安装在点火分电器内的点火装置(如马自达汽车)在次级端上可使用缠绕式传感器予以接合。具体连接方式如下:

①黑色夹接在车辆蓄电池负极(B-);

②红色夹接在车辆蓄电池正极(B+);

③黄色夹接在点火线圈的接线端子(+),或接在车辆蓄电池正极上;

④绿色夹接在点火线圈分电器的接线端子(-);

⑤触发器夹接在第一气缸的点火电缆上;

⑥把缠绕式传感器紧密地缠绕在分电器上。

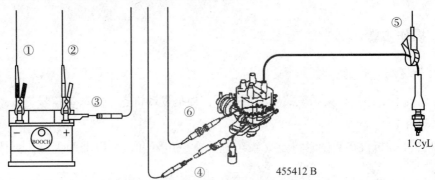

图 1-9-4 点火线圈被整合安装在点火分电器内的点火装置的连接

(3) 连接双电路点火装置（2个点火分电器），如图1-9-5所示。

①黑色夹接在车辆蓄电池负极（B-）；

②红色夹接在车辆蓄电池正极（B+）[图1-9-5中使用初级连接电缆（UNI Ⅱ型），如果使用车辆专用的初级接合电缆的话，则须将初级连接电缆（UNI Ⅱ型）接在车辆专用的初级接合电缆的香蕉形插座上]；

③黄色夹接在点火线圈的接线端子（+）上；

④把标有"Cyll/A"的绿色夹接在与第一个气缸相连的点火线圈的接线端子（-）上；

⑤把标有"B"的绿色夹接在不与气缸1相连的点火线圈的接线端子（-）上；

⑥触发器夹接在第一个气缸的点火电缆上；

⑦把2个测量值发送器夹接在介于点火线圈与点火分电器之间的点火电缆上。

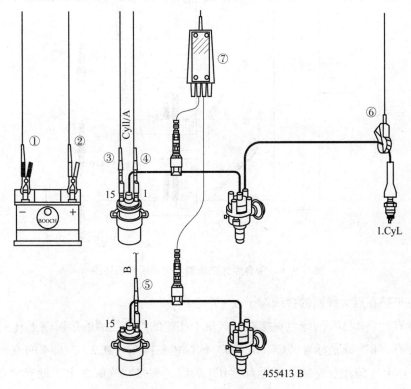

图1-9-5　双电路点火装置的连接

2) DLI独立点火系统的连接

(1) 连接带有点火电缆的单火花线圈，如图1-9-6所示。

①黑色夹接在车辆蓄电池负极（B-）；

②红色夹接在车辆蓄电池正极（B+）[图1-9-6中使用初级连接电缆（UNI Ⅳ型），如果使用车辆专用的初级接合电缆的话，则无下方的第③~第⑤项]；

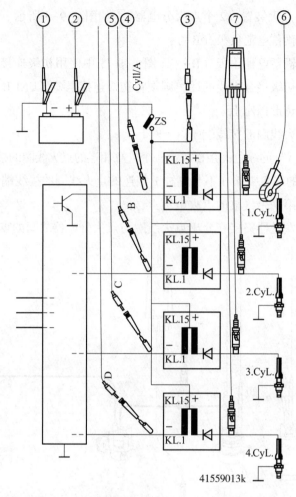

图 1-9-6 带有点火电缆的单火花线圈的连接

③黄色夹接在点火线圈的接线端子（+）上；

④把标有"Cyll/A"的绿色夹接在与气缸1相连的点火线圈的接线端子（-）上；

⑤把标有"B"或是标有"C"和"D"的绿色夹接在气缸2、3及4的点火线圈的接线端子（-）上（请注意连接顺序标有"B"的绿色夹接在气缸2上，标有"C"的绿色夹接在气缸3上，依次类推）；

⑥触发器夹接在气缸1的点火电缆上；

⑦把4个测量值发送器夹接在介于点火线圈与火花塞之间的点火电缆上。

（2）连接一个线圈带两个火花塞，如图1-9-7所示。

①黑色夹接在车辆蓄电池负极（B-）；

②红色夹接在车辆蓄电池正极（B+）[图1-9-7中使用初级连接电缆（UNI Ⅱ型或Ⅳ型），如果使用车辆专用的初级接合电缆的话，则无下方的第③项~第⑤项]；

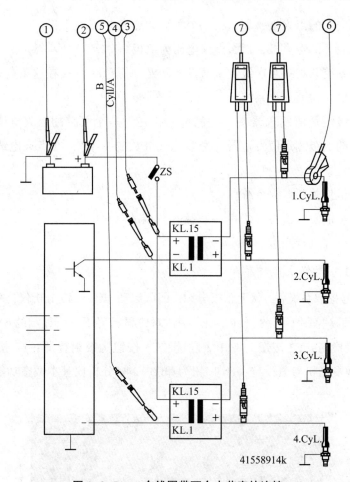

图 1-9-7 一个线圈带两个火花塞的连接

③黄色夹接在点火线圈的接线端子（+）上；

④把标有"CylI/A"的绿色夹接在与气缸 1 相连的点火线圈的接线端子（-）上；

⑤把标有"B"或是标有"C"和"D"的绿色夹接在不与气缸 1 相连的点火线圈的接线端子（-）上；

⑥将触发器夹接在气缸 1 的点火电缆上；

⑦根据点火线圈输出端的极性（正极=红色/+，负极=黑色/-）将次级测量值发送器夹接在介于点火线圈与火花塞之间的点火电缆上。

（3）极性的确定。如果不知道点火线圈的极性，可按照以下步骤加以确定。

①关闭发动机！关断点火系统！

②按照操作手册的说明调整测试系统。

③请勿将次级测量值发送器夹接上。如有接上的，将其取下！

④将一个次级测量值发送器夹（红色/+）接在第一个气缸的点火电缆上。

⑤起动发动机。

⑥观察示波器。图像开始出现时会显示向上或向下的点火极。

⑦如果出现向上的点火极,那么第一个气缸的点火电压为正极。

⑧如果出现向下的点火极,那么点火电压为负极。

⑨关断点火系统并将一个次级测量值发送器夹(黑色/-)接在这条点火电缆上。

⑩关闭发动机!关断点火系统!

⑪将一个次级测量值发送器夹(红色/+)接在下一个气缸的点火电缆上。重复前述步骤,直到所有的次级测量值发送器(最多达气缸数的一半),在点火电缆上的点火电压均为"正极"为止。

⑫关闭发动机!关断点火系统!

⑬将次级测量值发送器夹(黑色/+)接在其余的点火电缆上。

⑭起动发动机并进行测量。

2. MOT-240 分析仪主操作界面

在连接好信号提取系统后,接上正极电源,即可启动 MOT-240 分析仪,并进入 MOT-240 分析仪主操作界面(见图 1-9-8),F1~F6 按钮对应显示屏下方所显示的 6 个功能提示区。F1 按钮为发动机检测;F2 按钮为万用表功能;F3 按钮为喷射检测;F4 按钮为废气分析检测;F5 按钮为发动机参数设定;F6 按钮为 MOT-240 分析仪基本调整功能。按退出键可返回上一级菜单。

图 1-9-8 MOT-240 分析仪主操作界面

3. 发动机参数设定

在 MOT-240 分析仪主操作界面中按 F5 按钮进入参数设定界面,如图 1-9-9 所示。

只有在被检测的发动机型号与状态显示的型号相同时才能对发动机进行检测,所以必须对发动机的参数进行系统设定,具体操作流程及需要设定的参数如图 1-9-10 所示。MOT-240 分析仪具有发动机参数记录功能,用户可根据使用需要记录并调用记忆场中的数据。

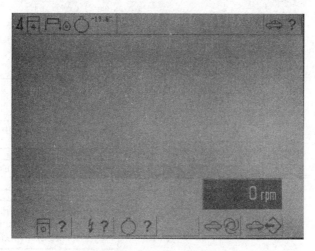

图1-9-9 参数设定界面

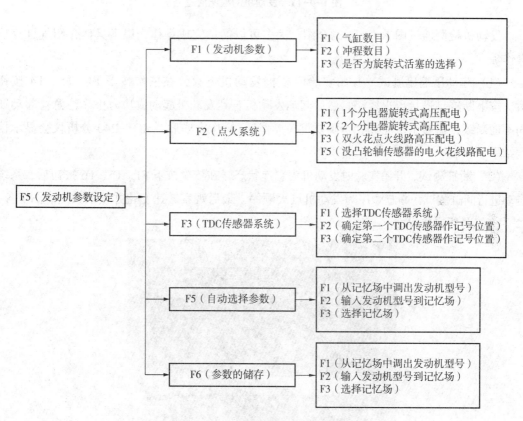

图1-9-10 参数设定的操作流程

4. 发动机检测

发动机检测是评价发动机性能、检测发动机故障等方面的重要手段。MOT-240分析仪可对发动机的多种数据进行检测,检测数据动态显示且明确易懂,在MOT-240分析仪主操作界面按下F1按钮可进行检测。具体检测流程如图1-9-11所示。

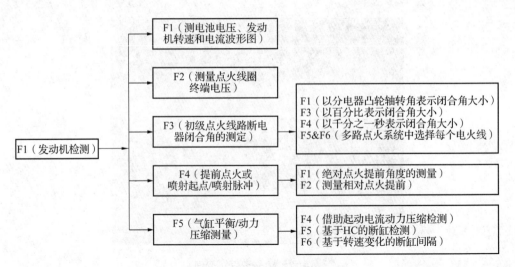

图 1-9-11　发动机的检测流程

发动机检测通过图 1-9-11 的介绍，大多可以简单完成操作，以下具体介绍气缸分析操作。

（1）起动压缩比测试。开始实验时要把发动机熄火，在依次按下 F1、F5、F4 按钮后，按下断缸键进行点火短路，然后起动发动机直到发动机起动成功为止（注意：起动期间不能断续，需要 1 次完成，否则要重头操作）。操作完毕后，MOT-240 分析仪会显示检测结果。

（2）断缸测试。开始实验时发动机为急速状态，在依次按下 F1、F5、F6 按钮后，系统自动进行断缸测试，断缸顺序为发动机点火顺序，最后观察转速变化并读取数据。图 1-9-12 为气缸分析操作界面。

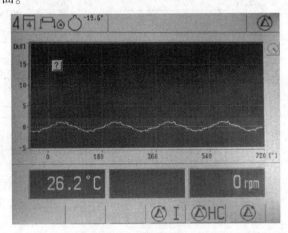

图 1-9-12　气缸分析操作界面

5. 万用表功能

万用表功能在发动机熄火的情况下使用，需要用到多用途夹，对需要测定的元件进行连接，通过 MOT-240 分析仪可测量出电压、电流和电阻等数据。具体操作流程如图 1-9-

13 所示。

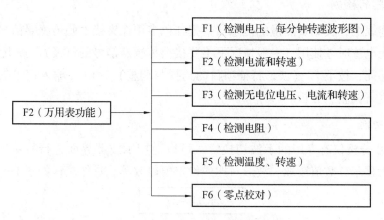

图 1-9-13 万用表功能的操作流程

6. 喷射检测

喷射检测在原有连线上增加一带红色多用途夹的信号采集器，并换上黑色插针，然后找出喷油嘴的接地线，并把插针插入其接口处。接线完毕后在 MOT-240 分析仪主操作界面上按 F3 按钮，便可进入喷射检测界面（见图 1-9-14）。喷射检测流程如图 1-9-15 所示。

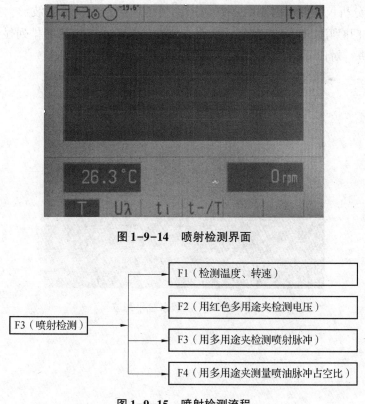

图 1-9-14 喷射检测界面

图 1-9-15 喷射检测流程

7. 传感器的检测

在原有连线上，找到要测量的传感器，把红色多用途夹接上此传感器信号的正极（黑色夹只有在无电位时才使用，一般情况下不要接上传感器信号的负极）。按下示波切换键，进入示波器功能，按下 F3（波形特征项目的选择与调整）→F1（输入信号的选择）→对得到的波形进行调整、分析。

8. 示波功能

MOT-240 分析仪有专用的示波切换键，可以使用示波器界面进行特殊测量，如波形图的屏幕放大显示、数值读取、波形对比或设定值修改等。具体流程如图 1-9-16 所示。

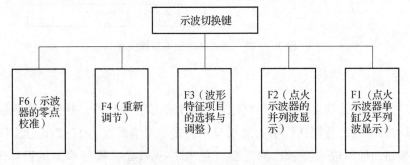

图 1-9-16　示波功能的具体流程

MOT-240 分析仪不但可以观测各缸波形，还可以对比分析各缸波形，如次级多缸平列波或次级多缸并列波，可将各气缸的次级电压波形按点火顺序依次排列显示，方便观测者对各缸波形进行对比分析，如图 1-9-17、图 1-9-18 所示。

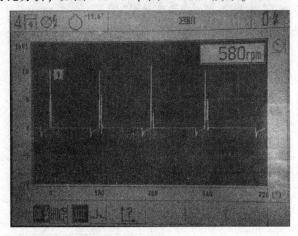

图 1-9-17　次级多缸平列波

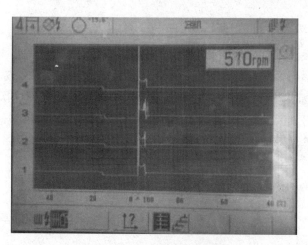

图 1-9-18　次级多缸并列波

八、数据标准与故障分析

1. 点火系统相关性能参数分析

通过波形观测，可直观、快速地观测和分析点火系统的性能参数。

（1）各缸次级点火电压值测量。MOT-240 分析仪屏幕上可以直接用文字显示出各缸击穿电压值，也可以在屏幕的 kV 刻度尺上直接读出各缸击穿电压值。击穿电压值应符合原厂规格。国产货车击穿电压值一般为 6～8 kV 或 8～10 kV，进口及国产轿车击穿电压值一般为 10～20 kV。各缸击穿电压应一致，相差不大于 2 kV。

（2）单缸短路电压值测量。将某缸火花塞上的高压分线拔下并短路（与机体短接），该缸点火电压应小于规定值（国产货车应小于 5 kV）。否则说明分火头与分电器盖插孔电极间隙过大或该缸高压分线与分电器盖插孔接触不良。

（3）单缸开路电压值测量。将某缸火花塞上的高压分线拔下而不短路，该缸点火电压值应达到 20～30 kV，即达到点火系统的最大电压值。否则说明高压线、分电器盖绝缘不良或点火线圈、电容器性能不良。

（4）闭合角值测量。

汽油机点火过程中，一次电路导通阶段所对应的凸轮轴转角称为闭合角。对于传统点火系统，闭合角为白金触点闭合时期所占的凸轮轴转角；对于电子点火系统，则是三极管所占的凸轮轴转角。

利用初级并列波可方便地观测各缸的闭合角，闭合角的大小应在以下范围内：

① 3 缸发动机：60°～66°；

② 4 缸发动机：50°～54°；

③ 6 缸发动机：38°～42°；

④ 8 缸发动机：29°～32°。

若闭合角太小，会导致点火存能不足；若闭合角太大，将导致点火线圈在低速时发热。

2. 点火系统初级、次级波形故障判断和分析

当以上测量的参数数值与标准值不一致时，可找出点火故障，同时可以通过观察点火波形，对照实测波形与标准波形，进而诊断故障。以下介绍点火系统标准波形。

（1）次级电压标准波形分析。发动机点火系统波形有初级波形和次级波形，初级波形是初级线圈电压信号随时间变化的曲线，同样次级波形是次级线圈电压信号随时间变化的曲线。次级电压标准波形如图 1-9-19 所示。

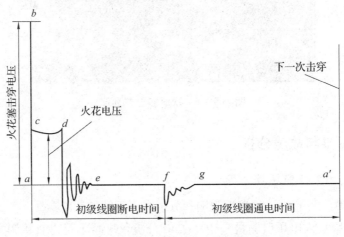

图 1-9-19　次级电压标准波形

触点开启段（a—f 段）：指断电器触点开启时的电压波形。它包括点火段与低频振荡段。

触点闭合段（f—a' 段）：是点火线圈的充磁区。触点闭合段右端点 a' 即触点开启点，是下一次发火线的起点。当传统点火系统的触点闭合或电子点火系统的晶体管导通时，初级线圈开始通电。由于线圈的电抗作用，电流由零逐渐增大，在变化的初级电流作用下，次级电路中也感应出电动势，并与电路电容互相作用，形成又一振荡。当初级电流稳定后，次级中既无电压，也无电流，波形呈一条水平线。

点火段（a—b—c—d 段）：包括发火线和火花线。

低频振荡段（d—f 段）：火花消失后，点火线圈中仍有一些残余能量继续释放，它使线圈和电路中的分布电容形成低频衰减振荡，直至能量耗尽。正常工作的点火系统的衰减振荡应显示 3 个以上的波峰。

发火线（a—b 段）：最左边的垂线是发火线，为一尖脉冲。发火线的高度代表火花塞击穿电压（点火电压），一般在 7~11 kV 之间。电子点火的汽车一般在 8~16 kV 之间。火花塞不工作时点火电压为 20~30 kV。其值受火花塞或次级电路、发动机温度、混合气浓度和气缸压缩压力的影响。

火花线（c—d 段）：火花线是指发火线后面的一条波小而密的曲线。这一阶段为高频振荡，它反映了火花塞的放电过程。标准的火花线为一条向下弯曲的弧线，如果混合气过浓或气缸压缩压力低，则火花线后部不向上翘起，而是向下倾斜。火花线的平均高度代表击穿火花塞电极之后，维持两电极间火花放电所需要的电压值（火花电压），其正常高度

约为发火线的1/4。火花线的长度代表火花延续的时间,火花线的右端表示放电结束。

（2）初级电压标准波形分析。初级与次级电压随时间变化的规律是类似的。不过初级电压标准波形与点火系统的结构有一定关系,这种区别如图1-9-20所示。

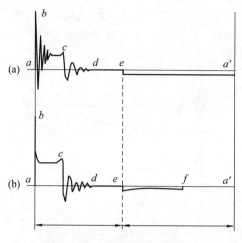

图1-9-20　初级电压标准波形

对于传统点火系统,在断电触点刚断开后,由于触点并联电容的存在,会在初级回路中形成明显的高频衰减振荡［见图1-9-20（a）的 a—c 段］。而对于电子点火系统来说,由于没有触点并联的电容,所以不存在这一振荡过程,其波形与次级电压标准波形更相似一些［见图1-9-20（b）］。a—b 段电压并不高,一般只有150～200 V。

图1-9-20 中 c—d 段与次级电压标准波形（见图1-9-19）中的 d—e 段是对应的。在这段时间内,火花消失后的残余能量在点火线圈初、次级内同时产生衰减振荡。

在 e 点,由于初级线圈闭合导通,因初级电流开始增加,所以在线圈中感应电压与断电阶段的方向相反。

对于某些电子点火系统,反向电压到 f 点就消失了,这是因为电子点火器多具有限制初级电流的作用。

点火系统波形分析：点火系统故障的原因很多,现场测得的故障波形十分复杂,要正确分析波形找出故障,必须多实践、多分析。下面就一些常见的典型故障波形进行简略说明,如图1-9-21所示。

（3）初级电压故障波形。根据发动机分析仪所采集到的各初级电压的典型故障波形,可以分析点火系统断电电路有关电器元件和机械装置的状态,为电路的调整和维修提供可靠的依据,以避免盲目拆卸。

①图1-9-21（a）所示的初级电压波形在触点开启点出现大量杂波,显然是触点严重烧蚀而造成的,打磨触点或更换断电器即可排除。

②图1-9-21（b）所示的初级电压波形在火花期的衰减周期数明显减少,幅值也变低,显然是电容漏电造成的。

③图1-9-21（c）所示的初级电压波形在触点闭合段有意外的跳动,造成这种现象的原因是触点因弹簧弹力不足引起不规则跳动。

④图1-9-21（d）所示的初级电压波形在触点闭合段出现大量杂波，一般是由于触点搭铁不良引起的。

⑤图1-9-21（e）为电子点火系统的低压故障波形，对比正常波形，在触点闭合段电压没有上升，说明电路的限流作用失效，无分电器点火系统元件可调整，当这一波形严重失常时只能逐一更换点火线圈、点火器、点火信号发生器和凸轮轴位置传感器等，找出故障器件或模块。

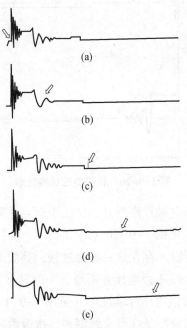

图1-9-21 初级电压的典型故障波形

（4）次级电压故障波形。次级电压的典型故障波形，如图1-9-22所示，以下对各波形进行分析。

①如图1-9-22（a）所示，断电高压产生之前出现小的多余波形，说明断电器触点接触面不平，在完全断开之前有瞬间分离现象，引起电压抖动。

②如图1-9-22（b）所示，点火能量小，火花很快熄灭，说明点火系统储能不足，可能是供电电压偏低，或初级电路导线接触不良造成的。

③如图1-9-22（c）所示，第二次振荡波形之前出现小的杂波，可能是由断电器触点接触面不平，在完全闭合之前有不良接触所致。

④如图1-9-22（d）所示，在触点闭合段存在多余的小杂波，可能是初级电路断电器触点搭铁不良，或各触点接触不良，引起了小的电压波动。

⑤如图1-9-22（e）所示，第二次振荡波形存在严重的杂波，这一般是由于断电器触点臂弹簧弹力不足，使触点闭合瞬间引起弹跳。

⑥如图1-9-22（f）所示，火花塞击穿电压过高，且火花线较为陡峭，这可能是火花塞间隙太大，或次级电路开路等所引起的。火花塞间隙越大，所需火花塞击穿电压越高，而且往往没有良好的放电过程。

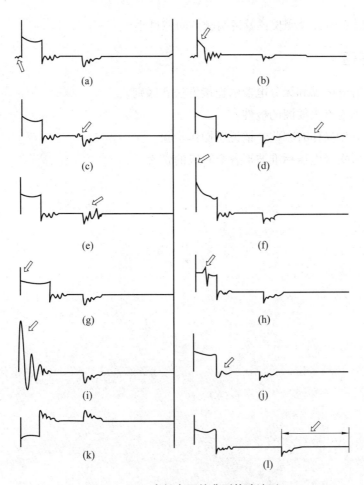

图 1-9-22 次级电压的典型故障波形

⑦如图 1-9-22（g）所示，火花塞击穿电压和火花线都太低，且火花线变长，这可能是火花塞间隙太小或积炭严重。在这种情况下，火花塞击穿电压会很低，而火花放电时间较长。

⑧如图 1-9-22（h）所示，火花线中出现干扰"毛刺"，可能是分电器盖或分火头松动。这样，在发动机高速运转时，因分电器的振动会使火花塞上的电压不稳定而出现抖动。

⑨如图 1-9-22（i）所示，完全没有高压击穿和火花线波形，说明火花塞未被击穿，也就没有火花放电过程。产生的原因可能是次级高压线接触不良或断路，或者火花塞间隙过大。

⑩如图 1-9-22（j）所示，第一次振荡次数明显减少，可能的原因是断电器触点并联的电容器漏电、电容器容量不够或初级电路接触不良，导致线路上电阻增大、耗能增加，火花熄灭后剩余能量小，振荡衰减加快。

⑪如图 1-9-22（k）所示，整个次级电压波形上下颠倒，说明初级线圈两端接反或将电源极性接反，从而使初级电压、次级电压都改变方向。

⑫如图 1-9-22（l）所示，与正常波形相比，触点闭合段变短，说明断电器触点间隙

过大。反之若触点闭合段变长，就说明触点间隙过小。

九、思考题

（1）讲述有分电器和无分电器的连接方法和区别。

（2）怎样确定点火线圈的极性？

（3）气缸分析操作有哪些？请说明操作步骤。

（4）试分析次级电压标准波形各个阶段的含义。

实验 10 汽油机尾气监测

一、问题导入

汽车排气系统是指收集并且排放废气的系统，一般由排气歧管、排气管、催化转换器、排气温度传感器、汽车消声器和排气尾管等组成。汽车排气系统主要是排放发动机工作所排出的废气，同时使排出的废气减少、噪声减小。

一辆电喷燃油发动机的汽车在高速行驶时一切正常，但在减速后发动机会怠速抖动，严重时出现熄火，特别是在减速后容易出现此故障；有故障时再加速又正常；间歇减速也正常，冷车无此故障。根据上述故障现象，初步诊断为 EGR（废气再循环）系统工作不良，造成发动机进气系统漏气（即真空泄漏），而使发动机抖动，间歇熄火。EGR 环就是把发动机的一部分废气引入进气管道中与新鲜空气混合，再进入发动机进行循环的方法。因为废气的余温能降低混合气的燃烧温度，从而抑制 NO_x 的生成量。EGR 调整阀的作用是根据排气支管的压力控制废气再循环量的大小。当发动机小负荷工作时，排气压力低，EGR 调整阀关闭，大气经 EGR 调整阀进入 EGR 控制阀，使 EGR 控制阀关闭，不进行废气再循环。只有当发动机大负荷工作，排气支管中的压力增大时，EGR 调整阀才打开，来自进气管的真空度经 EGR 调整阀进入 EGR 控制阀上方，将 EGR 控制阀打开，使部分来自排气管的废气进入气缸，即进行废气再循环。EGR 电磁阀受 ECU 控制，ECU 根据发动机转速信号、进气压力信号、空气流量信号、水温信号等控制 EGR 电磁阀的开度，从而控制进入 ECR 控制阀的真空度，起到改变废气再循环量的目的。EGR 系统是在发动机工作到正常工作温度（85～95 ℃），车速在 60 km/h 以上或转速在 3 000 r/min 以上时才开始工作，而在发动机减速或松油门时应关闭 EGR 系统。根据以上故障，首先在关闭点火开关状态下，拔下 EGR 电磁阀导线连接器，拔下其上的两根真空软管，从一端吹气，另一端胶管应畅通；然后在两接线端子上施加 12 V 蓄电池电压，再从该胶管处吹气，另一端胶管不畅通，气体从空气滤清器处排出，这说明 EGR 电磁阀无故障。其次，检查 EGR 调节阀。在发动机不转动的情况下，拔下其上的 3 个真空软管，当从 Q 端吹气时，堵住另外 2 个出口，气体应从空气滤清器处冒出（即与大气相通）；然后起动发动机，使发动机转速达到 2 500～3 000 r/min，再吹气应感到吹不动或有较大的阻力，这表明 EGR 调节阀工作状态良好，无故障。最后检查 EGR 控制阀。在发动机不转动的情况下，拆下其上通往进气管的金属管，并从此端口向 EGR 控制阀吹气，发现能吹通（正常时应不通）。这说明此 EGR 控制阀有关闭不严的故障。更换新的 EGR 控制阀后，故障排除，发动机运行良好。

某 4S 店售后服务小组接到一张任务工作任务单：一款混合动力汽车，行驶里程 100 000 km，汽车在年检时废气排放不达标。经过诊断，三元催化转换器老化了。在检修之前，让我们来了解一下汽油机废气检测。

二、实验目的

汽车所排放的污染物主要有：一氧化碳（CO）、碳氢化合物（HC）、一氧化氮（NO）、二氧化硫和微粒（由炭烟、铅氧化物等重金属氧化物和烟灰组成）等，汽车排放的污染物影响了人们的身体健康，污染了人类的生存环境，已发展成为严重的社会问题，因此检测并控制汽车排放污染物对于保护人类生存环境具有重要意义；同时通过对发动机的排气污染物进行检测，可评价发动机的技术状况，特别是燃油供给系统和点火系统的技术状况。

本节主要介绍汽油机废气检测的操作过程，以及废气分析仪的操作方法、废气检测的数据标准与故障分析方法等。

三、实验内容

汽油机废气中，对人体危害的成分主要有 CO、HC、NO，除上述气体外对大气环境有影响的还有 CO_2，其次对废气中 O_2 的含量进行检测可有效地反映发动机的燃烧效率，另外对于使用闭环控制的电子燃油喷射系统和三元催化转换器技术的汽车还应进行过量空气系数 λ 的测定。因此为了全面反映汽车污染物的排放情况、燃烧效率和供给系统的工作情况，需要对汽车的 5 种废气（CO、HC、NO、CO_2、O_2）进行测量。本节主要通过下面两种废气分析仪的操作方法来介绍汽油机废气检测。

（1）二气体分析仪。二气体分析仪运用不分光红外线法测量 CO 和 HC 的含量，是一种能够从汽车排气管中采集气样，对其中 CO 和 HC 含量连续进行分析的仪器。

（2）五气体分析仪。五气体分析仪主要运用不分光红外线法测量 HC、CO_2、CO 的含量，同时采用电化学电池法对 NO、O_2 的含量进行测量。

四、实验前准备工作

1. 仪器的准备

（1）进行仪器的连接，连接取样元件、废气排气管、仪器电缆等主要部件；

（2）进行仪器检查工作，检查过滤元件是否清洁、过滤器密封圈是否完好，保险丝是否完好、电源是否连接，二气体分析仪是否接地；

（3）打开仪器电源后，都必须进行预热；

（4）进行基本设置，包括车辆信息、时间、语言、打印等设置；

（5）进行检测气体的校准；

（6）进行调零；

（7）进行泄漏检测；

（8）进行吸附测试。

2. 车辆的准备

（1）发动机油路、电路调整好，工作温度正常；

（2）取样探头插入排气管深度应不小于 400 mm，否则排气管应接管加长，但须保证接口不漏气。

五、实验注意事项

（1）在打开电源之前，应确保电源电压与仪器相一致。

（2）不要让水、稀释剂、苯或汽油等溅到仪器上，也不要让仪器吸入这类物质，否则会使仪器发生故障或引起其他事故。

（3）不要让仪器吸入灰尘或杂质，否则过滤器会被堵塞，仪器内部被污染而导致不能测量。

（4）避免在温度不正常或温度会突然发生变化的地方使用仪器，如不要直接在太阳光下或空调机附近使用，否则测量误差会增大或无法进行测量。实验应在环境温度 $0\sim40\ ℃$ 范围内进行。

（5）确保通风良好，以防吸入被测气体中的有毒成分。

（6）确保仪器接上地线，以防电击。

六、仪器结构功能

下面以 FGA-4100 型五气体分析仪及 MEXA-324JA 型二气体分析仪为例说明废气分析仪的结构组成和操作使用，如图 1-10-1 所示。

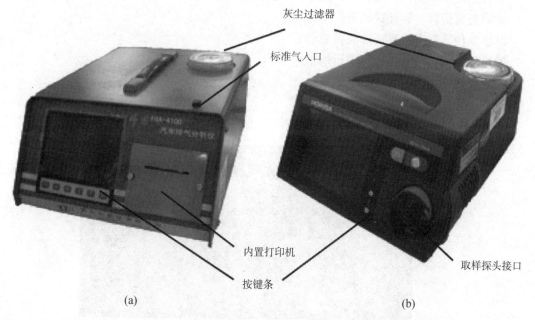

图 1-10-1　废气分析仪
(a) FGA-4100 型五气体分析仪；(b) MEXA-324JA 型二气体分析仪

1. 不分光红外线法测量废气的基本原理

不分光红外线法是基于待测气体对特定波长红外线的吸收程度不同来测定其浓度的。汽车废气中的气体都具有吸收一定波长范围红外线的能力，但不同气体在红外波段内有其特定波长的吸收带，红外线被吸收的程度与被测气体的浓度有对应的函数关系，气体浓度愈高，吸收红外线的能力也愈强。根据废气吸收红外线的能量引起的变化即可检测出废气中各种污染物的浓度。

五气体分析仪中的电化学电池法实质是运用由电解正极和空气负极组成的金属-空气有限度渗透电化学电池,产生与氧浓度成正比的电流为输出信号,并通过放大和数字处理后显示出氧浓度。

2. FGA-4100型五气体分析仪的结构功能

(1) FGA-4100型五气体分析仪操作面板。FGA-4100型五气体分析仪操作面板主要由液晶显示屏与6个硬键组成(见图1-10-1),其中6个硬键分别对应液晶显示屏幕下方的功能图标,不同界面分别对应不同功能,操作简单易懂。详见后文操作步骤。

(2) FGA-4100型五气体分析仪后插座面板,如图1-10-2所示,各部分的介绍如下:

①NO传感器信号线:连接NO传感器;
②氧传感器信号线:连接氧传感器;
③传感器座:安装氧传感器和NO传感器;
④除水器座:安装除水器和密封圈;
⑤排气口:废气和冷凝水出口;
⑥插塞式过滤器:过滤冷凝水中的杂质;
⑦转速传感器座:连接转速传感器;
⑧后备通信口:和计算机进行串行通信;
⑨油温传感器座:连接油温传感器;
⑩通信口:和计算机进行串行通信;
⑪电源插座:连接220 V电源线;
⑫电源开关:开关仪器电源。

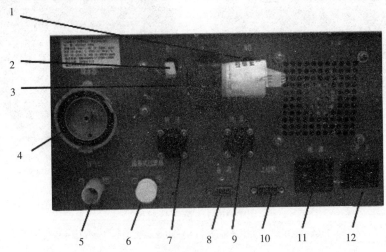

1—NO传感器信号线;2—氧传感器信号线;3—传感器座;4—除水器座;5—排气口;6—插塞式过滤器;7—转速传感器座;8—后备通信口;9—油温传感器座;10—通信口;11—电源插座;12—电源开关。

图1-10-2 FGA-4100型五气体分析仪后插座面板

3. MEXA-324JA型二气体分析仪的结构功能

MEXA-324JA型二气体分析仪操作面板,如图1-10-3所示。

(1) M 键：进行测量指令执行等。
(2) 显示保持键：以逆视方式显示测量结果，并保持 1 min。
(3) 光标移动键：对光标进行移动操作。
(4) F 键：菜单键，按此键进入主菜单界面。
(5) 对比度调节键：按此键调节对比度。

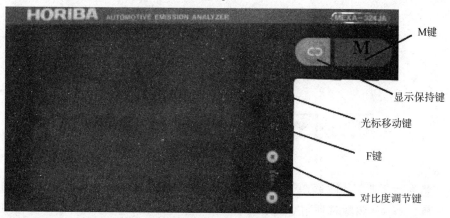

图 1-10-3　MEXA-324JA 型二气体分析仪操作面板

七、操作步骤

1. FGA-4100 型五气体分析仪操作步骤

（1）预热。打开电源后，由于仪器内部有发热和恒温装置，需要一定的时间才能达到热稳定，此过程至少需要 5 min，但为了达到更高精度，建议至少预热 15 min。预热时需要等待预热画面上时间倒数完毕后方能进入主菜单界面，如图 1-10-4 所示。

（2）参数设置。进入主菜单界面后，首先选择第 4 个选项设置车辆信息，包括车牌号码信息与转速参数；然后可以选择第 6 个选项设置时间、语言、打印设备等。

（3）校准。选择"5 功能选择"子菜单项中的"1 校准"，打开校准界面（见图 1-10-5）。对设定值输入标准气的浓度，然后将标准气通过标准气入口输入仪器 5~7 s，随着标准气进入，液晶显示屏中测量值将会有读数（注：这些是校准前的读数）待读数稳定后按"OK"键即可完成校准。

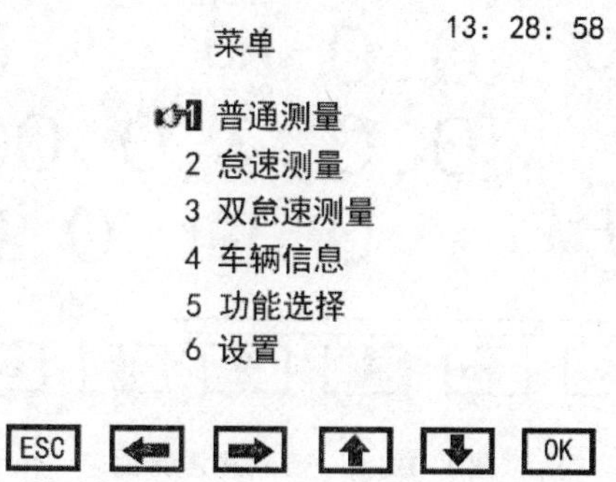

图 1-10-4　主菜单界面

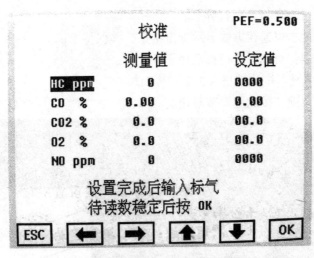

图 1-10-5　校准界面

（4）调零。在"5 功能选择"子菜单中选择"2 调零"，按"OK"键即可进行调零，调零过程需要 25 s。调零时利用空气中的氧校准氧通道，所以调零后在测量界面氧浓度为 (20.8±0.2)%vol，其他气体读数在 0 附近。

（5）泄漏检查。泄漏检查用于检查仪器取样系统是否泄漏。连接好取样管和取样探头后，用测漏帽堵住进气口，按"OK"键开始检查。当仪器测量数值偏低时，先进行此项检查。如不及格，检查取样管两端接头有无开裂，粉尘过滤和水分离器的密封圈接触是否良好。

（6）吸附测试。进行吸附测试时，取下取样探头上的测漏帽，取样探头必须放在清洁的空气中，以保证流经仪器内部的气体是清洁的。吸附测试合格必须同时满足 3 个条件：$HC \leqslant 20 \times 10^{-6} vol$；$CO \leqslant 0.03\% vol$；$CO_2 \leqslant 0.5\% vol$。

（7）普通测量。准备工作做好后，退回主菜单界面选择"1 普通测量"，如图 1-10-6 所示。进入此界面后，液晶显示屏显示实时数值，1 s 更新 1 次。在普通测量界面下可以进行以下操作：

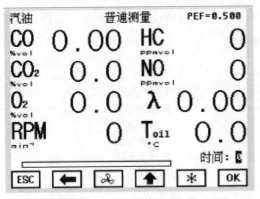

图 1-10-6　普通测量界面

①按"✂"键可以打开或关闭气泵。

②连续记录某个时间段的数据值，并以曲线显示所有记录。记录时间可以通过"↑"键设定，时间为0~5 min。设定后按下"OK"键，开始取该时间段的数值，此过程有进度条提示；取值完毕后按"↓"键变为"⌇"键，按下该键可以查看曲线。当设定值为0表示不取曲线，"OK"键无效。

③冻结读数：当时间的设定值为0，可以按下"❄"键冻结当前的读数。处于冻结状态时，数据反显，按"←"键变为"🖨"，表示按下该键可以打印当前数值，打印内容包括车牌号码和当前日期时间；同时"❄"键变为"▶"键，此时按下"▶"键即可解冻，实时刷新数值。

（8）怠速测量。怠速测量按照怠速法标准（见表1-10-1）进行测试。在怠速测量界面（见图1-10-7）下，根据仪器的提示完成怠速测试流程。

表1-10-1 怠速测量标准

0.7额定转速	减速	稳定	怠速测量
稳定30 s	15 s	15 s	30 s读平均值

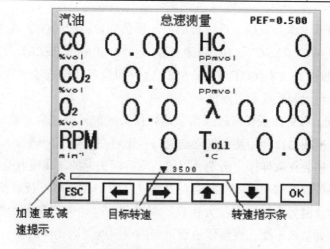

图1-10-7 怠速测量界面

①将取样探头插入汽车排气管内约40 cm，直到测试流程结束才可取出取样探头，并将转速传感器夹在发动机高压点火线上。

②仪器提示加速，操作者要把发动机转速加到额定转速的70%，具体数值在目标转速位置提示。怠速测量界面会出现"保持"字样和30 s的倒计时。倒计时完成后，进入下一个步骤。

③仪器提示减速到怠速。此时操作者应该松开油门，当发动机转速降到怠速范围时，怠速测量界面会出现"保持"字样和15 s的倒计时。倒计时完成，进入下一个步骤。

④取数30 s，这个过程有倒计时。倒计时完毕，显示30 s内的测试平均值。

⑤这时按"OK"键可以打印这个测试结果，按"💾"键可保存当前测试结果。

⑥怠速测试流程结束。

（9）双怠速测量。双怠速测量按照国家标准（见表1-10-2）进行，具体测量时按照以下操作流程的提示进行。

表1-10-2 双怠速测量标准

0.7额定转速	减速	高怠速		减速	怠速转速	
稳定30 s	15 s	15 s稳定	30 s读数	15 s	15 s稳定	30 s读数

①双怠速测量界面与怠速测量界面一样，将取样探头插入到汽车排气管内约40 cm，并将转速传感器夹在发动机高压点火线上，按照双怠速测量流程的提示，用户可以完成相应的操作。对于轻型汽车，高怠速转速规定为（2 500±100）r/min，重型车的高怠速转速规定为（1 800±100）r/min；如有特殊规定的，按照制造厂技术文件中规定的高怠速转速。

②实验结果取液晶显示屏中的平均值。

③注意：此处的平均值是30 s内的平均值，不是最大值和最小值的平均值，该处的最大值和最小值仅供参考。

2. MEXA-324JA型二气体分析仪操作步骤

(1) 预热。打开电源开关后，系统自动进入预热到数，此时按F键进入主菜单界面，其中有"1 HC HANGUP TEST"（HC吸附试验）、"2 LEAK CHECK"（泄漏检查）、"3 GAS CAL"（气体校准）、"4 DATE/TIME SET"（时间设置）等选项（见图1-10-8）。其中预热期间只可进行泄漏检查和时间设置。

(2) 泄漏检查。在更换了任何过滤器、取样探头或取样管之后，都应进行泄漏检查。一般建议泄漏检查应在每次开始使用仪器前进行，也可在预热期间进行。

预热前将密封帽装在取样探头前端，以堵住取样探头上的气体吸收孔，然后按F键进入菜单界面，选择第二个选项进入泄漏检查界面（见图1-10-9），接着按M键开始试验。试验后系统会显示泄漏等级。数字越大代表泄漏越严重。如果泄漏为所规定等级或更高，可重复泄漏检查，如结果不变，则需要检查可能的泄漏点，诸如密封盖、灰尘过滤器等元件是否完好。

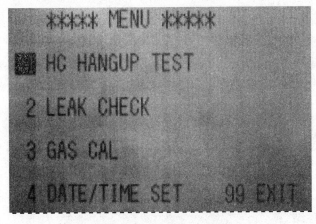

图1-10-8 主菜单界面

图 1-10-9　泄漏检查界面

（3）调零。MEXA-324JA 型二气体分析仪在系统预热倒数完毕后会自动进行调零，同时每 30 min 会自动进行调零。同时在测量界面左下角有调零倒计时显示（见图 1-10-10）。当调零时间快到时，应停止测量。若在测量期间调零时间到来，零位标记会闪烁，同时蜂鸣器会连续不断发出响声，直至测量完毕为止。

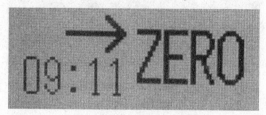

图 1-10-10　调零倒计时

（4）HC 吸附试验。HC 吸附试验是为了检查碳氢化合物在取样元件上的残留情况。此试验应在每日开始工作时进行。操作方法与操作 FGA-4100 型五气体分析仪相似，将取样探头放在清洁的空气中，在主菜单界面选 "1 HC HANGUP TEST" 进入 HC 吸附试验界面后按 M 键即可。当测得的 HC 浓度小于 $20×10^{-6}$vol，系统会显示 "PASSED"，即代表通过测试（见图 1-10-11）。

（5）气体校准。气体校准的操作方法与操作 FGA-4100 型五气体分析仪相似，在主菜单界面选 "3 GAS CAL" 进入气体校准界面后输入标准气体浓度值，导入标准气体约 20 s，待测量值稳定后按 M 键即可完成。

（6）测试。测试前首先将取样探头插入汽车排气管内约 400 mm（直到测试流程结束才可取出取样探头）；然后启动汽车，在仪器的测试界面上进行测试，并读出数据（见图 1-10-12）。

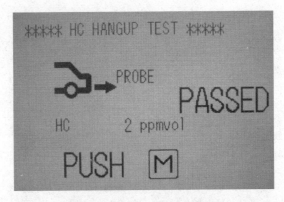

图 1-10-11 HC 吸附试验界面

图 1-10-12 测试界面

八、数据标准与故障分析

1. 汽车废气排放标准

（1）按照《轻型汽车污染物排放限值及测量方法（中国第六阶段）》（GB 18352.6—2016）的规定，常温下冷起动后排气污染物排放试验（Ⅰ型试验）排放限值如表 1-10-3 所示。

表 1-10-3 Ⅰ型试验排放限值

阶段	类别	级别	基准质量 (TM) /kg	限值/（mg·km^{-1}）			
				一氧化碳	碳氢化合物	氮氧化物	氮氧化物和碳氢化合物
Ⅱ	第一类车	—	全部	700	100	60	—
	第二类车	Ⅰ	TM≤1 305	700	100	60	—
		Ⅱ	1 305<TM≤1 760	880	130	75	—
		Ⅲ	1 760<TM	1 000	160	82	—

续表

阶段	类别	级别	基准质量（TM）/kg	限值/（mg·km^{-1}）			
				一氧化碳	碳氢化合物	氮氧化合物	氮氧化合物和碳氢化合物
Ⅲ	第一类车	—	全部	500	50	35	—
	第二类车	Ⅰ	TM≤1 305	500	50	35	
		Ⅱ	1 305<TM≤1 760	630	65	45	
		Ⅲ	1 760<TM	740	80	50	
Ⅳ	第一类车	—	全部	10 000	1 200	250	—
	第二类车	Ⅰ	TM≤1 305	10 000	1 200	250	
		Ⅱ	1 305<TM≤1 760	16 000	1 800	500	
		Ⅲ	1 760<TM	20 000	2 100	800	

（2）轿车（passenger cars）的欧洲排放标准，如表1-10-4所示。

表1-10-4 欧洲排放标准　　　　　　　　　　　　　　　　　　　　　　g/km

标准等级	开始实施日期	一氧化碳	碳氢化合物	氮氧化合物	HC+NO$_x$
欧Ⅰ	1992年7月	2.7	0.97	0.97	—
欧Ⅱ	1996年1月	2.0	0.50	0.50	—
欧Ⅲ	2000年1月	1.0	0.10	0.10	—
欧Ⅳ	2005年1月	1.0	0.1	0.08	—
欧Ⅴ	2009年9月	1.0	0.1	0.06	—
欧Ⅵ	2014年9月	1.0	0.1	0.06	—

2. 检测结果分析

汽车废气污染物超过标准，其主要原因是汽油机供油系统调整不当。除汽油机供油系统的调整对废气污染物的成分、浓度有影响外，点火系统和冷却系统工作状态及曲柄连杆机构技术状况，对废气中CO、HC的浓度也有影响。下面简要介绍降低废气污染物的调整要点。

（1）混合气过浓。发动机混合气过浓，意味着空气量不足，燃烧不完全，废气中CO的含量必然增高。这时应该检查空气滤清器是否被灰尘堵塞，影响发动机吸气。

（2）点火时刻失准。汽油机点火时刻过迟，会使混合气燃烧不彻底，致使废气中CO、HC含量增加。

（3）冷却系统温度过低。发动机冷却系统不良，如果温度过低，燃油将不能充分雾化燃烧，致使废气中CO、HC含量增加。节温器工作失常、散热器容量过大、百叶窗不能关闭等，都会影响冷却系统正常工作。

（4）曲柄连杆机构磨损严重。气缸、活塞、活塞环等磨损严重，漏气增加，压缩终了时，气缸内压力不足，混合气不能充分燃烧，也会造成废气中 CO、HC 的增加。为此，需要适时测量气缸压力，以便确定气缸及活塞组件的技术状况。

九、思考题

(1) 简述气体分析仪测量废气的基本原理。
(2) 简述五气体分析仪的操作步骤。
(3) 简述双怠速测量方法。
(4) 对比五气体分析仪和二气体分析仪的异同。
(5) 发动机混合气过浓时要进行哪些调整与检验？

实验 11　气缸压力检测

一、问题导入

一款汽车行驶里程 37 626 km。刚起动发动机，发动机马上有着火迹象，但却起动不了，听声音像是无气缸压力，过几分钟再起动，发动机又点着了一下，仍起动不了。故障检修：首先着手检查油、电路及正时皮带，未发现异常；接着拆下火花塞测量各缸的气缸压力，除第 4 缸外，其余 3 缸均无压缩压力。为此，初步诊断为配气机构有故障（包括气缸垫），决定拆下气缸盖检查。在拆气缸盖时发现所有缸盖螺栓均未按规定力矩上紧。拆下缸盖后检查，各气门均正常，用汽油渗漏法检查气门密封性也是好的。此后发现气缸垫稍有"冲缸"痕迹，经检测，气缸盖接合面平面度达 0.30~0.35。于是对该气缸盖接合面进行加工，并换上新的缸垫，按规定顺序和力矩拧紧缸盖螺栓。全部装复后进行试起动，发动机能正常起动，但随即发现机油滤清器滤芯冲坏了。熄火后，换上新的滤芯再起动，这时开头所述的怪现象又出现了，发动机又似乎没有气缸压力了，经分析，断定故障出在配气机构上。只得把气缸盖再次拆下，并把气门逐个拆下进行检查，未发现毛病；接着又检查了液压挺柱也未发现异常。经进一步分析，联想到起动时曾发生过冲坏机油滤清器滤芯的现象，怀疑是机油压力有问题。起动发动机再试，机油滤清器滤芯又冲坏了。这时立即卸下机油感应塞，直接装上一只油压表试验，果真是机油压力过高。由于油压太高，液压挺柱在顶开气门后不能回位，致使进排气门均常开，从而引起发动机无气缸压力。发动机停转几分钟后，机油压力缓缓回落，液压挺柱也回位并关闭气门；接着再起动，过高的机油压力又使液压挺柱不能回位，气门又常开。问题找出后，拆下油底壳并分解机油泵，发现原来是机油泵的旁通阀锈死了，换上一只新的机油泵后再试，发动机工作一切正常。

某 4S 店售后服务小组接到一张任务工作单：一辆混合动力汽车，行驶里程 100 000 km，汽车耗油量增加、发动机无力、冒黑烟、冷车启动困难。经过诊断，两缸相邻处的气缸垫损坏窜气。在检修故障之前，先了解气缸压力检测方法。

二、实验目的

汽车发动机气缸密封性是由活塞组、气门与气门座以及气缸盖、气缸体、气缸衬垫等零件保证的。在发动机使用过程中，由于这些零件磨损、烧蚀、结焦或积炭，使气缸的漏气量增加，密封性下降，导致发动机的功率下降，燃油消耗率增加，使用寿命大大缩短。

评价气缸密封性的主要参数有：气缸压缩压力、气缸漏气率、进气管真空度、曲轴箱窜气量等。检测时只要进行其中的一项或两项，就能确定气缸密封性的好坏。

发动机气缸活塞组的技术状况正常，气缸的密封性好，是保证发动机气缸内压缩压力正常的基本条件。气缸密封性差，则压缩过程中压缩空气从缸内泄漏量大，必然使气缸压缩压力降低。所以说气缸压缩压力是评价气缸密封性最为直接的指标，常用来诊断发动机性能和气缸活塞组的技术状况，并且由于所用仪器简单，因此测量方法得到了广泛应用。

本次实验的目的如下：

(1) 了解气缸压力表的工作原理、结构特点及使用方法；

(2) 掌握实验的原理、方法和步骤，初步掌握实验的操作技能；

(3) 根据测试结果，对发动机泄漏的原因、部位及严重程度等做出一定的分析和合理的判断。

三、实验内容

本次实验主要介绍利用气缸压力表检测法检测气缸压缩压力。熟悉用气缸压力表测量气缸压力，掌握通过气缸压力分析故障的原因及排除发动机由于气缸压力引起的故障。

四、实验前准备工作

(1) 实验前应先预热发动机；

(2) 检查蓄电池充电状态；

(3) 发动机水温达正常工作温度时熄火，拔去火花塞端高压线接头，充分清洁火花塞及火花塞孔凹部；拆除点火线圈中央高压线。

五、实验注意事项

(1) 蓄电池的充电状态及起动机的技术状况良好。

(2) 发动机的水温应在规定的范围内。

(3) 发动机的润滑条件良好。

(4) 测量每缸压力时，压缩行程应不少于 4 次。

(5) 测试时，应注意远离发动机的外部运转零件以及灼热的部位，以免造成损伤。

(6) 在拆装发动机的火花塞时，应注意防止异物进入发动机，造成发动机的损坏。

六、仪器结构功能

气缸压力表是一种专用压力表，一般由表头、导管、单向阀和接头等组成。接头有锥形橡胶接头和螺纹接头两种，前者可以压紧在火花塞或喷油器孔中，后者可以拧紧在火花塞或喷油器螺纹孔中。与之相适应，导管也有橡胶软导管和金属硬导管两种，前者与螺纹接头匹配，后者与锥形橡胶接头匹配。单向阀用于控制压缩气体。当单向阀处于关闭位置时，压缩气体控制在压力表内，可保持测得的气缸压缩压力读数（保持压力表指针位置）；当单向阀打开时，压缩空气从压力表泄入大气，可使压力表指针回零，以便于下次测量。气缸压力表（见图 1-11-1）的量程通常为 $0 \sim 1.4 \times 10^3$ kPa。

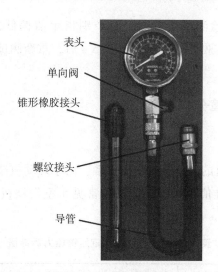

图 1-11-1 气缸压力表

气缸压缩压力的检测方法如下。

（1）发动机运转至正常的工作温度，水冷发动机冷却液温度为 75~95 ℃，风冷发动机机油温度为 80~90 ℃。

（2）拆除全部火花塞（汽油机）和喷油器，以减少曲轴转动阻力。

（3）把气缸压力表的锥形橡胶接头压紧在被测的火花塞或喷油器孔上，或把螺纹接头拧在火花塞或喷油器孔上，如图 1-11-2 所示。

图 1-11-2 测量气缸压缩压力

（4）用起动机带动曲轴旋转 3~5 s，发动机转速应为 130~250 r/min，指针稳定后读取读数，然后按下单向阀使指针回 0。

（5）按上述方法依次检测各个气缸，每个气缸的测量次数应不少于 2 次，测量结果应取平均值。

（6）按上述方法依次检测各个气缸。对个别指示值偏低的气缸，可向气缸内注入 10~15 mL 机油，用起动机驱动发动机运转 3~5 s 后，重新测试该缸的气缸压力，进一步判断密封状况。

七、数据标准与故障分析

1. 检测标准

气缸压缩压力与发动机的压缩比有直接关系，由于发动机结构和压缩比不同，各车型发动机气缸压缩压力的标准值也不相同。几种常见车型发动机气缸压缩压力标准值如表 1-11-1 所示。

表 1-11-1 发动机气缸压缩压力标准值

发动机型号	压缩比	气缸压缩压力标准值/kPa	检测压力时的转速/（r·min^{-1}）
东风 EQ 6100-1	7.2	880	130~150
解放 CA 6102	7.4	930	200~250
上海桑塔纳 JV	8.5	1 000~1 300	200~250
上海桑塔纳 2 000 AFE	9.0	1 000~1 300	200~250
上海桑塔纳 2 000 AJR	9.5	1 000~1 300	200~250
夏利 TJ 376Q-E	9.5	1 000~1 225	200~250
夏利 8A-FE	9.3	981~13 700	200~250
广州本田雅阁	8.9	930~1 230	200~250
上海别克 L46	9.0	不小于 689	200~250
2021 款丰田雷凌双擎	13	1 200~1 400	200~250
2021 款丰田卡罗拉双擎	13	1 200~1 400	200~250

根据《道路运输车辆技术管理规定》，在用汽车发动机气缸压缩压力不得低于原设计发动机气缸压缩压力标准值的 75%，否则应该大修。

2. 气缸压缩压力检测结果诊断与分析

（1）当气缸压缩压力的检测值超过标准值，过高或过低都说明发动机技术状况不良，存在故障。

（2）当气缸压缩压力的检测值低于标准值时，可由火花塞或喷油器孔注入适量（20~30 mL）润滑油后，再次检测气缸压缩压力，并比较 2 次检测结果。若：

① 第二次检测结果比第一次高，并接近标准值，表明气缸密封性不良是由于气缸、活塞环、活塞磨损过大或活塞环对口、卡死、断裂及缸壁拉伤等原因引起的。

② 第二次检测结果与第一次近似，表明气缸密封性不良的原因为进/排气门或气缸衬垫不密封。

③ 2 次检测结果均表明相邻两缸压缩压力低，其原因可能是两缸相邻处的气缸衬垫漏

气或气缸盖螺栓未拧紧。

（3）如果气缸压缩压力高于标准值，并不一定表明气缸密封性好，要结合使用和维修情况进行分析。个别缸压力偏高，说明这些缸可能积炭过多而导致燃烧室容积减少。各缸压力都偏高，则可能是：燃烧室积炭过多、气缸衬垫过薄或气缸体与气缸盖的接合平面经多次修理后因缸径加大、气缸盖接合平面修理磨薄而使压缩比增大。

（4）以上仅为对气缸组不密封部位的故障分析或推断。为了准确地测出故障部位，可在测完气缸压缩压力后，针对压力低的气缸，采用如下简易方法：以汽油机为例，卸下空气滤清器，打开散热器盖和加机油口盖，用一根胶管，一头接压缩空气气源，另一头通过锥形橡胶接头插在火花塞孔内。摇转发动机曲轴，使被测气缸活塞处于上止点位置，然后将变速器挂低挡，拉紧驻车制动，打开压缩空气（600 kPa 以上）开关，注意倾听漏气声。如在进气口处听到漏气声，说明进气门不密封；如在排气消声器处听到漏气声，说明排气门不密封；如在散热器加水口处看到有气泡或听到出气声，说明气缸衬垫不密封造成气缸与水套连通；如在相邻气缸火花塞口处听到漏气声，说明气缸衬垫在该两缸之间处烧损窜气；如在加机油口处听到漏气声，说明气缸活塞配合副不密封。

八、思考题

（1）简述发动机气缸压缩压力检测方法。
（2）当气缸压缩压力的检测值超过标准值时，过高或过低会说明什么问题？
（3）试分析气缸压缩压力的检测值超过标准值的原因。

实验 12　气缸、曲柄连杆组件故障检测

一、问题导入

气缸是发动机内的圆筒形空室，里面有一由工作流体的压力或膨胀力推动的活塞。汽车发动机常用缸数有 3、4、5、6、8、10、12 缸。排量 1 L 以下的发动机常用 3 缸（如夏利 7100、铃木奥拓），1~2.5 L 一般为 4 缸发动机（如丰田凯美瑞油电混动版、大众帕萨特油电混动版），3 L 左右的发动机一般为 6 缸，4 L 左右为 8 缸，5.5 L 以上用 12 缸发动机。按照发动机的排列方式，又可分为 W 型 12 缸发动机（如大众辉腾 W12、奥迪 A8W12）、V 型 12 缸发动机（如奔驰 S600、宝马 760）、W 型 8 缸发动机（如帕萨特 W8）、V 型 8 缸发动机（如新奥迪 A6L4.2）、水平对置 6 缸发动机（如斯巴鲁森林人）、V 型 6 缸发动机、直列 5 缸发动机和直列 4 缸发动机等。一般来说，在同等缸径下，缸数越多，排量越大，功率越高；在同等排量下，缸数越多，缸径越小，转速可以提高，从而获得较大的提升功率。

曲柄连杆机构（crank train）是发动机的主要运动机构。其功用是将活塞的往复运动转变为曲轴的旋转运动，同时将作用于活塞上的力转变为曲轴对外输出的转矩，以驱动汽车车轮转动。曲柄连杆机构由活塞组、连杆组和曲轴、飞轮组等零部件组成。

某 4S 店售后服务小组接到一张任务工作单：一辆混合动力汽车，行驶里程 100 000 km，在发动机在怠速时发出"嗒、嗒"声，高速时发出"嘎、嘎"连续金属敲击声，并有机体抖动现象。经过诊断，活塞与气缸壁的间隙过小，连杆轴承与轴颈磨损过量，径向间隙过大。在检修故障之前，让我们先了解气缸、曲柄连杆组件故障检测的方法。

二、实验目的

气缸体、气缸盖和曲柄连杆机构是发动机产生和输出动力的主要装置，该装置的修理在发动机修理中占有重要地位。维修人员须按照修理技术标准的要求对气缸、曲柄连杆组的损伤程度进行检测，以确定零件是继续使用，还是修理或更换。

本实验将介绍如何利用量具或测量仪器测出气缸、曲柄连杆组的尺寸及形位公差，与技术标准所规定的容许使用值（极限尺寸）进行对比，确定零件是否能继续使用。

三、实验内容

(1) 气缸体和气缸盖变形的检测。

(2) 气缸磨损后尺寸的测量。

(3) 曲轴弯曲的检查。

四、实验前准备工作

（1）根据检查项目选择适当的量具种类和量具的量程范围。

（2）检查量具的使用状况是否良好，误差范围是否超标。

（3）对所需检测的零件进行简单清洗，以防污垢损坏量具。

五、实验注意事项

（1）不得损坏量具，油液不得进入量具内。

（2）每次使用完量具都必须放回盒子，不得落地。

（3）不准测量毛坯或表面粗糙的工件，不准测量正在旋转发热的工件，以免损伤测量面或得不到正确的读数。

（4）注意因环境温度或操作不当而造成的量具温度变化，导致量具变形，使测量误差过大。

六、仪器结构功能

1. 刀口尺

刀口尺（见图1-12-1）主要用于以光隙法进行直线度测量和平面度测量，也可与量块一起用于检验平面精度。它具有结构简单、重量轻、不生锈、操作方便、测量效率高等优点，是机械加工常用的测量工具。

刀口尺的精度一般都比较高，直线度误差控制在 1 μm 左右。刀口尺的规格如表1-12-1所示。

图1-12-1　刀口尺

表1-12-1　刀口尺的规格

规格/μm				
	500	600	750	1 000
	1 500	2 000	3 000	4 000

2. 百分表

百分表是一种精度较高的比较量具，它只能测出相对数值，不能测出绝对数值，主要用于测量形状和位置误差，也可用于机床上安装工件时的精密找正。其常用精度为0.01 mm。

（1）结构原理。百分表的结构如图1-12-2所示。当测杆1向上或向下移动1 mm时，通过齿轮传动系统带动大指针5转1圈，小指针7转1格。刻度盘在圆周上有100个等分格，各格的读数值为0.01 mm。小指针每格读数为1 mm。测量时指针读数的变动量即为尺寸变化量。刻度盘可以转动，以便测量时大指针对准零刻度线。

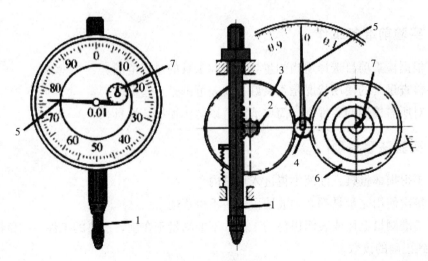

1—测杆；2、3、4—齿轮传动系统；5—大指针；6—回位弹簧；7—小指针。

图 1-12-2　百分表的结构

（2）测量、读数方法。测量时，先在测量的间距内或表面上使测杆预压缩 1 mm 左右（指针转动 1 格），以消除测杆的游隙和测量所需要的余量，然后转动活动表面（刻有 100 个等分格），使大指针对准该表面上的"0"，即可进行测量。

百分表的读数方法：先读小指针转过的刻度线（即毫米整数），再读大指针转过的刻度线（即小数部分），并乘以 0.01，然后两者相加，即得到所测量的数值。

七、操作步骤

1. 气缸体和气缸盖的变形检测

气缸体和气缸盖平面的翘曲变形，多由气缸盖螺栓拆装顺序不对，拧紧力矩不符合标准，在高温时拆卸气缸盖，或发动机长期过热等原因引起。对气缸体和气缸盖的变形检测一般运用刀口尺测量法。

该法一般是采用塞尺测量变形平面与刀口尺之间所形成的间隙来测量平面度误差，多用于测量气缸体、气缸盖平面。测量时应利用长度等于或略大于被测平面全长的刀口尺。图 1-12-3 为刀口尺检测气缸盖平面的平面度误差，将刀口尺与被测平面密切接触，沿测量直线 AA、A_1A_1、BB、B_1B_1、CC、C_1C_1 用塞尺测量刀口尺与被测平面之间的间隙，其最大值可作为该平面的平面度误差。利用该法测量时，对于中凹的平面，刀口尺与两端形成稳定接触。而对于中凸的平面，刀口尺与平面不能形成稳定的接触，此时检测，应将两端的间隙调成相等后再进行测量，否则测量误差将过大。该法测量的是近似值，但由于设备简单，测量方便，故生产中被广泛应用。

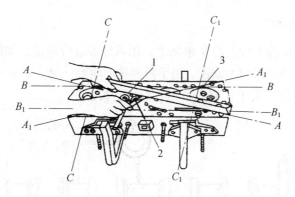

1—刀口尺；2—塞尺；3—气缸盖。

图 1-12-3　刀口尺检测气缸盖平面的平面度误差

2. 气缸磨损后尺寸的测量

气缸的测量通常使用量缸表，测量方法如下。

（1）根据气缸直径选择适当的测杆及固定螺母旋入表杆下端，接杆与活动测杆的总长度应小于所测气缸的直径，并将量缸表装在表杆上端。

（2）将量缸表的测杆伸入气缸上口或标准缸径的千分尺开口内，观察表针，使表针压缩 1~2 mm 为止，将固定螺母拧紧。

（3）移动测杆，在活塞行程区域内找到磨损最大处，记住表针所指刻度，旋转表面，使"0"对准表针所指刻度。这个刻度作为测量的基数。

（4）将测杆在此横断面上转 90°，此时表针所指刻度与"0"刻度之差即为在此断面上的失圆度，表值的 1/2 为圆度。

（5）测杆下移到活塞环活动区域以下部分，此时表针所指刻度与"0"刻度之差为圆锥度，表值的 1/2 为圆柱度。

测量时，必须使测杆与气缸中心线垂直。测量时应摆动表杆，如图 1-12-4 所示。当表针指到最小刻度时，测杆垂直于气缸中心线。此时的读数为标准读数。在确定发动机气缸修理级数时，应以磨损最大的一缸为标准。

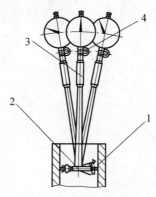

1—活动测杆；2—测杆；3—接杆；4—表杆。

图 1-12-4　气缸的测量

3. 曲轴弯曲的检查

将曲轴两端支在检验平台上的 V 形架上，用百分表进行测量，如图 1-12-5 所示。将百分表的测杆触及曲轴中部的主轴颈。用手慢速转动曲轴一周，观察百分表指针变化，百分表的跳动量（圆跳动）大于 0.15 mm 时，应进行校正。

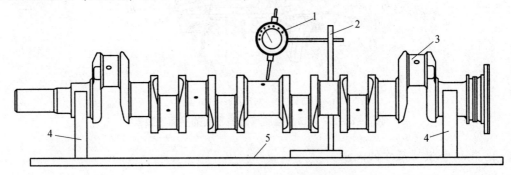

1—百分表；2—表架；3—曲轴；4—V 形架；5—检验平台
图 1-12-5 曲轴弯曲的检查

八、思考题

（1）简述百分表的测量和读数方法。
（2）论述气缸体和气缸盖的变形检测具体步骤。
（3）怎样运用量缸表对气缸进行测量。
（4）简述曲轴弯曲的检查。

实验 13　发动机功率检测

一、问题导入

发动机功率是诊断发动机技术状况的综合性指标。针对发动机技术状况进行检测时，发动机功率、油耗及磨损情况是必须要检测的参数。

某 4S 店售后服务小组接到一张任务工作单：一辆混合动力汽车，行驶里程 100 000 km，在行驶过程中出现了爬坡无力、加速无力、起步熄火等现象。经过诊断，发动机油路不畅，进气受阻，造成混合气过稀或过浓。在检修故障前，让我们先来了解发动机功率检测方法。

二、实验目的

发动机输出的有效功率是指发动机输出轴上发出的功率，是发动机一项综合性指标，通过检测，可掌握发动机的技术状况，确定发动机是否需要大修或鉴定发动机的维修质量。通常使用动态测功的方法——无负荷测功，即利用无负荷测功仪，使发动机在节气门开度和转速均为变动的情况下测定其功率，并且不给发动机施加外部载荷，发动机只以它自身运动部件的惯性力矩为负载。

本实验的目的如下：

(1) 了解汽车无负荷测功仪的检测原理、结构及特点。
(2) 熟悉汽车无负荷测功仪的检测功能。
(3) 掌握汽车无负荷测功仪的操作方法。
(4) 综合处理测试结果，对车辆技术状况做出较正确的判断。

三、实验内容

利用无负荷测功仪（见图 1-13-1）测定发动机的功率，测定某一气缸的功率（断开某一缸的点火或高压油路测得的功率与全功率进行比较，二者之差即为该缸的单缸功率）。各单缸功率进行对比，可判断各缸技术状况（主要是磨损情况）。

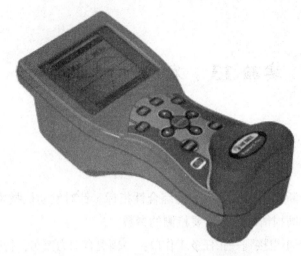

图 1-13-1　无负荷测功仪

四、实验前的准备工作

1. 被测车辆的准备

（1）汽车发动机和底盘经过维护，供油系统和点火系统处于最佳工作状态。

（2）轮胎气压应符合规定。

（3）车辆外部清洗干净。轮胎清洁，不沾有油、水、泥；轮胎花纹沟槽内嵌有石子时，一定要清除干净。

（4）纵向约束装置完好有效。

（5）发动机底壳机油油面在允许范围内。

（6）发动机机油压力在允许范围内。

（7）发动机冷却系统工作正常。

（8）自动变速器（液力变扭器）的液面在规定的范围内。

（9）运行走热全车。

2. 无负荷测功仪的准备

（1）启动并预热发动机至正常的工作温度（80~90 ℃），然后熄火。

（2）接通仪器的电源并进行预热至规定的时间，检查仪器的各功能键是否工作正常。

（3）检查并调整发动机的供油系统、点火系统至最佳的工作状态。

（4）按仪器的接线要求将各信号传感器连接至规定的位置。

五、实验注意事项

（1）无负荷测功仪与发动机之间的连接电缆、所有接插件、传感器等应可靠、有效；并防止发动机运动件的损伤。

（2）每次检测结束时，应将发动机的油门退回怠速位置。

六、无负荷测功的原理和方法

1. 无负荷测功的原理

无负荷测功仪不需外加载装置,其测量原理是:对于某一结构的发动机,其运动件的转动惯量可以认为是一定值,这就是发动机加速时的惯性负载,因此,只要测出发动机在指定转速范围内急加速时的平均加速度,即可得知发动机的动力性能。或者说通过测量某一定转速时的瞬时加速度,就可以确定发动机的功率大小。瞬时加速度愈大,则发动机功率愈大。

2. 无负荷测功的方法

进行无负荷测功时,首先使发动机与传动系统分离,并使发动机的温度与转速达到规定值,然后把传感器装入离合器壳的专用孔中,快速打开节气门(汽油机),使发动机加速,此时功率表便可显示被测发动机的功率。为了取得较准确的测量值,可重复试验几次,取平均值。

对于汽油机而言,该方法是在汽油机无外载荷、节气门全开的加速过程中,通过测量最大功率点的加速度值或一定转速范围内的加速时间来表示发动机的功率大小;对于柴油机,其功率通常是以各单缸运转时发动机所能达到的最大转速值来表示功率的大小。

七、实验步骤

1. 无负荷测功仪自校和预热

按使用说明书,将无负荷测功仪预热 0.5 h,然后进行自校,无负荷测功仪面板如图 1-13-2 所示。把计数检查旋钮 1 拨向"检查"位置,左边时间表头(T)指针 1 s 摆动 1 次。把旋钮 1 拨向"测试"位置,把旋钮 3 拨向"自校"位置,再缓慢旋转旋钮 2,注意转速(n)表头指针慢慢向右偏转(模拟增加转速)。当指针偏转至起始转速 n_1 = 1 000 r/min 位置时,门控指示灯点亮。继续增加模拟转速至 n_2 = 2 800 r/min 时,时间表头即指示出加速时间,以表示模拟速度的快慢。按下"复零"按钮,仪器表针回零,门控指示灯熄灭,表示仪器调整正常。否则,微调 n_1、n_2 电位器。

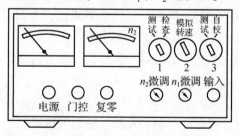

图 1-13-2 无负荷测功仪面板

2. 预热发动机,安装转速传感器

预热发动机至正常工作温度(85~95 ℃),并使发动机怠速正常。变速器空挡,然后把仪器转速传感器二接线卡分别接在分电器低压接柱和接铁线路上。

3. 测加速时间

操作者在驾驶室内迅速地把加速踏板踩到底，发动机转速猛然上升，当时间表头指针显示出加速时间（或功率）时，应立即松开加速踏板，切忌发动机长时间高速空转。记下读数，仪器复零。重复操作 3 次，读数取平均值。

八、数据标准与故障分析

发动机功率的判断标准：在用车发动机功率不得低于原额定功率的 75%，大修后发动机功率不得低于原额定功率的 90%。

单缸功率的判断标准：将发动机的转速稳定在 1 200 r/min，单缸断火时，四冲程发动机转速下降值一般应在表所示的范围内，且各缸转速下降值相差不应超过 25%。

根据测定结果进行分析，对发动机技术状况做出判断：

（1）若发动机功率偏低，一般是供油系统调整状况不佳，点火系统技术状况不佳，应对油、电路进行调整。若调整后功率仍低时，应结合气缸压力和进气歧管真空度的检查，判断是否存在机械部分故障。

（2）对个别气缸技术状况有怀疑时，可对其进行断火后再测功，从功率下降的大小，诊断该缸的工作情况。

也可利用在单缸断火情况下测得的发动机转速下降值，来评价各缸的工作情况。工作正常的发动机，在某一转速下稳定空转时，发动机的指示功率与摩擦功率是平衡的。此时，若取消任一气缸的工作，发动机转速都会有相同的下降值。但要求最高与最低下降之差不大于平均下降值的 30%。如果转速下降值低于一定规定值，说明断火的气缸工作不良。转速下降值愈小，则单缸功率愈小，当下降值等于 0 时，单缸功率也等于 0，即该缸不工作。

发动机单缸功率偏低，一般由该缸高压分火线或火花塞技术状况不佳、气缸密封性不良、气缸上油（机油）等原因造成，应调整或检修。

汽车发动机功率不足的常见原因如下：

（1）油、电路有故障。油路不畅，进气受阻，造成混合气过稀或过浓；点火时间过迟或触点间隙过小或过大；发动机排气管漏气；高压分火线漏电或脱落，分电器插孔漏电或窜点；分电器凸轮磨损不均或火花塞积炭过多，裂损漏电。

（2）缸压不足；缸垫不密封、烧蚀；气门座圈烧蚀，不密封或脱落；气门弹簧过软；工作不良；活塞环咬死或对口；活塞配缸间隙过大。

（3）发动机温度过高；水泵、节温器工作不良，皮带打滑，冷却系统水垢过多。

（4）少数缸不工作。

（5）配气相位失常。

（6）底盘有故障。离合器打滑，制动发咬，轮胎气压低。

九、思考题

（1）简述无负荷测功的原理和方法。

（2）论述发动机功率不足的原因。

实验 14　喷油嘴清洗检测仪的使用

一、问题导入

某 4S 店售后服务小组接到一张任务工作单：一辆混合动力汽车，行驶里程 100 000 km，在行驶时，电脑显示氧传感器故障，但在检测时发现氧传感器并没有故障，然后对发动机进行诊断，发现喷油器有故障，要进行喷油器的清洗。在进行清洗之前，先让我们来了解一下喷油嘴清洗检测仪的使用方法吧！

二、实验目的

汽油机的汽油雾化类似于柴油机的高压嘴喷油雾化。不过汽车的喷油嘴由电磁线圈、吸铁开关、喷油针和座组成。喷油嘴针阀开启时就喷油雾化，而喷油嘴针阀开启由 ECU 产生的电脉冲控制。一旦喷油嘴堵塞，燃油就不能准时、按量地进入气缸内，从而造成个别气缸工作不良，使发动机运转不稳定。喷油嘴堵塞主要是由于喷油嘴上的沉积物和积炭所致。遇此情况，应对喷油嘴进行清洗。

喷油嘴清洗检测仪是采用超声波清洗技术与微处理器油压控制清洗检测技术相结合的一种机电一体化产品。它可模拟发动机的各种工况，对汽车的喷油嘴进行清洗、检测。

本节以国产某款汽车喷油嘴清洗检测仪进行操作介绍。

三、实验内容

(1) 了解汽车喷油嘴清洗检测仪的结构和控制面板各区域的功能。
(2) 掌握各项目检测的具体方法。

四、实验前准备工作

(1) 将喷油嘴从汽车上拆下，并仔细查看喷油嘴的橡胶密封圈是否损坏，如有损坏，应在清洗测试前及时更换同型号密封圈，以免测试时发生泄漏；再将喷油嘴放入汽油或清洗剂中，仔细清除外部油污后用软布擦拭干净。

(2) 检查并添加检测液。从主机侧面的加油漏斗向油箱内加注，观察侧面的液位管，一般加注油箱容量的 1/2 即可。

(3) 按下主机右侧的电源开关。

(4) 在超声波清洗池内加入适量的清洗剂或专用的超声波清洗剂，要浸过喷油嘴针阀。

(5) 选出相应的喷油嘴偶件。

五、实验注意事项

（1）本设备配备检测液和清洗剂，在均匀性/雾化性检测、密封性测试、喷油量检测和自动清洗检测时主机使用检测液。超声波清洗机使用专用的超声波清洗剂或本设备配备的清洗剂。

（2）在超声波清洗池未加清洗剂的情况下，严禁打开超声波系统，否则容易损坏超声波设备。

（3）严禁将脉冲信号线连接头同喷油嘴整体浸泡于超声波清洗池中进行清洗，否则极易损坏脉冲信号线连接头。

六、仪器结构功能

（1）喷油嘴清洗检测仪整体结构如图 1-14-1 所示。

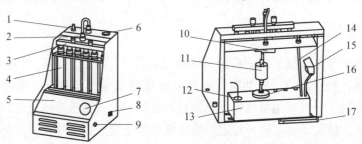

1—回油快速接头；2—出油快速接头；3—直排油分油器组件；4—玻璃管；5—控制面板（控制台）；6—航空插座（脉冲信号线插座）；7—压力表；8—一体式电源插座和保险管座（内配保险管）；9—电源开关；10—油路块；11—滤清器；12—液位开关；13—油箱；14—回油管；15—加油漏斗；16—油泵；17—排油管。

图 1-14-1　喷油嘴清洗检测仪整体结构

（2）喷油嘴清洗检测仪控制面板如图 1-14-2 所示。

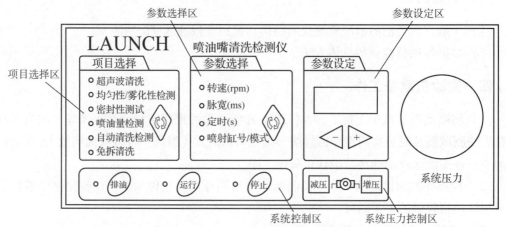

图 1-14-2　喷油嘴清洗检测仪控制面板

喷油嘴清洗检测仪控制面板共分 5 个区，分别为项目选择区、参数选择区、参数设定区、系统控制区和系统压力控制区，各区域的功能如表 1-14-1 所示。

表 1-14-1　喷油嘴清洗检测仪控制面板的各区域说明

区域	说明
项目选择区	通过"项目选择"键选择某项功能，选中后，其相应指示灯会变亮
参数选择区	通过"参数选择"键选定要设置的参数，选定后，其相应指示灯会变亮
参数设定区	在选定功能和参数后，可通过"▶"或"◀"键设置参数大小。数码管显示相应的参数值，按带"+"的向右方向键"▶"，所设参数值按相应的步长增加；按带"−"的向左方向键"◀"，所设参数值减少
系统控制区	项目选择区和参数选择区下方的区域为系统控制区，分别对设备的排油、运行和停止操作过程进行控制
系统压力控制区	参数设定区下方的区域为系统压力控制区，通过"增压""减压"键调节系统压力

七、操作步骤

1. 清洗与测试顺序

一般完整的清洗与测试程序建议按以下顺序进行：
（1）超声波清洗；
（2）均匀性/雾化性检测；
（3）密封性测试；
（4）喷油量检测；
（5）自动清洗检测。
根据不同的测试项目，在参数选择区选择对应的参数并对其进行设置。

2. 超声波清洗

超声波清洗是利用超声波在介质中传播时产生的穿透性和空化冲击波，对带有复杂外形、内腔和细孔的物体进行强力清洗的功能。该功能能用来彻底清除喷油嘴上的顽固积炭。超声波清洗的步骤如下。

（1）接通超声波清洗机电源。把电源线的一端插入超声波清洗机的插座，另一端插入电源插座。

（2）把外部清洗干净的喷油嘴放在超声波清洗池中的清洗支架上。

（3）在超声波清洗机内加入适量的清洗剂或专用的超声波清洗剂，一般清洗剂以浸过喷油嘴针阀 20 mm 左右即可。

（4）将喷油嘴脉冲信号线分别与喷油嘴插好并打开超声波电源开关。

（5）在喷油嘴清洗检测仪控制面板的项目选择区中选择"超声波清洗"，然后设定时间（系统默认为 600 s），按"运行"键即可。

（6）此项工作结束，系统自动停止，并以蜂鸣器鸣叫提示，这时可关闭超声波清洗机电源开关。

(7) 从超声波清洗池中拿出喷油嘴，用软布擦净上面的清洗剂，准备下一项工作。

3. 均匀性/雾化性检测

均匀性检测是检测同一辆车上的喷油嘴在相同的工况下，各喷油嘴喷射量之间的差值是否达到要求或在规定的误差范围内。该项检测可反映喷油嘴的电特性、孔径变化，以及堵塞等因素对喷油嘴的综合影响。雾化性检测是喷油嘴在一定的工况下工作时，通过观测喷油嘴的喷射状况和雾化情况来检测喷油嘴雾化性能的好坏。

汽车发动机喷油嘴按燃油进入位置不同可分为上方供油喷油嘴和侧向供油喷油嘴两种，上方供油喷油嘴使用直排油分油器。侧向供油喷油嘴使用侧供油分油器；直排油分油器属于标配件，侧供油分油器属于选配件。

(1) 上方供油喷油嘴的安装方法与检测步骤如下。

① 根据喷油嘴连接类型，选择合适的直排油接头（安装于直排油分油器下方对应的偶件处）。

② 正向安装喷油嘴（在喷油嘴的 O 形圈上涂少许润滑脂）。

③ 依据喷油嘴的高度，选择合适的调节螺杆与滚花螺母安装于直排油分油器支架上；然后将分油器及喷油嘴安装在直排油分油器支架上，均匀紧固好 2 个滚花螺杆（黑）。上方供油喷油嘴的安装示意图如图 1-14-3 所示。

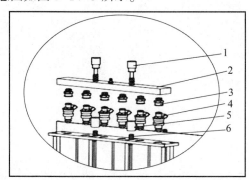

1—滚花螺杆；2—直排油分油器；3—直排油接头；4—上方供油喷油嘴；5—滚花螺母；6—调节螺杆。

图 1-14-3 上方供油喷油嘴的安装示意图

④ 插好喷油嘴脉冲信号线，如果玻璃管中有检测液，按"排油"键将玻璃管中检测液排净。

⑤ 在喷油嘴清洗检测仪控制面板中选择"均匀性/雾化性检测"，设定相应的工况参数，按"运行"键即可（注：运行过程中按"排油"键进行排油或停止排油；可以通过"增压""减压"键来调节系统压力；也可先按"项目选择"键再按"运行"键使系统压力值自动恢复到默认值）。

⑥ 检测完毕，系统自动停止，并以蜂鸣器鸣叫提示。

(2) 侧向供油喷油嘴的安装方法与检测步骤如下（须选配件：侧供油分油器）。

① 从配件盒中选出合适的侧向供油喷油嘴偶件（选择合适的 O 形圈装在偶件上，在偶件及喷油嘴的 O 形圈上涂少许润滑脂）。

②将侧向供油喷油嘴装入偶件，然后一起装入侧供油分油器。
③装好十字压板，拧紧压板螺钉。
④将侧供油分油器及侧向供油喷油嘴安装在侧供油分油器支架上，均匀紧固好 2 个滚花螺杆（黑色）。侧向供油喷油嘴的安装示意图如图 1-14-4 所示。

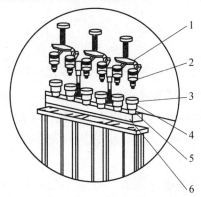

1—十字压板；2—侧向供油喷油嘴；3—侧向供油喷油嘴偶件；4、5—O 形圈；6—侧供油分油器。

图 1-14-4 侧向供油喷油嘴的安装示意图

⑤插好喷油嘴脉冲信号线。
⑥如果玻璃管中有检测液，按"排油"键将玻璃管中检测液排净。
⑦在喷油嘴清洗检测仪控制面板中选择"均匀性/雾化性检测"，设定相应的工况参数，按"运行"键即可（注：运行过程中按"排油"键进行排油或停止排油；可以通过"增压""减压"键来调节系统压力；可先按"项目选择"键再按"运行"键使系统压力值自动恢复到默认值）。
⑧检测完毕，系统自动停止，并以蜂鸣器鸣叫提示。

（3）均匀性/雾化性检测的说明如下。
①在检测时，可以通过"排油"键来切换排油或不排油，系统默认不排油，电磁阀关闭，按"排油"键电磁阀打开进行排油。
②系统默认的"缸号"参数是 0，即运行时所有喷油嘴都工作，可通过设置"缸号"参数来选择喷油嘴。
③在检测时，可以通过"增压""减压"键来调节系统压力。也可先按"项目选择"键再按"运行"键使系统压力值自动恢复到默认值。
④在均匀性检测时，要保证使玻璃管中的液面达到 30 mL 以上，但考虑到喷射过程中的油液会起泡沫，为防止溢出，可参考公式：脉宽（ms）×定时时间（s）×转速（r/min）/120≤18 000 设定相关参数。
⑤在均匀性检测时不排油，正常情况下，同一辆车上所有喷油嘴的喷油量的偏差应在 ±2% 之内。
⑥在运行过程中，选定"转速"或"脉宽"参数，然后连续按"▶"或"◀"键，即可实现变工况模拟。
⑦喷油嘴喷油角度要一致，雾化要均匀，无射流现象，否则需更换。

⑧可在雾化性检测下进行喷油嘴最小喷油开启脉宽（脉冲宽度）这一电特性参数方面的检测，以比较同一发动机所有喷油嘴在此参数方面的差异。即设置某一缸或全部缸后，在运行期间从最小喷油脉宽开始，逐步增加脉宽，直到能观察到喷油嘴开启喷油（可通过背景灯观察），这时所设置的喷油脉宽即为该喷油嘴最小喷油开启脉宽。从而观察喷油嘴的最小开启脉宽的差异。

4. 反向冲洗

反向冲洗仅限于上方供油型喷油嘴在均匀性/雾化性检测下通过连接反向冲洗接头进行反向冲洗。反向冲洗是检测液从喷油嘴的出油口进入，从进油口流出。反向冲洗能将喷油嘴内部及附在滤网上的污物冲掉。反向冲洗的步骤如下。

（1）找出反向冲洗接头（并选择与此配套的O形圈装在接头内）安装于直排油分油器下方。

（2）反向安装上方供油喷油嘴（出油口朝上，进油口朝下）。

（3）根据喷油嘴形状选择相应的偶件垫在喷油嘴下面。

（4）首先依据喷油嘴的高度，选择合适的调节螺杆与滚花螺母安装于直排油分油器支架上，然后将直排油分油器及喷油嘴安装在直排油分油器支架上，均匀紧固好两个滚花螺杆（黑）。反向冲洗的安装示意图如图1-14-5所示。

（5）在进行反向冲洗前先按下"排油"键，排空玻璃管中的余油，以免检测液溢出。

（6）插好喷油嘴脉冲信号线；设定工作参数，按"运行"键即可运行反向冲洗功能；在反向冲洗时，可以通过"增压""减压"键调节系统压力；也可先按"项目选择"键再按"运行"键使系统压力值自动恢复到默认值。

（7）清洗完毕，系统自动停止，并以蜂鸣器鸣叫提示。

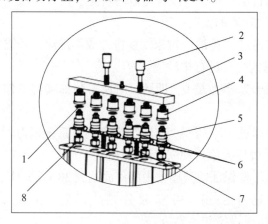

1—O形圈；2—滚花螺杆；3—直排油分油器；4—反向冲洗接头；5—上方供油喷油嘴；
6—滚花螺母；7—调节螺杆；8—偶件。

图 1-14-5 反向冲洗的安装示意图

5. 密封性测试

密封性测试是在系统压力下检测喷油嘴针阀的密封情况，测试喷油嘴是否存在滴漏现象。密封性测试的步骤如下。

测试方法与步骤：

（1）在进行密封性测试前，如果玻璃管中有检测液，按"排油"键将玻璃管中检测液排净。

（2）在控制面板中选择"密封性测试"，按"运行"键系统开始工作，通过观测喷油嘴是否滴漏来判断喷油嘴的密封性能，一般要求是 1 min 内滴漏不大于 1 滴（或按技术标准）。系统内部设定时间默认为 1 min，密封性测试功能所设定的压力值需高出原厂规定压力的 10%。此时可通过"增压""减压"键来调节压力，也可按"项目选择"键再按"运行"键使系统压力值自动恢复到默认值。

（3）检测完毕，系统自动停止，并以蜂鸣器鸣叫提示。

6. 喷油量检测

喷油量检测是检测喷油嘴在 15 s 常喷情况下的喷油量，然后参照喷油嘴的相关技术手册判断是否与标准喷油嘴的喷射量一致（或在其误差范围内）。该值的变化或偏差反映了喷油嘴的孔径变化（磨损）或阻塞情况，排除了因喷油嘴电参数变化的干扰。喷油量检测的步骤如下。

（1）在进行喷油量检测前，如果玻璃管中有检测液，按"排油"键将玻璃管中检测液排净。

（2）在喷油嘴清洗检测仪控制面板中选择"喷油量测试"，按"运行"键，系统开始工作，此时可通过"增压""减压"键来调节压力（注：也可按"项目选择"键再按"运行"键使系统压力值自动恢复到默认值）。

（3）测试完毕，系统自动停止，并以蜂鸣器鸣叫提示。

7. 自动清洗检测

自动清洗检测包括了上述的几种检测方法（15 s 常喷喷油量检测、怠速、中速、高速、变加减速、变脉宽测试）。此项功能能更真实全面地模拟发动机的各种工况，全面地检测喷油嘴的各项性能参数。自动清洗检测的步骤如下。

（1）在进行自动清洗检测前，如果玻璃管中有检测液，按"排油"键将玻璃管中检测液排净。

（2）在控制面板中选择"自动清洗检测"，然后参照该车喷油嘴的性能参数表在参数选择区的"喷射缸号/模式"中选择清洗检测的模式，系统默认模式 1（具体流程见图 1-14-6），按"运行"键开始测试。

（3）系统运行过程中，此时可通过"增压""减压"键来调节压力，也可按"项目选择"键再按"运行"键使系统压力值自动恢复到默认值。

（4）测试完毕，系统自动停止，并以蜂鸣器鸣叫提示。

在自动清洗检测中有 3 种模式：模式 1（见图 1-14-6）、模式 2（见图 1-14-7）、模式 3，模式 3 是先运行模式 1 再运行模式 2。

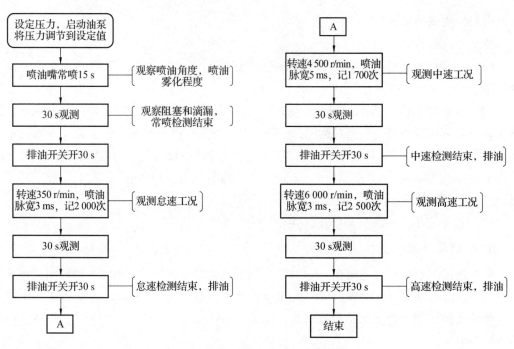

图 1-14-6　自动清洗检测流程图（模式 1）

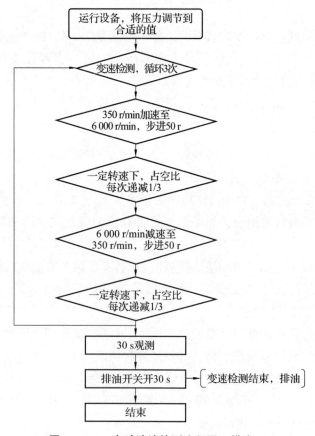

图 1-14-7　自动清洗检测流程图（模式 2）

八、思考题

(1) 简述自动清洗检测的方法和步骤。

(2) 简述超声波清洗的方法和步骤。

(3) 可否将脉冲信号线连接头连同喷油嘴整体浸泡于超声波清洗池中进行清洗？为什么？

第二章 新能源汽车底盘检测与诊断实验

实验1 微机型四轮定位仪的使用

一、问题导入

由于车辆的四轮、转向机构、前后车轴之间的安装应具有一定的相对位置,这个相对位置是由厂家制定的标准值。调整和恢复这个位置的安装,就是四轮定位。

通过四轮定位故障调研,收集到以下故障案例:

(1) 某款汽车在行驶中严重向右跑偏,且其右前轮外侧磨损严重;

(2) 某款汽车,其后门被另一辆车的保险杠顶凹了一些。在修理厂进行了修复,但是该车在以后的行驶过程中,驾驶员总感觉后轮是左右扭行的,在下雨天特别明显。

面对这样的故障,首先应该使用四轮定位仪进行检测,准确得出车轮定位参数的各项数据,根据数据对其判断,如果故障原因为四轮定位故障时,对车轮进行四轮定位调节。

在以下情况下需要对汽车进行四轮定位:

(1) 当车辆经过大修、更换车桥、更换或调整轮胎和悬架系统、调整底盘或车辆使用很长时间后机件之间的工作产生疲劳、悬架变形等。

(2) 转向沉重、发抖、跑偏、不正、不归位或者轮胎单边磨损、波状磨损、块状磨损、偏磨等不正常磨损。

(3) 驾驶时车感漂浮、颠簸、摇摆等。

四轮定位是汽车维修保养必需的工作内容之一,即使车辆没有发生以上状况,但是出于维护目的,建议新车在驾驶3个月后,以后每半年或者车辆行驶每10 000 km之后都进行1次四轮定位,使得汽车操控性能够保持,性能发挥到最好。

本实验内容对使用微机型四轮定位仪进行四轮定位检测过程进行讲解。

二、实验目的

(1) 理解汽车四轮定位的内容及四轮定位对汽车的影响。
(2) 了解对汽车四轮定位参数的分析及故障现象。
(3) 掌握微机型四轮定位仪的使用过程，能够正确地对汽车进行四轮定位检测。

三、实验内容

转向系统是汽车底盘的主要组成部分，对转向系统的检测主要包括前轮定位值的检测、转向盘自由转向量以及转向盘转向力的检测，对于现代轿车来讲，有时还要对后轮的定位值进行检测。

汽车悬挂系统的前轮定位包括主销后倾角、主销内倾角、前轮外倾角和前轮前束四个内容。后轮定位包括后轮外倾角和后轮前束。这样前轮定位和后轮定位总体来说叫车轮定位，也就是常说的四轮定位。

(1) 主销后倾角：主销后倾角如图 2-1-1 所示。从侧面看车轮，转向主销向后倾倒，主销中心线与地面垂直线所成的夹角称为主销后倾角。夹角向前为负，向后为正。

设置主销后倾角后，主销中心线的接地点与车轮中心的地面投影点之间产生距离（称作主销纵倾移距，与自行车的前轮叉梁向后倾斜的原理相同），使车轮的接地点位于转向主销延长线的后端，车轮靠行驶中的滚动阻力向后拉，使车轮的方向自然朝向行驶方向。设定很大的主销后倾角可提高直线行驶性能，同时主销纵倾移距也增大。主销纵倾移距过大，会使转向盘沉重，而且由于路面干扰而加剧车轮的前后颠簸。

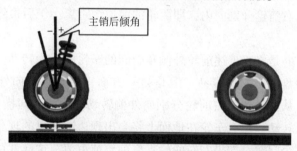

图 2-1-1 主销后倾角

(2) 主销内倾角：主销内倾角如图 2-1-2 所示。从车前后方向看轮胎时，主销在汽车的横向平面内向车身内侧倾斜一个角度，即主销中心线与地面垂直线所成的夹角称为主销内倾角。

当车轮以转向主销为中心回转时，车轮的最低点将陷入路面，但实际上车轮下边缘不可能陷入路面，而是将转向车轮连同整个汽车前部向上抬起一个相应的高度，这样汽车本身的重力有使转向车轮回复到原来中间位置的效应，因而方向盘的复位变得容易了。有了主销内倾角可使车重平均分布在轴承之上，保护轴承不易受损。此外，主销内倾角还使得主销中心线与路面交点到车轮中心平面与地面交线的距离减小，从而减小转向时驾驶员加在方向盘上的力，使转向操纵轻便，同时也可减少从转向车轮传到方向盘上的冲击力。但主销内倾角也不宜过大，否则会加速轮胎的磨损。主销内倾角在车辆悬吊设计之初就已设定好，通常是不可调整的。

（3）前轮外倾角：前轮外倾角如图 2-1-2 所示。从前后方向看车轮时，轮胎并非垂直安装，而是轮胎中心线与地面垂直线稍微成一定的张开角度，向外张开的角度为正倾角，向内张开的角度为负倾角，其角度的不同能改变轮胎与地面的接触点及施力点，直接影响轮胎的抓地力及磨耗状况。而且，设定少许的前轮外倾角可对车轴上的车轮轴承施加适当的横推力。

在使用斜线轮胎的鼎盛时期，由于使轮胎倾斜触地能便于方向盘的操作，所以前轮外倾角设得比较大。但是，现在汽车一般将前轮外倾角设定得很小，接近于垂直。由于子午线轮胎的特性（轮胎花纹刚性大，外胎面宽），若设定大前轮外倾角会使轮胎磨偏，降低轮胎摩擦力。另外，由于助力转向机构的不断使用，也使前轮外倾角不断缩小。

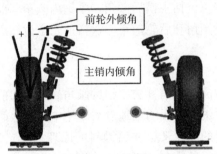

图 2-1-2　前轮外倾角和主销内倾角

（4）前轮前束：前轮前束如图 2-1-3 所示。由汽车上方看左右 2 个前轮，两轮的中心面是不平行的，左右前轮分别向内，即两轮的前边缘距离小于后边缘距离，两距离之差就是前轮前束值。

采用这种结构目的是修正上述前轮外倾角引起的车轮向外侧转动。如前所述，由于有了前轮外倾角，方向盘操作变得容易。但是另一方面，由于车轮向外倾斜，车轮在转动时，就类似于滚锥，从而导致左右前轮分别向外侧转动。由于转向横拉杆和车桥的约束，使得车轮不可能向外转动，那么车轮在地面上将会出现边滚边滑的现象，从而增加了轮胎的磨损。为了修正这个问题，如果左右两轮带有前轮前束值，这样就可以使车轮在每一瞬间滚动方向接近于向着前方，使汽车保持直线行进，从而很大程度上减轻和消除了由于前轮外倾角而产生的不良后果，减少轮胎磨损。

图 2-1-3　前轮前束

(5) 后轮外倾角和后轮前束。

现代汽车不仅前轮有外倾角和前束，有些汽车后轮也有外倾角和前束，汽车后轮外倾角和后轮前束的作用与前轮外倾角和前轮前束是一样的。后轮定位值（定位值包括前束、外倾角、内倾角、后倾角）与前轮定位值相似，但大多数轿车的后轮定位不可调。

对于发动机前置前驱动形式的汽车，后轮是驱动轮。汽车的驱动力通过纵臂作用于后轴上，如果汽车没有后轮前束，当汽车行驶时，在驱动力的作用下，后轴将产生一定弯曲，使车轮出现前张现象，而预先设置的后轮前束就是用来抵消这种前张。

后轮外倾角有两个作用：一是由于后轮外倾角是负值，可增加车轮接地点的跨度，增加汽车的横向稳定性；二是负后轮外倾角是用来抵消当汽车高速行驶且驱动力较大时，车轮出现的负后轮前束（前张），以减少轮胎的磨损。

四、实验前的准备工作

（1）将待检测车辆驶上桥式二次举升机，并检查汽车的轮胎压力、胎面状况等工作状况。

（2）熟悉桥式二次举升机正确操作方法。

（3）了解微机型四轮定位仪的功能及其正确的操作方法。

五、实验注意事项

1. 桥式二次举升机的操作注意事项

（1）提升机最大载荷不得超过额定值。

（2）将待检测车辆升至所需高度后，再按向下按钮，使横梁挡块平稳地插入立柱保险板上的方孔内，托板处于锁紧状态。

（3）下降时，先用右手按一下向上按钮，使托板上升一小段距离后，左手拉下手柄，使四块挡块脱离保险板，再按向下按钮使托板下降到适当高度。

（4）严禁挡块在保险板方孔内，托板处于锁紧状态下硬按手柄。

（5）提升机工作一段时间后，如发现桥面有倾斜现象，可调节立柱顶面的钢丝绳，使前面调在一个水平面上。

（6）注意电动机的转向标记，顺时针为油泵工作转向，若相反，应转换相序。

（7）桥式二次举升机在二次举升时应注意活塞杆上的警戒线，当活塞杆超越警戒线时，应立即停止举升。

（8）桥式二次举升机，切忌接通二次举升开关（二刀二闸开关）进行二次举升，或在接通二次举升开关的状态下，升降举升机。

2. 微机型四轮定位仪的操作注意事项

（1）按照电脑的提示进行操作。

（2）安装支架到轮辋上，需将保险丝的螺母拧紧在车轮的打气孔上，防止支架安装不稳而造成支架和传感器跌坏。

(3) 传感器是微机型四轮定位仪的重要元件,安装和拆下的过程中应防止发生碰撞,以免传感器损坏。使用前,要对传感器进行校正,以保证测试精度。

(4) 4个传感器是靠红外线传递信号的,检测过程中人和物都应该避免挡在两对应传感器之间。

(5) 移动微机型四轮定位仪时,应避免使其受到震动,否则可能使传感器及电脑受到损坏。

(6) 在检测四轮定位前,须进行传感器补偿,以免造成较大的测量误差。

六、仪器结构功能

目前汽车车轮定位使用的检测设备有气泡水准式、光学式、激光式、电子式和微机型四轮定位仪。

现以 Hunter S611 微机型四轮定位仪和 QJY3O-4CB 型桥式二次举升机为例,进行四轮定位的检测与调整。图 2-1-4 是 Hunter S611 微机型四轮定位仪和 QJY3O-4CB 型桥式二次举升机。

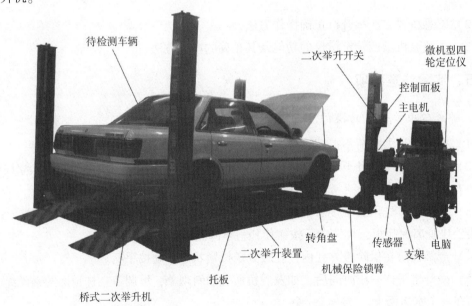

图 2-1-4　Hunter S611 微机型四轮定位仪和 QJY3O-4CB 型桥式二次举升机

七、操作步骤

对汽车进行四轮定位的方法主要有静态检测法和动态检测法,下面以静态检测法为例介绍一下四轮定位的原理和检测操作过程。

静态检测法是根据车轮旋转平面与各定位角之间存在的直接或间接的几何关系,利用专用的检测设备检测其是否符合原厂规定。具体操作如下。

1. 被检测车辆应满足的要求

(1) 前后轮胎气压及胎面磨损基本一致。

(2) 前后悬架系统的零部件完好、不松旷，减振器性能良好、不漏油。

(3) 转向系统调整适当，不松旷。

(4) 汽车前、后高度与标准值的差不大于 5 mm。

(5) 制动系统正常。

2. 安装传感器

传感器的安装方法，如图 2-1-5 所示，具体的安装过程如下。

(1) 将传感器和支架从四轮定位仪上拆下，放在工作台上。

(2) 将 4 个支架安装在 4 个车轮的轮辋上，并将保险丝上的螺母拧紧在车轮的打气孔上，防止轮辋安装不稳而掉下。

(3) 将 4 个传感器按照规定安装在车轮的 4 个支架上。

(4) 用接线把 4 个传感器接好，并连接到四轮定位后部的接线孔上。

图 2-1-5 传感器的安装方法

3. 微机型四轮定位仪的操作

(1) 输入用户名和用户密码。

(2) 输入用户信息或者选择查询用户信息调入用户信息。

(3) 选择需要进行四轮定位的车辆信息，包括汽车车型和底盘号，并单击"OK"按钮。

(4) 电脑屏幕上会显示出车型的规格值和公差，单击"OK"按钮。

(5) 之后，电脑屏幕上会显示出不同的胎面状态。选择屏幕上的胎面状态与所检测车型最符合的图标并单击"OK"按钮。

(6) 进入到胎面深度的操作。检查待检测车辆 4 个轮胎胎面沟槽的深度，在电脑屏幕上按照对应顺序输入各个轮胎胎面的沟槽深度，并单击"OK"按钮。

(7) 之后，进入到胎面压力的操作。检查待检测车辆 4 个轮胎压力的大小，在电脑屏幕上按照对应顺序输入各个轮胎的压力，并单击"OK"按钮。

(8) 进入到补偿控制。

4. 补偿控制

(1) 补偿方式选择三点补偿。

（2）移动二次举升装置到车桥下，二次举升汽车。

（3）长按传感器上的补偿按钮，直到绿灯熄灭，红灯闪烁后，旋转传感器的旋钮，松开传感器。

（4）逆时针转动车轮，直到绿灯亮后，将水平仪中的气泡调整到中心，旋转传感器的旋钮锁紧传感器，使其不能与车轮相对转动。

（5）重复第（3）、（4）步，直到红灯不闪烁，红绿两盏灯同时亮。这时，电脑屏幕上的红色字"传感器需要补偿"转变为黑色字"传感器良好"，说明这个轮胎补偿完毕。

（6）继续上面的步骤，对余下的轮胎进行补偿，直到4个车轮完成补偿后，单击电脑上的"继续"按钮，进行下一步操作。

5. 车辆测量调整

轮胎补偿后，会进入车辆测量调整的界面。这时电脑屏幕上显示前轮的6条调整条，显示红色的调整条说明车轮需要进行定位，显示绿色的调整条说明车轮不需要调整或者车轮已经调整好。当前轮的6条调整条都显示绿色时，说明汽车的前轮已经调整好。单击电脑屏幕右边的按钮，可以对汽车的后轮或其他参数进行调整。单击"调整图解"按钮后，"前一调整图"按钮或者"后一调整图"按钮可以查看前轮前束、前轮外倾角、后轮前束和后轮外倾角等车轮定位的调节位置和调整方法。

八、数据标准与故障分析

（1）部分汽车车型的四轮定位参数如表 2-1-1。

表 2-1-1 部分汽车车型的四轮定位参数

车型	前轮外倾角 α	主销内倾角 β	主销后倾角 γ	前轮前束 T
北汽 EX360	$-30'\pm30'$	$12°45'\pm30'$	$2°38'\pm30'$	—
Camry/Vista	$0°30'$	—	$2°$	1.0 mm
红旗 CA 7560	$0°\pm30'$	$7°\pm30'$	$-1°\pm30'$	5～7 mm
上海桑塔纳	$-0°30'\pm20'$	—	$30'$	1～3 mm
一汽奥迪 100	$-30'\pm20'$	$14.2°$	$1°16'$	0.5～1 mm
一汽捷达	$-30'\pm20'$	$14°$	$1°30'\pm20'$	—
富康	$0°$	$10.7°$	$1°$	—
上海别克	$-1°$	—	$2.7°$	—
上海荣威	$-21°\pm45'$	$12°33'\pm30'$	$3°27'$	—
广州本田	$-1°$	—	$1.8°$	—
宝马 530i	$-0.2°$	$12.0°$	$7.9°\pm30'$	—
宝马 M3	$-0.7°\pm30'$	$12.8°$	$9.13°\pm30'$	—
BUICK 1997 Park Ave	$-0.2°\pm30'$	$12.0°$	$6°\pm30'$	—

续表

车型	前轮外倾角 α	主销内倾角 β	主销后倾角 γ	前轮前束 T
HONDA Accord	0°±1′	—	3°±1′	—
NISSAN 1997 Pathfinder	0.17°±0.75′	9°±0.75′	3°±0.75′	
丰田雷凌	1°	6°	2°±30′	1.5 mm

（2）对汽车四轮定位参数的分析：当检测车辆的定位值与标准值不符时，偏差值的大小会在不同程度上影响汽车的行驶系统，造成方向转向沉重、发抖、跑偏、不正、不归位或者轮胎单边磨损，波状磨损，块状磨损，偏磨等不正常磨损，以及驾驶员驾驶时，车感漂浮、颠簸、摇摆等现象，此时就需要对汽车四轮定位参数进行调整，使汽车性能达到最佳。

九、思考题

（1）简述前束值的意义。

（2）汽车后轮外倾角的作用是什么？

实验2　气泡水准式四轮定位仪的使用

一、问题导入

为什么要对汽车车轮进行定位？

二、实验目的

气泡水准式四轮定位仪作为汽车车轮定位使用的检测设备之一，由于其结构简单、价格低廉、便于携带等优点，因而在国内获得了广泛的应用，但是也有安装、测试费时费力等缺点。

前轮定位参数的变化会导致轮胎与路面接触区的作用力或侧滑发生变化，它不但影响汽车乘车的舒适性，有时甚至危及行车安全。因此，常采用前轮定位参数作为深入诊断参数，对前轮定位进行检测，并根据检测的数据进行维修。本节以气泡水准式四轮定位仪为例，介绍汽车前轮定位的检测。

三、实验内容

前轮定位的检测，包括前轮前束、前轮外倾角、主销后倾角和主销内倾角。通过运用气泡水准式四轮定位仪对这些参数进行检测并对比汽车的标准值，对症下药地对汽车进行维修，以使汽车性能达到最佳。

四、实验前准备工作

（1）汽车技术状况的预检。被检测车辆的载荷应符合原厂规定；轮胎尺寸一致、轮胎气压应符合原厂规定值；前轮轮胎应为新胎或磨耗均匀的半新胎；检查前轮轮毂轴承间隙是否正常；检查转向节衬套与主销是否松旷；检查制动器是否可靠；加满油液。

（2）检测场地的要求。要求检测场地水平且平整。检测时，应保证前后车轮接地面处于同一水平面上。

（3）汽车的正确放置。在汽车两前轮分别放在各自的转盘上之前，汽车应前后稍许推动，以便前轮自动处于直线行驶状态。然后使两前轮分别放在各自的转角盘上，并使主销中心线的延长线基本上通过转角盘中心。在有工厂标记的条件下，依工厂标记来确定转向器的中间位置，进而确定前轮的直线行驶位置，这样比较方便而且准确。确定前轮直线行驶位置后，将扇形刻度尺调整到零位，对准游动指针，然后固定。当再转动转向盘时，前轮的转角可以从转角盘刻度尺上读取。

（4）支架的安装。

(5) 轮毂变形的检查及补偿。

五、实验注意事项

(1) 被检测车辆的状况应符合测量需要的条件。

(2) 用举升机将车辆水平放在转角盘上时，应使前轮处于直线行驶位置，主销中心线延长线通过转角盘中心且转角盘的刻度指向零刻度。

(3) 使用前阅读气泡水准式四轮定位仪的使用说明书，熟悉正确使用方法。

六、仪器结构功能

检测过程中使用的仪器主要是前束尺、气泡水准式四轮定位仪和举升机。

1. 前束尺

运用前束尺测量汽车前轮前边缘距离和后边缘距离，计算两距离的差值即为汽车前轮的前束值。

2. 气泡水准式四轮定位仪

该仪器一般由水准仪、支架、转角盘（又称转角仪）等组成，如图 2-2-1 所示。水准仪分为插销式和磁铁式，它们均由壳体、水泡管、水泡调节装置和刻度盘等组成，可测前轮外倾角、主销后倾角和主销内倾角。支架是水准仪与轮辋之间的连接装置，有插销式和磁铁式。转盘一般由固定盘、活动盘、扇形刻度尺、游标指针、锁止销和若干滚珠等组成。

图 2-2-1　气泡水准式四轮定位仪

3. 前轮定位的测量原理

1) 前轮外倾角的测量原理

前轮外倾角 α 可直接测量，当有外倾角 α 的前轮处于直线行驶位置时，其垂直于前轮旋转平面安装的水准仪上的测外倾角的水泡管，也垂直于前轮旋转平面，水泡管与水平面的夹角即为前轮外倾角 α。水泡管中的水泡偏移前轮一侧，将水泡管调于水平位置时，水泡的位移量或角度调节量即反映了前轮外倾角 α 的大小。前轮外倾角的测量原理如图 2-2-2 所示。

2）主销后倾角的测量原理

主销后倾角 γ 不能由水准仪直接测量，而只能利用转向轮绕主销转动时的几何关系进行间接测量。由于主销后倾，因而当转向轮绕主销转动时，其转向节枢轴与水平面之间的夹角就会改变，若在转向轮规定的转角内测出转向节枢轴与水平面夹角的变化量，则可间接测出主销后倾角。主销后倾角的测量原理图如图 2-2-3 所示。

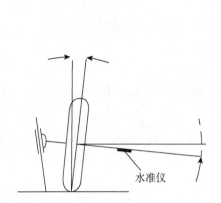

图 2-2-2　前轮外倾角的测量原理

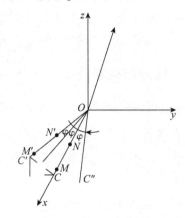

图 2-2-3　主销后倾角的测量原理

3）主销内倾角的测量原理

主销内倾角 β 不能直接测出，而只能利用转向轮绕主销转动时的几何关系进行间接测量。由于主销内倾，因而当转向轮绕主销转动一定角度时，其转向节连同转向轮将会绕转向节枢轴轴线转过一角度，测出该角度，即可间接测出主销内倾角 β。为消除主销后倾角对测量值的影响以及提高测量的灵敏度和精度，测量时将转向轮先向内转一定角度 φ（通常为 20°），再把其水泡调至水平位置，然后向相反方向回转 2φ。主销内倾角的测量原理如图 2-2-4 所示。

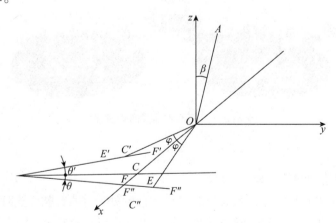

图 2-2-4　主销内倾角的测量原理

4）前轮前束

前轮前束 T 可用前束尺来测量。前束尺由一根带套管的尺杆与指针等组成，它可以伸缩以适应不同轮距的车辆测试。用前束尺分别测量车轮前、后胎冠中心线距地面与车轮半径相等高度的距离,再计算前后距离之差即为车轮的前束值。

七、操作步骤

气泡水准式四轮定位仪分为插销式和磁铁式,现分别以插销式四轮定位仪和磁铁式四轮定位仪为例介绍气泡水准式四轮定位仪的检测过程。

1. 插销式四轮定位仪的检测步骤

1) 测量前轮外倾角

(1) 摆正前轮,将车轮处于直线行驶位置。

(2) 将水准仪的支架正确地安装在前轮的轮辋上。

(3) 将水准仪上测 α、γ 的插销插入支架的中心孔内,并使水准仪在左右方向上大致处于水平状态。然后轻轻拧紧锁紧螺钉以固定水准仪,如图 2-2-5 所示。

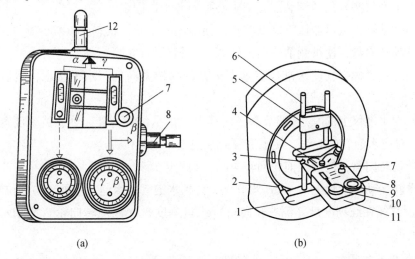

1—固定支架;2—固定脚;3—调节螺钉;4—调整支座;5—活动支架;6—导轨;7—旋钮;
8—测 β 插销;9—γ、β 调节盘;10—α 调节盘;11—水准仪;12—测 α、γ 插销。

图 2-2-5 车轮外倾角的检测
(a) 插销式水准仪;(b) 水准仪的安装

(4) 转动水准仪上的 α 调节盘,直到对应气泡管内的气泡处于中间位置为止,此时其 α 调节盘红线所指的角度值即为前轮外倾角 α。

2) 测量主销后倾角

(1) 将被检测车辆的两前轮分别置于两车轮转角仪上,使主销中心线的延长线基本上通过转盘中心,当车轮处于直线行驶状态时,转角仪的指针应与刻度盘上的零刻度线对齐;并将后轮置于与转角仪等高的台架上,以保证各车轮都处于同一水平面。

(2) 将水准仪支架安装在前轮上,并调整支架,使支架中心孔轴线与车轮轴线同轴。

(3) 把水准仪测 α、γ 的插销插入支架的中心孔内。

(4) 转动方向盘,使被测前轮向内转 20°,并保持在该位不动。

(5) 调整水准仪,使水准仪在垂直于测 α、γ 的插销方向上处于水平状态,然后拧紧锁紧螺钉予以固定。

（6）转动水准仪上的 γ、β 调节盘，使其上的指示红线与蓝、红、黄刻度盘零刻度线重合。调整对应水泡管的旋钮，使水泡管的水泡处于中间位置。

（7）转动方向盘，使被测前轮回转 40°，并固定在该位置不动。

（8）重新转动水准仪上的 γ、β 调节盘，直到水泡管的水泡又处于中间位置。此时，在蓝刻度盘上读出 γ、β 调节盘红线所指示之值，该值即为实测的主销后倾角 γ。

3）测量主销内倾角

（1）将被检测车辆的两前轮分别置于两车轮转角仪上，使主销中心线的延长线基本上通过转盘中心，当车轮处于直线行驶状态时，转角仪的指针应与刻度盘上的零刻度线对齐；并将后轮置于与转角仪等高的台架上，以保证各车轮都处于同一水平面。

（2）将水准仪支架安装在前轮上，并调整支架，使支架中心孔轴线与车轮轴线同轴。

（3）将水准仪测 β 的插销装在支架中心孔内并予以固定。

（4）用制动踏板抵压器压下制动踏板，使前轮处于制动状态，以减少测量误差。

（5）转动转向盘，使被测前轮向内转 20°，并保持在该位不动。

（6）松开锁紧螺钉，使水准仪在垂直于 β 的插销方向处于水平状态，然后拧紧锁紧螺钉。

（7）转动水准仪上的 γ、β 调节盘，使其上的指示红线与蓝、红、黄刻度盘零刻度线重合。调整对应水泡管的旋钮，使水泡管的水泡处于中间位置。

（8）转动转向盘，使被测前轮回转 40°，并固定在该位不动。

（9）重新转动水准仪上的 γ、β 调节盘，直到水泡管的水泡重新处于中间位置。此时，γ、β 调节盘红线在红刻度盘（测右转向轮）或黄刻度盘（测左转向轮）所指示之值，即为主销内倾角。

4）测量前轮前束

前轮前束 T 可用前束尺来测量。测量时，先将前桥用千斤顶支起，使车轮能自由转动；用粉笔在车轮胎冠中央部位沿胎面圆周涂上标记，转动车轮时由指针在胎冠上划出一条中心线；划线指针的尖端距地面的高度应等于被测车轮的半径；然后将千斤顶落下，使车轮着地；再用前束尺分别测量车轮前、后胎冠中心线距地面与车轮半径相等高度的距离，计算前后距离之差即为车轮的前束值。

2. 磁铁式四轮定位仪的检测步骤

现在以 Banzai MB-40E 型磁铁式四轮定位仪（见图 2-2-6）为例，介绍如何使用磁铁式四轮定位仪对汽车的前轮进行定位参数的测量。具体的检测步骤如下。

（1）将被检测车辆的两前轮分别置于两车轮转角仪上，使主销中心线的延长线基本上通过转盘中心，当车轮处于直线行驶状态时，转角仪的指针应与刻度盘上的零刻度线对齐；并将后轮置于与转角仪等高的台架上，以保证各车轮都处于同一水平面。

（2）利用磁铁式四轮定位仪上永久磁铁的磁力将其安装在车轮上。

（3）摆正前轮并校正水平，此时测量前轮外倾角的水泡管所显示的读数即为前轮外倾角,做好参数值的记录。

(4) 向右转动方向盘,直到转角仪转到20°,调整主销内倾角和主销后倾角的调整螺钉,使各自的气泡对准零点。

(5) 向左转动方向盘,直到转角仪转向另一侧20°,此时测量主销内倾角的水泡管和测量主销后倾角的水泡管所显示的读数即为主销内倾角和主销后倾角,根据读数做好参数值的记录。

(6) 前轮前束 T 的测量方法与插销式四轮定位仪的检测方法相同。

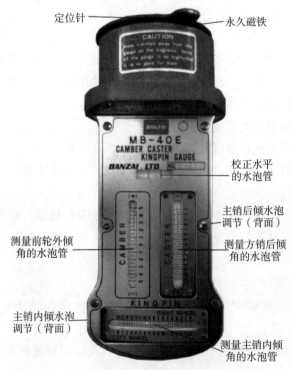

图 2-2-6　Banzai MB-40E 型磁铁式四轮定位仪

八、数据标准与故障分析

检测过程中的检测车辆为丰田雷凌,其前轮定位的标准值为前轮外倾角1°,主销内倾角6°,主销后倾角2°30′,前束值 1~5 mm。检测测得的前轮定位值为前轮外倾角1°,主销内倾角5°30′,主销后倾角2°30′,前束值 1.1 mm。由此可基本上判定汽车的定位值与标准值相符,说明车辆的前轮定位良好,可以不用调整。

九、思考题

(1) 前轮定位参数的变化有什么影响?
(2) 水准仪的分类及作用是什么?
(3) 主销内倾角可以通过直接测量得出吗?

实验3 轴重、侧滑、悬架和制动系统综合性能测试

一、问题导入

汽车是现代社会中人们工作、生活不可缺少的一部分。随着人们对于驾驶安全性和舒适性要求的不断提高，汽车检测技术越来越受到人们的重视，汽车检测维修显现出巨大的市场前景。而作为汽车检测线诊断设备的重要一环，集中式四合一汽车检测线能集中检测轴重、侧滑、悬架和制动系统性能。

通过故障调研，收集到此案例：

一辆轿车，其制动系统是前后轮均为盘式制动器，并带有ABS。该车在80 km/h以上的速度进行轻踩制动踏板制动时，前轮、方向盘发抖，车身也感到发抖，但制动踏板不发抖，正常行车时没有这种情况。

面对这样的故障，首先使用专业的检测仪器对汽车进行检测，根据检测所得数据分析故障原因，再对故障部件进行修复。本节着重介绍康士柏汽车检测线的使用。

二、实验目的

（1）理解汽车侧滑的检测原理和操作方法，掌握汽车四轮定位对汽车基本性能的影响。

（2）理解汽车悬架振动的检测原理和操作方法以及如何测量汽车的轴重，掌握对汽车舒适性能的评价方法。

（3）理解汽车制动力的检测原理和操作方法，掌握对汽车制动性能的具体要求。

（4）根据所测实验数据，并结合课程相关理论知识，分析影响汽车性能的因素。

三、实验内容

（1）通过汽车侧滑检测台，检测汽车侧滑量和汽车的侧滑方向，检验车轮外倾角和车轮前束匹配状况是否良好。

（2）通过汽车悬架检测台，检测汽车静态载荷时的轮重、独立悬架车辆的车轮吸收率以及同轴车轮吸收率之差，并进行检测与调整。

（3）通过汽车制动检测台，检测车轮阻滞力、汽车制动力和同轴左右轮制动力差以及驻车力，检验汽车制动能力。

四、实验前准备工作

1. 仪器的准备

（1）检查电源电压。电源正常后接通三相和单相电源开关，并检查导线的接触情况，以及全部测试仪器是否处于接通状态。

（2）在实验前要先扫清在装置上面的沙石，还要检测汽车的安装状况。

（3）解除滑板锁止，检查滑板在外力作用下能否左右滑动自如，静止后能否完全复位，检查各机构工作情况是否正常。

（4）检查侧滑台和滚筒及周围场上是否沾有油、水、泥等杂物。若有，要清除干净。

（5）检查打印机是否处于工作状态。

2. 被检测车辆的准备

（1）按汽车制造厂的规定检查并补充轮胎气压。被检测汽车应轮胎花纹正常，胎面无异物，气压符合要求。

（2）轮胎沾有水、油等或轮胎花纹沟槽内嵌有小石子时，应清除干净。

五、实验注意事项

1. 安全操作守则

（1）如遇雷雨天气，请立即停止使用并关闭电源。

（2）设备如被水浸泡，应及时风干；在彻底风干前请勿使用。

（3）设备的调试、标定和维修必须由符合资格的人员进行。

（4）设备仅可由具备资格的人员进行检测操作。

（5）被检测车辆不得超过设备的最大允许轴（轮）荷。

（6）检测台表面应清洁干净（不得有石子或铁钉等）。

（7）被检前调整好汽车方向，使其纵轴线与检测台纵轴线相平行，中心线应与设备中心线相垂直。

（8）被检测车辆必须保持直线慢速驶上台架，不得快速驶入或通过检测台。

（9）请不要踏入检测台的检测表面（如滑板、滚筒、第三轴开关等部件），以免损坏设备及发生人身意外！

（10）在检测过程中，如发生紧急情况，请立即关闭电源总开关！

（11）在检测过程中，驾驶员请勿下车；旁人请勿踏入检测台，以免发生人身意外！

（12）请不要在检测台上停放或维修、保养汽车。

2. 汽车侧滑检测台的使用

（1）检测前应先放松开关板或侧滑板的限位螺栓，检查汽车轮胎气压是否正常。

（2）汽车通过检测台滑板时不得转向或制动，以免损坏设备。

（3）前驱动的汽车在测试时，不应该突然加油、收油或踏离合器，这样会改变前轮受力状态和定位角，造成测量误差。

3. 汽车悬架检测台的使用

（1）被检测车辆驶上台架振动板时，应尽量停放在振动板中心位置，不能压在台架边框上。

（2）被检测车辆停稳后要制动，以防止在检测过程中滑行。

（3）在检测系统提示进入下一检测项目后，被检测车辆方可驶离检测台，以免影响检测精度。

4. 汽车制动检测台的使用

（1）被检测车辆在检测前必须解除四轮驱动。

（2）汽车不能斜驶上检测台，以免轮胎与台架边框摩擦。

（3）只有在两边第三轴同时被压下时滚筒才会转动。

（4）在检测前轴时请勿过分操作方向盘，以免发生人身意外。

（5）只有待显示器开始提示时才能进行制动。

（6）制动时要慢并逐渐加力，动作不能过快或过猛。

（7）若制动力保持 10 s 不变，滚筒停止转动并退出检测状态。

（8）如果电动机堵死或一侧电动机不能启动，系统则会关闭电动机电源并退出检测状态。

（9）若汽车在滚筒驱车时未能驶出检测台，请勿加速过猛。

六、仪器结构功能

康士柏汽车检测线（集中式四合一汽车检测线）型号：CL3T-401（见图2-3-1），其中3T是指车的重量为3 t，401是指四合一，集侧滑检测台、悬架检测台和制动检测台于一体，能集中检测侧滑、轴重、悬架和制动性能。

图 2-3-1　康士柏汽车检测线

1. 工作原理

1）汽车侧滑检测台

汽车侧滑检测台用于测量汽车车轮在直线行驶过程中，车轮外倾角和前束的匹配情况。当汽车行驶在侧滑检测台的滑板上，汽车车轮的侧滑使侧滑板同时向外或向内移动，滑板的位移量经过位移传感器转变成电信号，由计算机采集判断，最后显示侧滑量和侧滑方向。

车辆在使用中由于车架、车轴、转向机构的变形与磨损改变了原有的参数值，致使前轮定位失准（主要是外倾角和前束），车辆行驶时车轮在向前滚动的同时还将产生横向滑移，这就是侧滑。侧滑检测台主要用于测量由于车轮外倾角和前束共同作用而形成的侧滑量。只有前束而无车轮外倾角的车辆通过侧滑检测台时侧滑板向外滑移；只有车轮外倾角而无前束的车辆通过侧滑检测台时侧滑板向内滑移。侧滑量定义的单位是 m/km，含义是汽车直线向前行进 1 000 m 而造成滑动板位移 1 m，即为一个基本侧滑单位 1 m/km。

2）汽车悬架检测台

汽车悬架检测台用于检测独立悬架车辆的悬架特性，主要是检测减振器性能。当汽车车轮停稳在悬架检测台上，通过检测台下的传感器测得车轮的静态垂直载荷并显示出数值，然后电动机启动，在偏心轮的作用下，振动平台产生振动，振动数秒后电动机自动关闭，而整个系统在惯性的作用继续带动车轮和悬架装置上下振动，并形成共振，此时可测得车轮在检测台上的最小动态车轮垂直载荷，从而计算出车轮吸收率或悬架效率（以百分数表示）。

悬架效率为悬架检测台上被检测车辆的车轮在受到外界激励振动下，共振时的最小动态车轮垂直载荷与静态车轮垂直负荷的百分比值。悬架效率的数值越大，悬架的性能越好，反之越差。

悬架是保证汽车安全行驶平顺性的一个重要总成，它不仅直接影响汽车的行驶平顺性，而且对汽车的安全性、操作稳定性、通过性和燃料经济性等诸多性能都有影响。

3）汽车制动检测台

汽车制动检测台用于检测汽车制动性能。本设备属于滚筒反力式制动检测台。当进行汽车制动性能检测时，汽车车轮支架在滚筒组上，车轮随电动机驱动的滚筒转动，模拟在路面行驶状态。当转动的车轮未开始制动前，所测得的力是阻滞力；当转动的车轮制动时，车轮会产生制动反力作用在滚筒上，并通过传动链作用于减速机上，使减速机产生一个反作用力，这个反作用力又通过减速机外壳的连杆传送到测力传感器上，传感器将此力转变为电信号送给计算机处理，并在计算机显示器上显示检测结果。

汽车制动性能好坏，是安全行车最重要的因素之一，因此也是汽车检测诊断的重点。汽车制动系统应具有行车制动、应急制动和驻车制动三大基本功能。汽车制动的具体要求如下。

（1）汽车制动必须使驾驶员能控制车辆行驶，使其安全、有效地减速和停车。

（2）制动时汽车的方向稳定性，即制动时不发生跑偏、侧滑及失去转向的能力。

（3）制动平稳。制动时制动力应迅速平稳地增加；在放松制动踏板时，制动应迅速消失，不拖滞。

（4）操纵轻便。施加于制动踏板和停车杠杆上的力不应过大，以免造成驾驶员疲劳。

（5）在车辆运行过程中，不应有自行制动现象。

（6）抗热衰退能力，即汽车在高速或下长坡连续制动时，由于制动器温度过高导致摩擦因数降低的现象称为热衰退。要求汽车制动系统的热稳定性好，不易衰退，衰退后能较快地恢复；水湿恢复能力，即汽车涉水，制动器被水浸湿后，应能迅速恢复制动的能力。

2. 技术参数

(1) 汽车侧滑检测台的参数值，如表 2-3-1 所示。

表 2-3-1　汽车侧滑检测台的参数值

参数	数值
最大轮荷/kg	1 500
测量范围/($m \cdot km^{-1}$)	±10
滑板尺寸/(mm×mm)	500×700
外形尺寸/(mm×mm×mm)	2 390×680×240
设备重量/kg	340
电源电压/V	220，50 Hz

(2) 汽车悬架检测台的参数值，如表 2-3-2 所示。

表 2-3-2　汽车悬架检测台的参数值

参数	数值
最大轮荷/kg	1 500
振动板尺寸/(mm×mm)	650×400
振幅/mm	6
外形尺寸/(mm×mm×mm)	2 390×580×375
设备重量/kg	620
电动机功率/kW	2.2×2
电源电压/V	380，50 Hz

(3) 汽车制动检测台的参数值，如表 2-3-3 所示。

表 2-3-3　汽车制动检测台的参数值

参数	数值
最大轮荷/kg	1 500
测量范围/N	0～12 500
粘砂滚筒直径/mm	ϕ200
滚筒长度/mm	700
滚筒转速/($r \cdot min^{-1}$)	58
两滚筒中心距/mm	381
车轮直径/mm	≥500
外形尺寸/(mm×mm×mm)	2 390×725×375

续表

参数	数值
设备重量/kg	600
电动机功率/kW	2.2×2
电源电压/V	380，50 Hz

七、操作步骤

1. 汽车侧滑检测

（1）接通设备电源，进入检测界面。

（2）被检测车辆以 3~5 km/h 的低速垂直地通过滑动板。速度过高会因台板的惯性力和仪表的动态响应迟滞而影响测量精度；速度过低也会引起失真误差而造成延时错误。

（3）被检测车轮从滑动板上完全通过时，观察显示屏，读出测量值，滑动板向外滑动，侧滑量记为负值，表示车轮向内侧滑动（即 IN）；滑动板向内侧滑动，侧滑量记为正值，表示车轮向外侧滑动（即 OUT）。

2. 汽车悬架检测

被检测车辆继续前进，前轮驶入悬架检测台。当检测台检测到信号后，自动开始测量，先测量出前轴轴重，然后开始振动测量，先左后右，同步显示振动曲线并保存。

3. 汽车制动检测

（1）被检测车辆继续前行，沿其纵向中心线与滚筒轴线垂直的方向驶入制动检测台。

（2）汽车停稳后，变速器置于空挡，脚制动、手制动处于放松状态。

（3）设备自动起动电动机，使滚筒带动车轮旋转，待转速稳定后，测取车轮阻滞力数值。

（4）根据显示屏提示踩下制动踏板并保持，从显示屏上读取检测值。

（5）一般在 1.5~3.0 s 后或第三滚筒发出车轮即将抱死的信号后滚筒自动停转。

（6）前轮检测完毕后直接驶出滚筒，按上述相同方法继续检测后轮。

（7）先检测汽车手制动力矩。根据显示屏提示拉动手制动拉杆，从显示屏上读取最大制动力值。

（8）然后检测后轮车轮阻滞力数值。

（9）根据显示屏提示踩下制动踏板，从显示屏上读取后轮最大制动力值。

（10）所有车轴的脚制动及驻车制动性能检测完毕后，汽车平稳驶出汽车检测线。

（11）读取并打印检测结果，切断电源。

八、数据标准与故障分析

1. 数据处理

数据处理分析如表 2-3-4 所示。

表 2-3-4　数据处理分析

侧滑/(m·km^{-1})		12.1	
前轴轴重/kg	788	后轴轴重/kg	474
前轴左右悬架振动曲线			
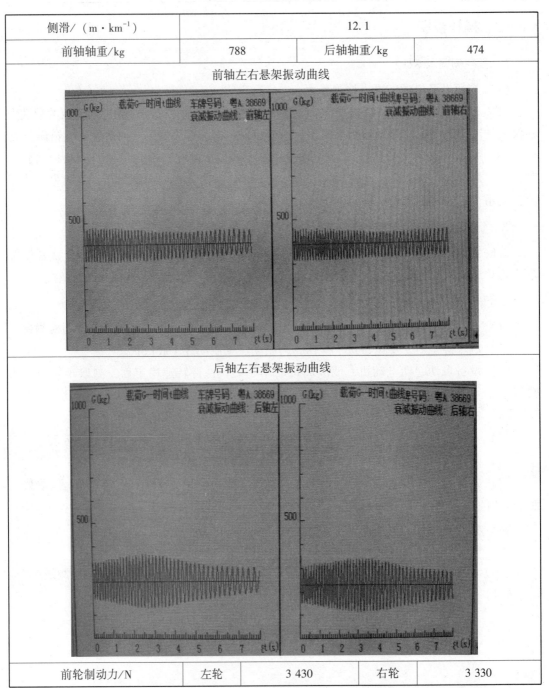			
后轴左右悬架振动曲线			
前轮制动力/N	左轮	3 430	右轮	3 330

续表

后轮制动力/N	左轮	1 790	右轮	1 710
制动率/%	前轮	87.54	后轮	75.35
不平衡度/%	前轮	4.66	后轮	4.47
前轮阻滞率/%	左轮	2.72	右轮	1.68
后轮阻滞率/%	左轮	2.15	右轮	1.72
驻车/N	左	1 910	右轮	1 390
前轮吸收率（或悬架效率）/%	左轮	80.0	右轮	82.0
后轮吸收率（或悬架效率）/%	左轮	54.0	右轮	51.0
制动过程曲线				

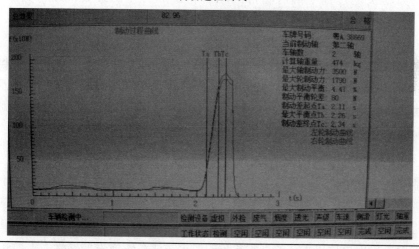

2. 各检测项目评价标准

（1）汽车侧滑检测台：《机动车运行安全技术条件》（GB 7258—2017）中规定，汽车（三轮车除外）的车轮定位应与该车型的技术要求一致。对前轴采用非独立悬架的汽车（前轴采用双转向轴除外），其转向轮的横向侧滑量，用侧滑检测台检测时侧滑量值应不大于 5 m/km。

（2）汽车悬架检测台：欧洲减振器制造商协会（EU-SAMA）推荐的评价标准将吸收率分为 4 级：80%~100% 表示很好；60%~79% 表示好；40%~59% 表示足够；0~39% 表示弱、不够。为防止因同轴左右悬架吸收率的差异过大而引起操纵稳定性和制动稳定性恶化，进而造成交通事故，所以需要将同轴左、右吸收率之差控制在一定范围内。

《道路运输车辆综合性能要求和检验方法》（GB 18565—2016）中规定，对于最大设计车速大于或等于 100 km/h，轴载质量小于或等于 1 500 kg 的道路运输汽车应根据该标准中规定的方法进行悬架特性检测。其评价标准：用悬架检测台按规定方法检测时，被检测车辆的车轮在受外界激励振动下测得的吸收率应不小于 40%，同轴左、右轮吸收率之差不得大于 15%。

（3）汽车制动检测台：《道路运输车辆综合性能要求和检验方法》（GB 18565—2016）

中规定，汽车在制动检测台测出的制动力应符合表 2-3-5 的规定。

表 2-3-5　制动力标准

整车制动率/%		轴制动率/%	
空载	满载	前轴	后轴
≥60	≥50	≥60①	≥20①

注：①空载和满载状态下测试均应满足此要求。

制动力平衡要求：在制动力增长过程中同时测得的左右轮制动力差的最大值，与全过程中测得的该轴左右轮最大制动力中大者之比，对前轴：不得大于 24%；对后轴：当后轴制动力大于或等于后轴轴荷的 60% 时不得大于 30%；当后轴制动力小于后轴轴荷的 60% 时，在制动力增长全过程中同时测得的左右轮制动力差的最大值不得大于后轴轴荷的 10%。

车轮阻滞力：进行制动力检测时，车辆各轮的阻滞力均不得大于该轴轴荷的 5%。

驻车制动性能：当采用制动检测台检验车辆驻车制动力时，车辆空载，乘坐一名驾驶员，使用驻车制动装置，驻车制动力的总和应不小于该车在测试状态下整车重量的 20%；对总质量为整备质量 1.2 倍以下的车辆应不小于 15%。当车辆经制动检验台检测对其制动性能有质疑时，可用路试检验法进行检验。

3. 检测故障分析

（1）侧滑超标时，若侧滑量为负值，则表明车轮前束太大或车轮外倾角太小甚至车轮内倾；若侧滑量为正值，则表明车轮外倾角太大或车轮前束过小甚至负前束。总之，车轮侧滑量超标，则说明车轮外倾与车轮前束匹配不当，此时应加以调整。调整时只能调车轮前束，若调整车轮前束后仍无法达到侧滑量的要求，或车轮前束调整量太大而超标，则可判断是车轮外倾角变化太大的影响，此时须进一步用静态车轮定位仪检测各自定位参数。

（2）车轮吸收率或悬架效率的数值越大，悬架装置的性能越好，说明轿车的稳定性、舒适性和安全性越好，反之越差。

（3）对于一定质量的汽车来说，制动力越大制动减速度越大，制动距离越短。所以制动力是从本质上评价汽车制动性能的参数。用制动力这个参数评价汽车的行车制动性能，可以对前后轴制动力的合理分配以及每轴两轮平衡制动力差提出要求，从而保证汽车制动的方向稳定性，并使各轮附着重量得到充分利用。

（4）性能良好和可靠的制动系统可保证行车安全，避免交通事故。反之，很容易造成车毁人亡的恶性事故，同时，制动性能的好坏还影响到汽车动力性的发挥。好的制动性能可以提高平均行驶速度，从而提高运输生产效率。

九、思考题

（1）侧滑检测台的作用是什么？

（2）使用侧滑检测台时有哪些注意事项？请举例。

（3）侧滑超标时如何进行调整？

实验4 车轮动平衡测试

一、问题导入

车轮是汽车上最重要的组成部件之一,它的作用主要有:支持车辆的全部重量,承受汽车的负荷;传送牵引和制动的扭力,保证车轮与路面的附着力;减轻和吸收汽车在行驶时的振动和冲击力,防止汽车零部件受到剧烈振动和早期损坏,适应车辆的高速性能并降低行驶时的噪声,保证行驶的安全性、操纵稳定性、舒适性和节能经济性。

不平衡的车轮不仅是造成车辆全车振动的激振源,使汽车附着力减小,车轮跳动,加剧轮胎的磨损,而且也会殃及转向系统、行驶系统和传动系统,缩短汽车的使用寿命,增加汽车的运输成本。车轮的平衡与否和汽车的行驶平顺性、操纵稳定性、乘坐舒适性、行车安全性息息相关,这已成为人们的共识,越来越引起人们的重视。

下面为车轮故障案例:

一辆行驶了5 000 km 的汽车在时速140 km/h 左右时方向盘会出现抖动的情况。发生这样的情况后,应该检查车轮是否破损,胎压、方向盘等是否正常,如果没有部件损坏,则应该对车轮进行动平衡检查,如果故障为动平衡原因,需要进行动平衡调整。本实验着重介绍车轮动平衡的检测。

二、实验目的

(1) 了解车轮不平衡产生的原因及危害。
(2) 了解车轮动平衡机的结构。
(3) 掌握车轮动平衡机的操作过程,学会对轮胎进行动平衡检测。

三、实验内容

1. 车轮不平衡

(1) 车轮静不平衡。汽车车轮是高速旋转的元件,如其质心与旋转中心不重合,则会产生静不平衡,如图2-4-1 (a) 所示。静不平衡时,不平衡质量会在车轮旋转时产生离心力,因此静不平衡时会导致动不平衡。离心力的大小与不平衡质量、不平衡点与车轮旋转中心之间的距离和车轮转速有关。其大小可表示为

$$F = mr\omega^2 = mr(2\pi n)^2$$

式中:F——离心力;

m——车轮质量;

r——车轮质心离旋转中心的距离;

ω——车轮旋转角速度，$\omega=2\pi n$；

n——车轮转速。

从上式可以看出，离心力 F 的大小与车速转速的平方成正比。因此车轮在高速旋转时产生离心力是很危险的。

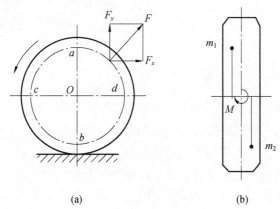

图 2-4-1 车轮不平衡

(a) 静不平衡；(b) 动不平衡

（2）车轮动不平衡。由于车轮具有一定的宽度，当车轮质量分布相对于车轮纵向中心面不对称时，会造成车轮的动不平衡，如图 2-4-2（b）所示。车轮动不平衡时，虽然产生的离心力可以相互抵消，但力矩不为 0，造成附加载荷。

2. 车轮动不平衡的危害

不平衡质量在高速旋转时所形成的离心力 F 在水平方向的分力 F_h 将牵动转向轮左右摆动，影响汽车操纵的稳定性，甚至诱发汽车摇头或转向盘抖动。

不平衡质量在高速旋转时所形成的离心力 F 在垂直方向的分力 F_v 是激发车身角振动的主要干扰力，不仅会激发强烈振动和噪声，且由于车轮的跳振而加剧轮胎的不均匀磨损。

综上所述，车轮动不平衡，在汽车高速行驶时引起车轮的上下振动和左右摆动，不仅影响汽车的行驶平顺性，还使驾驶员难以控制汽车行驶方向，并降低零部件的使用寿命，甚至会酿成重大交通事故。对汽车行驶平顺性、操纵稳定性和安全舒适性要求越高，车轮动不平衡对其影响也就越大。

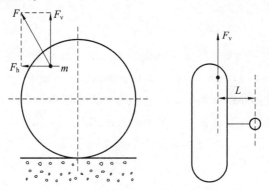

图 2-4-2 车轮动不平衡的危害

3. 车轮不平衡的影响因素

(1) 轮毂、制动鼓（盘）加工时轴心定位不准、加工误差大、非加工面铸造误差大、热处理变形、使用中心变形或磨损不均。

(2) 轮胎螺栓质量不等、轮辋质量分布不均或径向圆跳动、端面圆跳动太大。

(3) 轮胎质量分布不均、尺寸或形状误差太大、使用中变形或者磨损不均、使用翻新胎或垫补胎。

(4) 并装双轮胎的充气嘴未相隔180°安装，单胎的充气嘴未与不平衡点标记（经过平衡试验的新轮胎，往往在胎侧标有红、黄、白或浅蓝色的□、△、○或◇符号，用来表示不平衡点的位置）相隔180°安装。

(5) 轮毂、制动鼓（盘）、轮胎螺栓、轮辋、内胎、衬带、轮胎等拆卸后重新组装成车轮时，累计的不平衡质量或形位偏差太大，破坏了原来的平衡。

四、实验前准备工作

(1) 清除轮胎胎面上的泥土和嵌在胎纹中的泥土和石子以及扎在轮胎上的铁钉等异物。

(2) 拆除轮辋上旧的平衡块。

(3) 检查轮胎气压是否达标，不达标的要进行充放气使其达到标准值。

(4) 检查轮胎磨损状况。

(5) 检查车轮动平衡机并将其预热 5 min 左右。

五、实验注意事项

(1) 离车式车轮动平衡机的主轴固定装置和就车式车轮动平衡机的支架上都装有精密的位移传感器和易碎的压电晶体传感器，因此严禁冲击和敲打主轴或传感器支架。

(2) 在检修车轮动平衡机时，传感器的固定螺栓不得松动。因为这一螺栓不是一般的紧固件，需要由它向传感晶体提供必要的预紧力。当这一预紧力发生变化时，电算过程完全失准。

(3) 车轮动平衡机的平衡块也称配重，通常有卡夹式和粘贴式两种类型。卡夹式适用于轮辋有卷边的车轮。对于铝镁合金轮辋，因无卷边可夹，可使用粘贴式平衡块。粘贴式平衡块的外弯面有不干胶，粘贴于轮辋内各面。

(4) 必须明确，车轮动平衡机的机械系统和电算电路都是针对正常车轮使用条件下平衡失准或轻微受损但仍能使用的车轮而设计的，对因交通事故而严重变形的轮辋或胎面大面积剥离的车轮是不能上机进行平衡检测的。一方面平衡量过大的车轮旋转时的离心力可能损伤车轮动平衡机的传感系统，另一方面超值的不平衡力可能溢出电算范围而使仪器自动拒绝工作。

(5) 当不平衡量超过最大平衡块时，可用两个以上平衡块并列使用。但这时要注意因多个平衡块占用较大的扇面会使其有效质量低于实际质量。

(6) 一般情况下，离车式车轮动平衡机或就车式车轮动平衡机都是分别各自使用的。但对高速行驶的汽车车轮而言，如果用离车式车轮动平衡机平衡后再装在车上行驶时，仍会出现不平衡现象。因此，使用离车式车轮动平衡机平衡车轮后，最好能用就车式车轮动平衡机进行校对。

六、仪器结构功能

车轮平衡度应使用车轮平衡机检测，车轮平衡机也称为车轮平衡仪。车轮平衡机有以下类型：按功能车轮平衡机可分为车轮静平衡机和车轮动平衡机；按测量方式，车轮平衡机可分为离车式车轮平衡机和就车式车轮平衡机；按转轴形式，车轮平衡机又可分为软式车轮平衡机和硬式车轮平衡机。

LAUNCH KWB-402 车轮平衡机为离车式车轮平衡机，其外形如图 2-4-3 所示，本实验以 LAUNCH KWB-402 车轮平衡机为例介绍如何进行车轮动平衡。

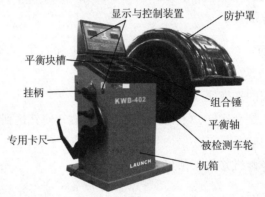

图 2-4-3　LAUNCH KWB-402 车轮平衡机外形

以下介绍图 2-4-3 的主要部件。

(1) 专用卡尺（见图 2-4-4）：专用卡尺主要用于自动测量车轮的安装距离（简称轮距）和轮毂直径（简称轮径）。

(2) 显示与控制装置：实现人机对话，将测试的数据显示在操作面板上以及通过操作面板进行控制，不断调整实现车轮动平衡。

(3) 挂柄：悬挂锥套、轮宽尺等备件。

(4) 平衡块槽：用于分类盛装配重铅块。

(5) 平衡轴：装配待平衡的轮胎。

(6) 组合锤（见图 2-4-5）：组合锤的功能主要是清洁轮胎和装卸平衡块，运用组合锤可以对轮胎的胎面和沟槽的泥沙进行清理，拔掉扎在轮胎上的钉子，剪断平衡块至适合重量，敲击平衡块以把平衡块安装在轮辋上以及拔掉不需要的平衡块等。图 2-4-5 中各代号对应的功能如下：

①用于拔掉扎在轮胎上的钉子；

②用于拔掉不需要的平衡块；

③用于敲击平衡块以把平衡块安装在轮辋上；

④用于剪断平衡块至适合重量；
⑤用于对轮胎的胎面和沟槽的泥沙进行清理。

图 2-4-4　专用卡尺

图 2-4-5　组合锤外形

七、操作步骤

（1）开机：打开位于机器左侧的电源开关，车轮平衡机进行自检，自检完毕后默认为"动平衡"测量选项。

（2）选择功能：每次开机时，电脑自动设置为标准平衡模式；按"F"键可选择自己所需要的平衡模式。

（3）被检测车轮的装配：把车轮套在平衡轴上，靠近法兰盘；选择一个合适的锥套，用快锁螺母锁紧车轮。

（4）车轮数据的输入：输入 A 值数据，将测量尺拉至轮辋安装平衡块的位置，读出测量尺上的数据，然后按动操作面板上 A 旁边的"+"或"-"按钮，直至显示器显示值跟测量值一致；输入 L 值数据，用附件中宽度测量尺量出轮辋对边宽度，然后按动操作面板上 L 旁边的"+"或"-"按钮，直至显示器显示值跟测量值一致；输入 D 值数据，找到轮辋上标记的名义直径 d，然后按动操作面板上 D 旁边的"+"或"-"按钮，直至显示器显示值跟 d 值一致。

（5）平衡机功能操作如下：
①放下轮罩，车轮自动旋转，7 s 后，机器自动停止；
②显示不平衡量：机器停止后，显示器显示的数值为轮胎的不平衡值；
③用手转动车轮，操作面板上定位灯不停地闪动，当其中一组指示灯全亮时，表示轮辋最高点位置为不平衡点，其中左侧定位灯对应内侧不平衡点，右侧定位灯对应外侧不平衡点。在轮辋不平衡点处装上显示器测得数值的相应平衡块，并重复之前操作步骤，直至左右侧的显示器均显示为"00"。

（6）从平衡轴上卸下车轮，操作程序结束。

（7）测试结束，切断电源，从传动轴上取下车轮总成。

八、数据标准与故障分析

1. 车轮动平衡的评价指标

根据汽车行业标准《汽车车轮静不平衡量要求及检测方法》（QC/T 242—2014）的规定：汽车车轮的不平衡量要求见表2-4-1。

表 2-4-1　汽车车轮的不平衡量要求

车轮名义直径/cm	12	13	14	15	16	17	18	19	20	21	22
涂装车轮静不平衡量/（g·cm）	350	400	450	550	650	750	900	1 250	1 550	2 000	2 550
电镀车轮静不平衡量/（g·cm）	450	550	600	720	850	1 000	1 250	1 650	2 000	2 600	3 000

2. 故障分析

当汽车在高速行驶时，发现车轮上下振动和左右摆动，汽车附着力减小，轮胎磨损严重，这时就需要考虑汽车车轮是否出现了不平衡。车轮不平衡不仅降低零部件的使用寿命，并且影响到汽车的行驶平顺性，还使驾驶员难以控制汽车行驶方向，甚至会酿成重大交通事故。及时进行车轮动平衡检测不仅可提高汽车的行驶平顺性和操纵稳定性，更重要的是可提高汽车行驶的安全性。

九、思考题

（1）车轮平衡机的类型有哪些？

（2）车轮不平衡有哪些后果？

（3）为什么要进行汽车动平衡检测？

实验 5　轮胎气压检测

一、问题导入

汽车轮胎气压是轮胎内部的空气压力，因为它支撑汽车的重量，同时对轮胎的异常磨损、四轮定位、耗油量有极大的影响，所以确认轮胎气压是非常重要的。而轮胎气压过高或过低都有爆胎危险，不可小视气压问题。应当按照厂家要求保持轮胎的标准气压，包括备胎气压。保持标准的轮胎气压和及时发现轮胎漏气是安全驾驶的关键。

下面是轮胎气压案例分析：

一辆行驶了 5 000 km 的汽车，其车胎出现"吃胎现象"，单个轮胎胎面两边不正常磨损。

面对这样的问题，首先检查轮胎的质量问题和进行轮胎气压检测，如果是不正常导致的，则需要检测不正常的原因。本实验着重介绍轮胎气压检测。

二、实验目的

（1）了解轮胎压力表的工作原理、结构特点及使用方法。
（2）掌握实验的方法和步骤；初步掌握实验的操作技能。
（3）根据测试结果，简述轮胎气压的重要性。

三、实验内容

本实验主要介绍利用轮胎压力表检测汽车轮胎气压。熟悉使用轮胎气压力表测量轮胎气压，并通过轮胎气压的测量，分析故障的原因及排除轮胎由于轮胎气压引起的故障。

四、实验前准备工作

（1）被检测车辆停驶 1 h 以上，确保轮胎处于冷却状态。
（2）轮胎压力表的刻度为 0。

五、实验注意事项

（1）测量时，车辆需停放在平地。
（2）必须在冷胎的状态下测量轮胎气压，因为在热胎状态下测量的结果是不准确的。
（3）保证轮胎压力表刻度为 0；如果不是，按轮胎压力表归零按钮使之归零。
（4）轮胎压力表在插入气门嘴时要迅速，防止轮胎漏气。
（5）压力单位换算：1 bar = 100 kPa = 1.01 g/cm^2。

六、仪器结构功能

轮胎压力表（见图2-5-1）专用于检测汽车轮胎压力，一般由橡胶保护套、表头、归零阀、导管和接头等组成。当归零阀处于关闭位置时，轮胎气体控制在压力表内，可保持测得的轮胎压力读数（保持压力表指针位置）；当归零阀打开时，压力表指针回0，以便于下次测量。

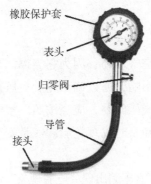

图2-5-1　轮胎压力表

七、操作步骤

测量时，车辆需停放在平地，保证车胎冷却后，开始测量（见图2-5-2）。

图2-5-2　测量轮胎压力

（1）先将气门嘴帽取下，将轮胎压力表插口对准气门嘴。

（2）迅速将轮胎压力表插口插入气门嘴，等待1~2 s。

（3）迅速拔出轮胎压力表，查看读数。

（4）读数完毕，按下归零阀按钮，使其归零。

（5）测量后，重新将轮胎气门嘴上的盖子锁上。

八、数据标准与故障分析

对不同的车型，轮胎气压标准值的标签位置不同，一般都标在油箱盖的内侧或车门的侧面。

汽车轮胎标准气压最好是：小轿车（高速车）以半载为最好，载货车以满载为最好。冬季前轮为 2.5 kg，后轮为 2.7 kg；夏季前轮为 2.3 kg，后轮为 2.5 kg。这样既可保证安全的驾驶和舒适性，也能使油耗降到最小。

轮胎气压过高或过低都会对轮胎造成伤害，从而影响行车安全。

轮胎气压过高对驾驶的影响：胎压过高使轮胎的帘线将长期保持伸张状态，帘线的疲劳过程加快，帘线强度降低，容易造成胎体爆破；轮胎气压过高使胎冠接地面积减小，增加了单位面积的压力，将加速胎冠中部的磨耗；轮胎气压过高还会使汽车行驶平顺性降低，加速汽车零部件的损坏；受外力冲击时，容易产生外伤甚至爆破；胎面张力过大，造成胎面脱层及胎面沟底龟裂；轮胎气压过高也许会让转向的感觉变得轻盈，但在过弯时车轮的侧向抓地力会明显降低，更早地产生转向不足而引发危险；最重要的就是轮胎气压过高还会影响到车辆的制动效果，由于轮胎的接地面积变小后，在低附着力的路面进行紧急制动时会使制动距离变得更长，车辆悬挂系统容易损坏，车辆跳动，舒适性降低。

轮胎气压过低对驾驶的影响：由于轮胎气压过低，其径向高度变形增加，帘线的挠曲和周期伸张变形随之增加，使帘线特别容易断裂；轮胎气压过低还会造成胎面或帘布层脱层、胎面沟槽及胎肩龟裂，胎唇与轮辋之间的异常摩擦引起胎唇损伤，或者轮胎与轮辋脱离，甚至爆胎；由于轮胎气压过低，还将使车轮的滚动阻力增大，增加燃料消耗。轮胎气压过低的唯一好处就是舒适性会有小幅提升，在驶过颠簸路面时车身的晃动会减弱一些。不过这是用高油耗和牺牲安全性换来的。

九、思考题

（1）轮胎气压过高或过低有什么影响？

（2）引起爆胎的原因有哪些？

（3）根据所学知识，简述除了轮胎气压表，还有什么检测轮胎气压的方法？

实验 6 转向性能检测

一、问题导入

汽车转向性能的优劣很大程度与其搭配的转向系统有关,用来改变或保持汽车行驶或倒退方向的一系列装置称为汽车转向系统(Steering System)。汽车转向系统的功能就是按照驾驶员的意愿控制汽车的行驶方向。汽车转向系统对汽车的行驶安全至关重要,因此汽车转向系统的零件都称为保安件。汽车转向系统和制动系统都是汽车安全必须要重视的两个系统。

1. 技术特点

汽车转向系统是汽车底盘的主要组成部分之一,其技术状况主要是指转向盘的转向力和自由转动量。其技术状况的好坏,如开车时转向盘是否摆正、自由转动量是否太大和高速行驶时是否跑偏等现象,将直接影响到汽车操作稳定性和高速行驶的安全性。

2. 构造原理

汽车转向系统分为两大类:机械转向系统和动力转向系统。

1) 机械转向系统

机械转向系统以驾驶员的体力作为转向能源,其中所有传力件都是机械的。机械转向系统由转向操纵机构、转向器和转向传动机构组成。图 2-6-1 为机械转向系统的组成。

从转向盘到转向传动轴这一系列部件和零件属于转向操纵机构。由转向摇臂至梯形臂这一系列部件和零件(不含转向节)均属于转向传动机构。

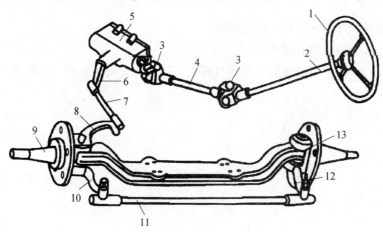

1—转向盘;2—转向轴;3—转向万向节;4—转向传动轴;5—转向器;6—转向摇臂;7—转向直拉杆;
8—转向节臂;9—左转向节;10、12—梯形臂;11—转向横拉杆;13—右转向节。

图 2-6-1 机械转向系统的组成

2）动力转向系统

动力转向系统是兼用驾驶员体力和发动机动力为转向能源的转向系统。在正常情况下，汽车转向所需能量，只有一小部分由驾驶员提供，而大部分是由发动机通过动力转向装置提供的。但在动力转向装置失效时，一般还应当能由驾驶员独立承担汽车转向任务。因此，动力转向系统是在机械转向系统的基础上加设一套动力转向装置而形成的。

对最大总质量在50 t以上的重型汽车而言，一旦动力转向装置失效，驾驶员通过机械传动系统加于转向节的力远不足以使转向轮偏转而实现转向。故这种汽车的动力转向装置应当特别可靠。图2-6-2为一种液压动力转向系统的组成。

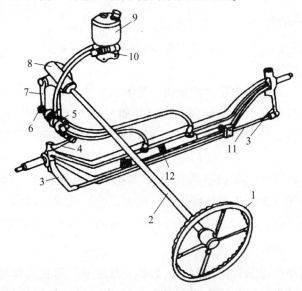

1—转向盘；2—转向轴；3—梯形臂；4—转向节臂；5—转向控制阀；6—转向直拉杆；7—转向摇臂；
8—机械转向器；9—转向轴罐；10—转向液压泵；11—转向横拉杆；12—转向动力缸。

图2-6-2 液压动力转向系统

通过转向系统故障调研，收集到以下故障案例。

(1) 汽车在行驶中，驾驶员向左、右转动转向盘时，感到沉重费力，无回正感；汽车低速转弯行驶和调头时，转动转向盘感到非常沉重，甚至打不动。

(2) 汽车在某低速范围内或某高速范围内行驶时，出现转向轮各自围绕自身主销进行角振动的现象。尤其是高速时，转向轮摆振严重，握转向盘的手有麻木感，甚至在驾驶室可看到汽车车头晃动。

这些故障应该如何解决？首先使用专业工具对汽车的轮胎、四轮定位、转向系统进行检测，如果故障部位为转向系统时，对故障部件进行修理。本节着重介绍转向性能检测。

二、实验目的

(1) 掌握转向盘自由行程、转向盘转向力和转向轻便性的检测。
(2) 熟悉转向盘自由行程、转向盘转向力和转向轻便性的检测标准。
(3) 掌握转向性能检测结果的分析方法。

三、实验内容

1. 转向盘自由行程的检测

转向盘自由行程是指汽车保持直线行驶位置不动时，左右晃动转向盘时所测得的角间隙（游动角度）。转向盘自由行程是转向系统中各零件配合状况的一个综合诊断参数，当其超过规定值时，说明从转向盘至转向轮的传动链中一处或几处的配合松旷，该配合状况直接影响到汽车的操纵稳定性和行车安全。转向盘自由行程过大时，将造成驾驶员工作紧张，并影响行车安全。

2. 转向盘转向力的检测

转向盘转向力是指在一定行驶条件下作用在转向盘外缘的最大切向力，它可以由测力方向盘或转向测力仪检测。

转向盘转向力的检测原理简单。测量时，把测力方向盘对准被测转向盘中心，调整好三个连接叉上伸缩卡爪的长度，与转向盘连接并固定好。转动操纵盘，转向力通过底板、力矩传感器、连接叉传递到被测转向盘上，使转向盘转动以实现汽车转向。此时，力矩传感器将转向力矩转变成电信号，而定位杆内端连接的光电装置则将转角的变化转变成电信号，这两种模拟信号通过放大滤波电路和模/数转换器送入到微机，即可测得转向力和转向盘转角。一般的检测方法有3种，即原地转向力试验、低速大转角（8字路行驶）转向力试验和弯道转向力试验，在综检站通常采用原地转向力试验来检测转向盘转向力。

3. 转向轻便性的检测

汽车的方向由驾驶员操纵转向盘控制，如转向盘过重，驾驶员容易疲劳；如转向盘过轻，则容易失去"路感"，产生"发飘"感觉。因此，驾驶员操纵转向盘的力要大小适合，既保证转向轻便，又有"路感"。一方面减轻驾驶员的疲劳强度，另一方面又可保障行车安全。

转向轻便性检测的目的是测定汽车在低速大转角时的转向轻便性，这种试验方法适用于轿车、客车、载货汽车以及越野车。

四、实验前准备工作

本实验以山东龙口电子设备厂生产的 AM—2012 型转向力角测量仪为例介绍实验过程。

1. 连接电路

将转向力角测量仪、测力方向盘以及电源的电路连接好。

2. 转向力角测量仪调零

（1）转向角度的调零。接通电源后，将"角度/牛顿"键置于"角度"，此时显示转向角度数值；再分别将"实时/保持"键置于"实时"，"测量/标定"键置于"测量"，然后旋转方向盘的标准杆，使数字显示屏读数为0。

（2）转向力的调零。接通电源后，将"角度/牛顿"键置于"牛顿"，此时显示转向力数值。在测力方向盘不受力的情况下,此时显示为"0"。若有较小的偏移,可用小改锥调整"零点"电位器,直至显示"0"为止。

3. 测力方向盘的安装

(1) 在驾驶室内选择一个可固定标准杆的凸物,在转向角调零后,用布带或钢丝绳拉紧并固定标准杆,但要注意不妨碍方向盘的转动,并有利于驾驶。

(2) 调整测力方向盘上的卡爪长度,使测力方向盘与被检测车辆的方向盘完全对中,然后紧固卡爪上的螺钉,将两个方向盘固定在一起。

(3) 将方向盘上的电缆插头推入仪表接口。

五、实验注意事项

(1) 标准杆为敏感元件,靠应变片的变形将模拟信号转变为电信号,在安装和拆下测力方向盘时应小心,以免损坏敏感元件。

(2) 为了减少测量误差,应使用多次测量求平均值的方法对汽车的转向参数进行测量,以减少误差。

(3) 选择平整和有足够空间的场地进行检测。

(4) 熟悉仪器的使用规则,以免损坏仪器和造成较大的测量误差。

(5) 被检测车辆应是按厂方规定装备齐全的汽车,轮胎气压必须符合厂方要求。

六、仪器结构功能

本实验主要用到的仪器有转向力角测量仪、测力方向盘、电源以及被检测车辆。

1. 转向力角测量仪

在转向力角测量仪的正面[见图2-6-3(a)],显示屏的主要作用是显示所要测量的值;"零点"是调整电位器,对仪器进行调零,以使测量较为准确;"增益"也是调整电位器,对仪器的标定值进行调整;"左转/右转""实时/保持""转力/转角"和"测量/标定"四个按钮,通过按下和弹出实现功能的转换,根据需要测量转向参数。转向力角测量仪的背面[见图2-6-3(b)],主要是仪器的开关和相关的电源、输入和输出的接头,对测量线路进行正确的连接,实现仪器的功能。

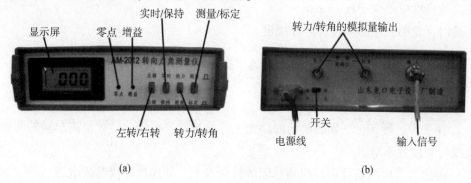

图 2-6-3 转向力角测量仪

(a) 仪器正面;(b) 仪器背面

2. 测力方向盘

测力方向盘外形如图 2-6-4 所示。3 个连接叉上伸缩卡爪的长度可以调节，用以把测力方向盘对准转向盘的中心，并与转向盘连接和固定好。标准杆用以选取适当的测量位置对转向参数进行测量，并通过里面的敏感元件将模拟信号转变成数字信号传送到转向力角测量仪上，经过转向力角测量仪的计算和分析在显示屏上把转向参数显示出来。测力方向盘的作用是控制转向盘转动适当的转向量，对转向进行控制。

图 2-6-4 测力方向盘外形

3. 电源

电源即是汽车上的蓄电池，为转向力角测量仪提供电能。

4. 被检测车辆

被检测车辆应按厂方规定装备齐全的汽车。实验前应对前轮定位、转向系统、悬架系统进行检查和调整，并按规定进行润滑和紧固，只有认定汽车已符合厂方规定的技术条件时，才能进行实验。

被检测车辆所用轮胎和轮辋型号规格，必须符合厂方规定。如实验时使用新轮胎，实验前轮胎至少应经过 200 km 正常行驶的磨合；如实验时使用旧轮胎，实验终了时，测量残留花纹的高度应不少于 0.15 cm。

实验时，轮胎气压必须符合厂方规定。

七、操作步骤

1. 转向盘自由行程的检测

（1）在平坦、硬实、干燥和清洁的路面上停放被检测车辆，使被检测车辆的两转向轮处于直线行驶位置不动。

（2）将测力方向盘安装在被检测车辆的转向盘上，并连接好仪器的电源。

（3）将转向力角测量仪上的"角度/牛顿"键置于"角度"，轻轻向左（或向右）转动转向盘至空行程一侧的极端位置（感到有阻力），这时调节仪器的零点电位器对转向力角测量仪进行调零。然后,再轻轻转动转向盘至另一侧空行程极端位置,这时转向力角测量仪显示屏上显示的数值就是转向盘的自由行程。

一般来说,转向盘从相应于汽车直线行驶的中间位置向任何一方的自由行程最好不超过 10°~15°,若超过时,应认真检查并调整转向系统各部分的松动。

2. 转向盘转向力的检测

测量时,将测力方向盘对准转向盘中心,调整好 3 个伸缩爪的长度,使之与转向盘牢固连接后,转动操纵盘。操纵盘的转向力通过底板、力矩传感器、连接叉传递到转向盘上,驱使转向轮偏转,从而实现汽车的转向。此时,标注杆内端受力矩作用,其内端的应变片组成的电路发生变形将转向盘的转向角变化转化为电信号并传送。信号输送至主机箱后,由装在其内的微机自动完成数据采集、转角编码、运算、分析、存储并显示所测结果。

检测转向力时,将测力方向盘安装在转向盘上后,将测力方向盘上的"角度/牛顿"键置于"牛顿",然后按规定条件缓慢地转动转向盘,通过转向力角测量仪显示屏上的数值测出转向盘转向力。当无检测仪器时,可通过弹簧秤沿切向拉动转向盘的边缘来测量转向力。

转向盘转向力的检测方法有多种,目前应用最多的有以下 2 种。

(1)路试检测。将转向盘参数测量仪安装在转向盘上,让被检测车辆在平坦、硬实、干燥和清洁的路面上,以 10 km/h 的速度,在 5 s 之内沿螺旋线从直线行驶过渡到直径为 24 m 的圆周行驶,测出施加于转向盘外缘的最大圆周力,该力即为转向盘转向力。

(2)原地检测。将测力方向盘或测力弹簧安装在转向盘上,使转向轮置于转角盘上,通过测力装置转动转向盘,使转向轮达到原厂规定的最大转角,在转向全过程中测出最大操纵力,该力即为转向盘转向力。

3. 转向轻便性的检测

1)实验条件

(1)被检测车辆应按厂方规定装备齐全,轮胎和轮辋型号规格以及轮胎气压符合厂方规定,实验时被检测车辆为最大总质量状态。

(2)实验场地应为干燥、平坦而清洁的水泥或沥青路面,任意方向上的坡度不大于 2%。实验路径为双纽线,双纽线的最小曲率半径为被检测车辆最小转弯半径乘以 1.05 倍,并圆整到比此时乘积大的一个整数。双纽线最宽处,定点和中点(即结点)的路径两侧共放置 16 个标桩。标桩与实验路径中心线的距离,按被检测车辆的轴距确定。当被检测车辆轴距大于 2.5 m 时为车宽的 1/2 加 50 cm,当被检测车辆轴距小于或等于 2.5 m 时为车宽的 1/2 加 30 cm。

(3)气候。实验时,风速不大于 5 m/s,大气温度在 5~32 ℃之间。

2)测量变量和仪器设备

测量仪器有测力转向盘,X—Y 函数记录仪或其他功能的仪器,标明实验路径的标桩 16 个。测量变量有转向盘作用力矩、转向盘转角、汽车前进速度和转向盘直径。

3）测试方法

（1）按规定画好双纽线路径并设置标桩。

（2）接通仪器电源，使之预热到正常工作温度。

（3）被检测车辆以低速直线滑行，驾驶员松开转向盘，停车后，记录转向盘中间位置及转向盘力矩零线。

（4）驾驶员操纵转向盘使被检测车辆沿双纽线路径行驶，车速为（10±1）km/h。待车速稳定后，开始记录转向盘转角及力矩，并记录（或显示）车速作为监督参数。直到被检测车辆绕双纽线行驶满3周后，停止记录。在记录时间内，保持车速稳定以及不准撞倒标桩。

八、数据标准与故障分析

1. 转向盘转向力

机动车在平坦、硬实、干燥和清洁的水泥或沥青道路上行驶，以10 km/h的速度在5 s之内沿螺旋线从直线行驶过渡到外圆直径为25 m的车辆通道行驶，施加于转向盘外缘的最大切向力应小于或等于245 N。

2. 转向轻便性

（1）机动车的转向盘应转动灵活，无卡滞现象。机动车应设置转向限位装置。转向系统在任何操作位置上，不得与其他部件有干涉现象。

（2）机动车（摩托车、三轮汽车、手扶拖拉机运输机组除外）正常行驶时，转向轮转动后应有一定的回正能力（允许有残余角），以使机动车具有稳定的直线行驶能力。

（3）机动车在平坦、硬实、干燥和清洁的水泥或沥青路面上行驶，其方向盘不得有摆振等异常现象。

3. 转向系统常见故障诊断

汽车转向系统常见的故障类型有：转向盘自由转动量过大、转向沉重、直线自动跑偏、前轮摆振等。这些故障现象通常为综合性故障，其故障原因除了与转向系统有关外，还与轮胎、悬架、车身、车架、车轴等有关。

1）转向盘自由转动量过大

（1）故障现象：汽车保持直线行驶位置静止不动时，轻轻来回晃动转向盘，感到游动角度很大。

（2）故障原因：

①转向器内主、从动啮合部位松旷或主、从动部分的轴承松旷；

②转向盘与转向轴连接部位松旷；

③转向器垂臂轴与垂臂连接部位松旷；

④转向轴万向节或伸缩花键磨损过大；

⑤各拉杆球头连接处松旷；

⑥转向节与主销配合间隙过大；

⑦轮毂轴承松旷。

2）转向沉重

（1）故障现象：汽车行驶中驾驶员向左、右转动转向盘时，感到沉重费力，且无回正感；当汽车低速转弯行驶和调头时，转动转向盘感到超乎正常的沉重，甚至打不动。

（2）故障原因：

①轮胎气压不足；

②前轴或车架变形造成前轮定位失准；

③前稳定杆变形；

④转向节主销后倾角或内倾角过大；

⑤转向器主、从动部分与其轴承配合过紧或主、从动部分的啮合间隙过小；

⑥转向器缺油或无油；

⑦转向器的转向轴弯曲或其支撑轴承损坏；

⑧转向纵、横拉杆球头连接处调整过紧或缺油；

⑨转向节止推轴承缺油或损坏；

⑩转向节主销与转向节衬套配合过紧或缺油。

3）直行自动跑偏

（1）故障现象：汽车在行驶过程中，行驶方向自动偏向一侧，不易保持直线行驶，操纵困难。

（2）故障原因：

①左、右轮胎气压不一致或磨损程度不同；

②左、右前悬架刚度不同；

③四轮定位失准；

④前梁、车架或车身变形；

⑤左、右侧轴距差超出规定值；

⑥车轮有单边制动或拖滞现象；

⑦转向轮单边轮毂轴承装配过紧或损坏。

4）前轮摆振

（1）故障现象：汽车在某一速度范围内行驶时，有时出现2个前轮各自围绕主销进行角振动的现象。严重时握转向盘的手有麻木感，甚至可以感觉到整个车头在晃动。

（2）故障原因：

①前轮旋转质量不平衡；

②转向系统各部位配合间隙过大；

③转向轮定位失准；

④转向轮径向圆跳动量或端面圆跳动量过大；

⑤前梁、车架或车身变形；

⑥转向系统与前悬挂发生运动干涉；

⑦左、右前悬架刚度不同；

⑧转向轮轮毂轴承松旷；
⑨转向机总成的固定部位松动。

九、思考题

（1）转向系统的作用是什么？
（2）方向盘抖动的原因有哪些？
（3）直行自动跑偏的原因是什么？

第三章 车身与电器检测与诊断实验

实验 1　灯光检测

一、问题导入

前照灯为汽车在夜间行驶提供足够的道路照明,当其光照不足或照射位置发生偏移时会大大降低夜间汽车行驶安全系数,那么如何对汽车灯光进行检测和调整呢?

汽车灯光的检测主要是指前照灯的检测。前照灯的技术指标主要有发光强度和光束照射位置。前照灯是汽车在夜间或在能见度较低的条件下,为驾驶人提供行车道路照明的重要装置,而且也是驾驶人发出警示,进行联络的灯光信号装置。所以,前照灯必须有足够的发光强度和正确的照射位置。行车过程中,汽车受到振动,可能引起前照灯部位的安装位置发生变动,从而改变光束的照射位置;同时,灯泡在使用过程中会逐步老化,反射镜也会受到污染而使其聚光性变差,导致前照灯的亮度不足。这些变化,都会使驾驶人对前方道路情况辨认不清,或在与对面来车交会时造成对方驾驶人炫目等,从而导致交通事故的发生。因此,前照灯的发光强度和光束照射位置被列为汽车运行安全检测的必检项目。

二、实验目的

（1）了解前照灯的检测技术指标及其标准。
（2）掌握前照灯检测仪的检验原理和方法,以及对检测结果的分析方法。

三、实验内容

汽车前照灯检测是汽车安全性能检测的重要项目。前照灯诊断的主要参数是发光强度和光束照射位置，通过仪器的检测能够检测这两个参数。目前前照灯的检测仪器有多种，按照前照灯检测仪的结构特征与测量方法不同，常用的前照灯检测仪可分为屏幕式前照灯检测仪、聚光式前照灯检测仪、投影式前照灯检测仪、自动追踪光轴式前照灯检测仪和采用 CCD 图像传感器的全自动前照灯远近光检测仪。这些不同类型的前照灯校测仪均由接受前照灯光束的受光器、使受光器与汽车前照灯对正的照准装置、前照灯发光强度指示装置、光轴偏斜方向和偏斜量指示装置及支柱、底板、导轨、汽车摆正找准装置等组成。本节主要通过介绍这些仪器的使用方法来介绍前照灯检测。

1. 屏幕式前照灯检测仪

屏幕式前照灯检测仪在固定屏幕上装有可以左右移动的活动屏幕，在活动屏幕上装有能上下移动的内部带有光电池的受光器。前照灯的光束照射到屏幕上，检测发光强度和光轴偏斜量，通常测试距离为 3 m。

2. 聚光式前照灯检测仪

聚光式前照灯检测仪利用受光器的聚光透镜把前照灯的散射光束聚合起来，并导引到光电池的光照面上，根据其对光电池的照射强度，来检测前照灯的发光强度和光轴偏斜量。检测时，检测仪放在前照灯前方 1 m 处。

3. 投影式前照灯检测仪

投影式前照灯检测仪采用把前照灯光束的影像映射到投影屏上，来检测发光强度和光轴偏斜量。检测时，测试距离一般为 3 m。

4. 自动追踪光轴式前照灯检测仪

自动追踪光轴式前照灯检测仪采用受光器自动追踪光轴的方法检测前照灯发光强度和光轴偏斜量，一般检测距离为 3 m。

5. 采用 CCD 图像传感器的全自动前照灯远近光检测仪

采用 CCD 图像传感器的全自动前照灯远近光检测仪是在全自动远光检测仪基础上结合 CCD 图像传感器和先进的图像处理技术发展而来的。检测仪在透镜的前后安装 CCD 图像传感器，负责光轴的跟踪和前照灯配光性能和照射方向的分析，而光轴的跟踪仍沿用以前的光电池方法。有的检测仪的立柱上装有扫描光电管阵列，其作用是扫描前照灯的大概位置，以便光接收箱快速定位。

四、实验前准备工作

1. 前照灯检测仪的准备

（1）在前照灯检测仪不受光的情况下，调整前照灯检测仪光度计和光轴偏斜指示指针的机械零点。

（2）检查聚光透镜和反射镜的镜面上有无污物。若有，用柔软的布或镜头纸擦拭干净。

（3）检查水准仪的技术状况。若水准仪无气泡，应进行修理；若气泡不在红线框内时，可用水准调节器或垫片进行调整。

（4）检查导轨是否沾有泥土等杂物。若有，应扫除干净。

2. 被检测车辆的准备

（1）清除前照灯上的污垢。

（2）轮胎气压应符合汽车制造厂的规定。

（3）汽车电路系统处于正常工作情况，蓄电池处于充足电状态。

（4）汽车处于空载状态，并乘坐 1 名驾驶员。

（5）被检测车辆应摆放在水平地面上测量。

五、实验注意事项

（1）检测时，必须使前照灯检测仪与被检测车辆对正，否则易引起较大的测量误差。

（2）检测时，应按照前照灯检测仪的要求，使仪器与前照灯的检测距离符合规定。

（3）检测调整双光束灯时，应以近光灯为主。

（4）调整光束上下位置时，必须以前照灯的等高线为基准，车辆的灯高不同，其光束向下的标准偏斜量也不同。

六、仪器结构功能

下面介绍常用的前照灯检测仪结构功能。

1. 屏幕式前照灯检测仪

屏幕式前照灯检测仪运用屏幕法进行汽车前照灯的检测。屏幕法就是将灯光照射在专用的屏幕上进行检查。检查用场地应平整，屏幕与场地应垂直。被检测车辆应在空载、轮胎气压正常、乘坐 1 名驾驶员的条件下进行。将被检测车辆停置于屏幕前，并与屏幕垂直，使前照灯基准中心距屏幕 10 m，在屏幕上确定与前照灯基准中心离地面距离等高的水平基准线及以车辆纵向中心平面在屏幕上的投影线为基准确定的左右前照灯基准中心位置线。分别测量左右远近光束的水平和垂直照射位置的偏斜量。

2. 聚光式前照灯检测仪

聚光式前照灯检测仪是用受光器的聚光镜把前照灯的散射光束聚合起来，根据其对光电池的照射强度检测前照灯的发光强度和光轴偏斜量，其构造如图 3-1-1 所示。检测时，检测仪放在距前照灯前方 1 m 处。根据检测方法不同，聚光式前照灯检测仪又可分为移动反射镜检测法、移动光电池检测法和移动透镜检测法。

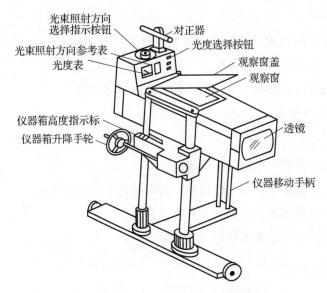

图 3-1-1 聚光式前照灯检测仪构造

3. 投影式前照灯检测仪

投影式前照灯检验仪将前照灯光束的影像映射到投影屏上检验发光强度和光轴偏斜量，其构造如图 3-1-2 所示。

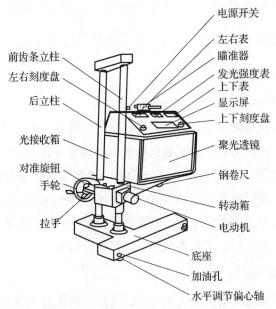

图 3-1-2 投影式前照灯检测仪构造

投影式前照灯检测仪是在前照灯前方 3 m 的检测距离处，将前照灯的影像射到投影屏上。在聚光透镜的上下和左右方向装有四个光电池。前照灯光束的影像通过聚光透镜、光度计的光电池和反射镜后，映射到投影屏上。检测时，通过上下、左右移动受光器使光轴偏斜指示计指示为 0，从而找到前照灯主光轴的方向，然后根据投影屏上前照灯光束影像的位置，即可得出主光轴的偏斜量，同时可从光度计的指示中读取发光强度。

根据投影式前照灯检测仪光轴偏斜量的检测方法不同，有投影屏刻度检测法和光轴刻度盘检测法。

投影屏刻度检测法是在投影屏上刻有表示光轴偏斜量的刻度线，根据前照灯影像中心在投影屏上所处的位置，即可直接读出光轴偏斜量。

光轴刻度盘检测法是转动上下与左右光轴刻度盘，使前照灯光束影像中心与投影屏坐标原点重合，然后从光轴刻度盘上读取光轴偏斜量。

4. 自动追踪光轴式前照灯检测仪

自动追踪光轴式前照灯检测仪构造如图 3-1-3 所示，其主要由驱动机构及光接收箱构成。底箱内装左右方向驱动系统及垂直方向牵引系统，以驱动仪器整机做左右方向运动及牵引光接收箱做垂直方向运动。

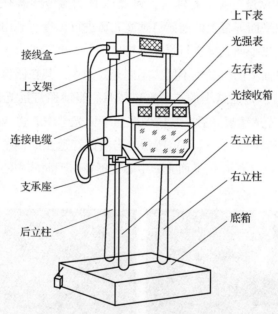

图 3-1-3　自动追踪光轴式前照灯检测仪构造

5. 采用 CCD 图像传感器的全自动前照灯远近光检测仪

（1）前照灯光轴的定位原理。根据前照灯远光或近光的配光特性、CCD 测量技术特点和聚光透镜的聚光特性，可以对进入光接收箱未进行聚光的前照灯远光光束进行拍摄，利用高性能计算机和先进的图像处理技术对整个光斑进行量化分析处理，找出前照灯的光轴中心，通过控制系统控制驱动电动机，使光接收箱的光学中心和前照灯的远光（或近光）光束中心准确重合。当光接收箱的光学中心和前照灯的远光光束中心准确重合时［见图 3-1-4（a）］，上下、左右电动机不动，仪器处于平衡状态；当光接收箱的光学中心和前照灯的远光光束中心不重合时［见图 3-1-4（b）］，计算机会发出指令，使上下、左右电动机走动，直到光接收箱的光学中心和前照灯的远光光束中心准确重合。

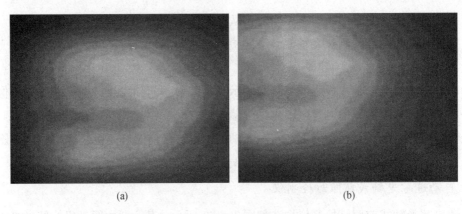

图 3-1-4 前照灯光轴的定位原理

(a) 重合；(b) 不重合

(2) 偏角和光强的测量。对准光轴后，利用 CCD 图像传感器对进入光接收箱经过聚光镜聚光后，聚集在焦平面屏幕上的前照灯远光光斑进行拍摄，利用高性能计算机和先进的图像处理技术对整个焦平面光斑进行量化分析处理，找出其光束中心，不同偏角的光束其光学中心成像在焦平面上的位置也不同，不同光强的点，其在图像上的灰度也不同，光强越强的点，光斑越白，光强越小的点，光斑越暗。当前照灯远光的偏角为 0 时，远光（或近光）光束经过聚光透镜聚光后，其成像在焦平面光学中心也在焦平面的中心，其成像在焦平面的光分布图如图 3-1-5（a）所示。当前照灯远光的偏角不为 0 时，远光光束经过聚光透镜聚光后，其成像在焦平面光学中心也不在焦平面的中心，其成像在焦平面的光分布图如图 3-1-5（b）所示。

图 3-1-5 聚光后焦平面的光分布图

(a) 偏角为 0；(b) 偏角不为 0

七、操作步骤

由于前照灯检测仪的厂牌、型式不同，其检测发光强度和光轴偏斜量的具体方法也不尽相同。这里介绍较为常用的屏幕式前照灯检测仪、聚光式前照灯检测仪、投影式前照灯检测仪和自动追踪光轴式前照灯检测仪的检测方法。

1. 屏幕式前照灯检测仪的检测方法

(1) 将被检测车辆尽可能地与检验仪的屏幕或导轨保持垂直方向驶进检验仪，使前照灯与受光器相距3 m。

（2）用汽车摆正找准器使检验仪与被检测车辆对正。

（3）打开前照灯，用前照灯校准器使检验仪与前照灯对正；然后把固定屏幕调整到与前照灯一样高，要特别注意使受光器与前照灯配光镜的表面中心重合。

（4）使固定屏幕上左右光轴刻度尺的零刻度线与活动屏幕上的基准指针对正。

（5）上下和左右移动受光器，使光度计指示值达到最大值。此时，根据受光器上的基准指针所指活动屏幕上的上下刻度值和活动屏幕上的基准指针所指固定屏幕上的左右刻度值，即可得出光轴偏斜量。

（6）根据此时光度计上的指示值，即可得出前照灯的发光强度。

2. 聚光式前照灯检测仪的检测方法

（1）将被检测车辆尽可能地与检验仪的导轨保持垂直方向驶近检验仪，直至前照灯与检验仪受光器之间达到检验所要求的距离（1.0 m、0.5 m、0.3 m）。

（2）用汽车摆正找准器使检验仪与被检车前照灯对正。

（3）开亮前照灯，用前照灯校准器使检验仪与前照灯对正。

（4）将"光度·光轴"转换开关扭向光轴一边；然后转动上下和左右光轴刻度盘，使光轴偏斜指示针的指示值为0。此时，两光轴刻度盘上指示值即为光轴偏斜量。

（5）保持光轴刻度盘位置不动，将"光度·光轴"转换开关扭向光度一边，此时光度计的指示值即为前照灯的发光强度。

3. 投影式前照灯检测仪的检测方法

（1）将被检测车辆尽可能地与检测仪的轨道保持垂直方向驶近检测仪，使前照灯与受光器相距3 m。

（2）用汽车摆正找准器使检测仪与被检测车辆对正。

（3）打开前照灯，移动检测仪，使光束照射到受光器上。投影式前照灯检测仪的检测方法包括投影屏刻度检测法和光轴刻度盘检测法。

（4）投影屏刻度检测法，要求先使上下和左右光轴偏斜量指示计的指示为0，然后根据投影屏上前照灯影像中心所在的刻度值读取光轴偏斜量，再根据光度计的指示值读取发光强度值，如图3-1-6所示。

（5）光轴刻度盘检测法，要求转动光轴刻度盘，使投影屏上的坐标原点与前照灯影像中心重合，读取此时光轴刻度盘上的指示值即为光轴偏斜量，再根据光度计上的指示值读取发光强度值，如图3-1-7所示。

（6）把所得结果打印出来并与前照检验标准作对比分析。

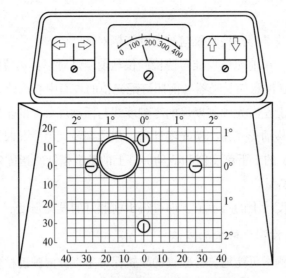

图 3-1-6 投影屏刻度检测法的测量结果

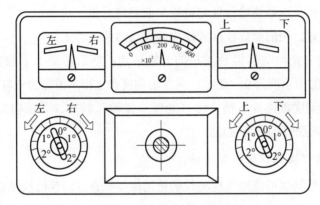

图 3-1-7 光轴刻度盘检测法的测量结果

4. 自动追踪光轴式前照灯检测仪的检测方法

（1）将被检测车辆尽可能地与检测仪的轨道保持垂直方向驶近检测仪，使前照灯与受光器相距 3 m。

（2）用汽车摆正找准器使检测仪与被检测车辆对正。

（3）打开前照灯，接通检测仪电源，用控制器上的上下、左右控制开关移动检测仪的位置，使前照灯光束照射到受光器上。

（4）按下控制器上的测量开关，受光器随即追踪前照灯光轴，根据光轴偏斜指示计和光度计的指示值，即可得出光轴偏斜量和发光强度值。

（5）检测完一只前照灯后，用同样的方法检测另一只前照灯。检测结束，检测仪沿轨道或沿地面退回护栏内，被检测车辆驶出。

八、数据标准与故障分析

1. 基本要求

（1）在正常使用条件下，前照灯光束照射位置应保持稳定。

（2）装有前照灯的机动车应有远、近光变换装置，并且当远光变为近光时，所有远光应能同时熄灭。同一辆机动车上的前照灯不允许左、右的远、近光灯交叉开亮。

（3）前照灯的远、近光灯上下并列设置时，近光灯应位于上侧，其他情况下近光灯应位于外侧。

（4）所有前照灯的近光都不允许炫目。

2. 前照灯光束照射位置要求

汽车装用远光和近光双光束灯时，以检测近光灯光束为主。对于只能调整远光单光束的前照灯检测远光单光束。

（1）汽车在检验前照灯的近光光束照射位置时，前照灯照射在距离屏幕 10 m 的屏幕上时，乘用车前照灯近光光束明暗截止线转角或中点的高度应为 $0.7H \sim 0.9H$（H 为前照灯基准中心高度，下同），其他机动车（拖拉机运输机组除外）应为 $0.6H \sim 0.8H$。机动车（装用一只前照灯的机动车除外）前照灯近光光束水平方向位置向左偏差不得超过 170 mm，向右偏差不得超过 350 mm。

（2）轮式拖拉机运输机组装用的是前照灯近光光束照射位置，按照上述方法检验时，要求屏幕上光束中点的离地高度不允许大于 $0.7H$；水平位置要求向右偏移不允许超过 350 mm，不允许向左偏移。

（3）在检验前照灯远光光束及远光单光束灯照射位置时，前照灯照射在距离 10 m 的屏幕上时，要求在屏幕光束中心离地高度，对乘用车为 $0.9H \sim 1.0H$，对其他机动车为 $0.8H \sim 0.95H$；机动车（装用 1 只前照灯的机动车除外）前照灯远光光束水平位置要求，左灯向左偏不允许超过 170 mm，向右偏不允许超过 350 mm，右灯向左或向右偏均不允许超过 350 mm。

3. 前照灯发光强度要求

机动车每只前照灯的远光光束发光强度应达到要求。测试时，其电源系统应处于充足电状态。

（1）四灯制是指前照灯具有 4 个远光光束；采用四灯制的机动车其中 2 只对称的灯达到两灯制的要求时，视为合格。

（2）允许手扶拖拉机运输机组只装用一只前照灯。

4. 检测结果分析

前照灯检测不合格有 2 种情况：一是前照灯发光强度偏低；二是前照灯照射位置偏斜。

1）前照灯发光强度偏低

前照灯发光强度偏低又有下列情况。

（1）左右前照灯发光强度偏低，解决方法如下。

①检查前照灯反光面的光泽是否明亮，如昏暗、镀层剥落或发黑应予更换。

②检查灯泡是否老化，质量是否符合要求，如老化或质量不符合要求，光度偏低者应更换。

③检查蓄电池端电压是否偏低，如端电压偏低，应先充足电再检测。被检测车辆普遍存在蓄电池电量不足，端电压偏低的现象。如蓄电池供电，前照灯发光强度一般很难达到标准规定；如由发电机供电则大部分汽车前照灯发光强度增加，多数可达到标准规定。

（2）左右前照灯发光强度不一致。解决方法如下。

检查发光强度偏低的前照灯的反射镜光泽是否灰暗，灯泡是否老化，质量是否符合要求，一般多为搭铁线路接触不良。

2）前照灯光束照射位置偏斜

前照灯安装位置不当或因强烈振动而错位致使光束照射位置偏斜超标，应予以调整。前照灯光束照射位置偏斜的调整可在前照灯检测仪上通过大灯上的调整装置进行调整。

3）劣质大灯的问题

劣质大灯的问题如没有光形；前照灯近光亮区暗；前照灯近光暗区漏光；前照灯远光亮区暗。而造成这些原因是配光镜和反光镜的角度、弧线以及它们之间的相互配合存在设计问题；配光镜材质问题，对光的吸收率高；反光罩加工粗糙，材料低劣，造成反光率差。

5. 前照灯检测仪的维护

前照灯检测仪的维护按表3-1-1的规定进行。

表3-1-1 前照灯检测仪的维护

维护周期	维护部位	维护要领	调修方法
使用前	指示仪表	切断"光轴·光度"转换开关（相当于不受光状态），检查光度计和光轴偏斜指示针的指针机械零点	指针若不在零点，用零点调整旋钮将指针调到零点
	聚光透镜和反射镜	检查镜面有无污垢	有污垢时，用软布擦净
	水准器	检查有无气泡与气泡位置	无气泡，应进行修理，气泡位置不对，用调整器调整
	导轨	检查有无泥土或小石块等杂物	如有，要清除干净

续表

维护周期	维护部位	维护要领	调修方法
3个月	车轮、支柱和升降台	检查动作是否灵活自如	动作不灵活,应除锈、清洗和润滑。如弯曲变形,应进行修理
	导轨	左右移动检验仪,检查动作是否灵活	如有弯曲、不水平时,应进行修理
6个月	行走部分	检查工作状况	进行清洁、润滑和调整
	限位开关	检查是否有卡滞	如有,要排除并进行调整
1 a		接受设备检定部门的检定	

九、思考题

(1) 前照灯检测仪有哪几种?

(2) 在前照灯检测仪不受光的情况下,怎样调整前照灯检验仪光度计和光轴偏斜指示计?

(3) 将被检测车辆尽可能与检验仪的屏幕或导轨保持垂直方向驶进检验仪,则前照灯与受光器应相距多少?

实验 2　非接触温度检测

一、问题导入

汽车零部件表面的温度变化能够表征汽车的使用状态吗？该如何在不接触物体表面而可靠地测量热的、危险的或难以接触的物体表面温度呢？

由于电子技术和计算机在汽车上的大量使用，使得汽车的精密程度越来越高。能够对汽车进行快速准确的故障诊断和分析，是提高维修人员的技术水平和工作效率的重要技能。红外线测温仪可快速、准确、方便地测量物体的表面温度，而且不需要直接接触被测物体的表面，因此能可靠地测量热的、危险的或难以接触的物体表面温度。

汽车在运行过程中如果发生故障或有潜在的故障，必然引起汽车零部件表面的温度变化或突变。因此在汽车不解体的情况下，通过红外线测温仪测试汽车零部件的温度变化或是否存在突变，就可迅速找到汽车发生故障的部位。所以说，红外线测温仪是非常理想和便携的诊断工具，在汽车故障诊断过程能起到事半功倍的作用。

下面介绍 Raynger 3i 系列中的 LRL2 型红外线测温仪（见图 3-2-1）的操作，说明手持式红外线测温仪在汽车故障诊断中的应用，同时介绍测试方法和数据分析技巧。

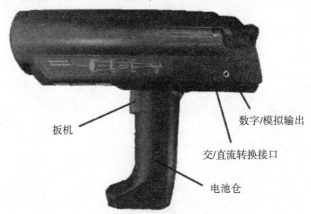

图 3-2-1　LRL2 型红外线测温仪

二、实验目的

（1）了解红外线测温仪在汽车故障诊断中的应用。
（2）掌握红外线测温仪的测试方法和数据分析技巧。

三、实验内容

红外线测温仪在对汽车进行故障诊断时，对容易产生温度突变和温度变化敏感的零部件具有判断准确、快速、便捷的效果，主要应用在以下方面：

（1）通过测量每个缸排气歧管温度，判断发动机各缸工作情况；
（2）检查点火系统的点火线圈是否工作不良；
（3）检查冷却系统，准确判断汽车散热器和节温器是否阻塞以及水温度传感器的好坏；
（4）检查废气控制系统，准确检查三元催化器，检查排气管故障；
（5）测量轴承、皮带、轮胎、制动鼓、刹车盘和发电机的温度突变。

四、实验前准备工作

1. 仪器的准备

给 LRL2 型红外线测温仪装上电池，检查其是否能正常工作。

2. 被检测车辆的准备

根据测试部位的不同，车辆有不同准备状态，以下主要介绍怠速工况下进行测试的准备。

（1）测量过程保证车辆固定不动，如上拉手刹、挂上空挡等。
（2）起动发动机进行预热至正常工作温度。
（3）调整发动机转速，使汽车处于正常怠速状态。
（4）做好通风排气措施，避免吸入过多废气影响检查人员健康。

五、实验注意事项

（1）操作仪器时应格外小心，要避免激光射入人眼，否则会对眼睛造成伤害。
（2）切不可用仪器瞄准任何人。
（3）只测量表面温度，红外线测温仪不能测量内部温度。
（4）不能透过玻璃进行测温，玻璃有很特殊的反射和透过特性，不能进行精确红外测温。红外线测温仪最好不对光亮的或抛光的金属表面进行测温（不锈钢、铝等）。
（5）注意环境条件，蒸汽、尘土和烟雾会阻挡仪器的光学路线，影响测量准确度。

六、仪器结构功能

1. 红外线测温仪工作原理

自然界中一切温度在绝对零度（-273.15 ℃）以上的物体，由于自身的分子热运动都在不停地向周围空间辐射包括红外线在内的电磁波，其辐射能量密度与物体本身的温度有关。红外线辐射是自然界存在的一种最为广泛的电磁波辐射，因为任何物体在常规环境下都会产生自身的分子和原子无规则的运动，并不停地辐射出热红外能量，分子和原子的运动愈剧烈,辐射的能量愈大,反之辐射的能量愈小。

红外线测温仪由光学系统、光电探测器、信号放大器及信号处理电路、显示输出等部分组成。光学系统汇集其视场内的目标红外辐射能量,视场的大小由测温仪的光学零件及位置决定。红外能量聚焦在光电探测器上,并转变为相应的电信号。该信号经过信号放大器和信号处理电路,按照仪器内部的算法和目标发射率校正后转变为被测目标的温度值,并显示输出。

2. LRL2 型红外线测温仪操作按键

LRL2 型红外线测温仪控制面板如图 3-2-2 所示。图中各按键的说明如下。

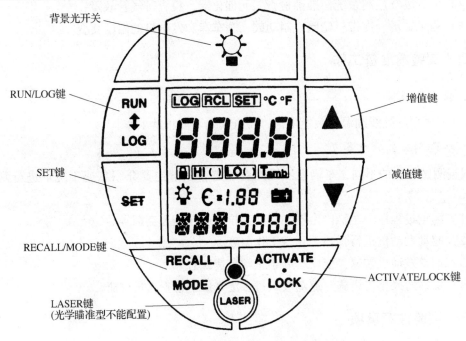

图 3-2-2 LRL2 型红外线测温仪控制面板

(1) 背景灯开关:用于控制液晶屏背景灯开关。

(2) RUN/LOG 键:扣动扳机后按此按键可在测温(RUN)和存储(LOG)两状态间切换。

(3) SET 键:此键为设定键。使仪器进入设定(SETUP)状态,此状态下可对测温与存储状态中的参数进行设定。

(4) RECALL/MODE 键:此键为重读键。使机器进入重读(RECALL)状态,该状态下可调出测温和存储状态中的数据。当此键用作状态(MODE)键使用时,用于状态的切换。

(5) LASER 键:此键为激光开关键。只有在测温和存储两状态下方可打开激光。

(6) ACTIVATE/LOCK 键:此键可激活高温报警(HAL)、低温报警(LAL)和环境温度补偿 TAM 功能。当此键用作锁定键时,用于锁定扳机。

(7) 减值键:用于减少数值。

(8) 增值键:用于增加数值。

3. LRL2 型红外线测温仪显示

LRL2 型红外线测温仪显示说明如图 3-2-3 所示。

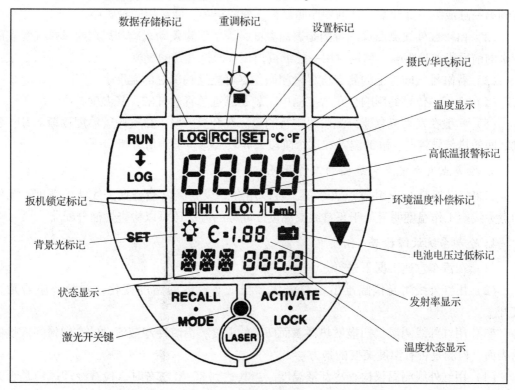

图 3-2-3　LRL2 型红外线测温仪显示说明

七、操作步骤

1. LRL2 型红外线测温仪的 4 个状态的操作

（1）测温（RUN）状态。将仪器对准目标后扣动扳机，再按动激光开关进行测温。在测温状态下依次按下 MODE 键，可切换显示最高温度（MAX）、最低温度（MIN）、温差（DIF）、平均温度（AVG）。

（2）存储（LOG）状态。在测温状态下按下 RUN/LOG 键切换成存储状态，可通过增、减值键调整数值存入单元号。然后向后继续扣动扳机可听到"嘀"的一声，表示数据已存入。

说明：本仪器扳机有两种状态。第一状态为轻轻扣动扳机。第二状态为再向后扣动扳机，仅用于存储状态下记录数据。

（3）重读（RECALL）状态。松开扳机后，按 RECALL 键，即可读出测温状态的数据，显示的温度为最后的测量数据，按 RUN/LOG 键可切换调出存储状态中的数据。

（4）设置（SETUP）状态。按 SET 键进入设置状态后，按 MODE 键可选择高温报警（HAL）、低温报警（LAL）和环境温度补偿（TAM）功能的设置，通过增、减值键可设置相关数值。

2. 发动机排气温度的测量（适用混合动力汽车）

（1）在用红外线测温仪测量时，用光斑对准与气缸盖直接连接的排气歧管，按从第六缸到第一缸或第一缸到第六缸的顺序测量，读数并记录，始终用同种顺序。

（2）由于红外线测温仪测量的是表面温度，为了消除发动机冷却风扇吹拂排气管表面带来的前后段差异影响，测量时用一硬纸板挡住吹向排气管的气流。

（3）各缸排气歧管上的测点应尽量相同，尽可能反映单缸的温度。

（4）由于热传导的影响，正常实测中，越是靠近总管的气缸，其温度越高。

（5）一般在发动机怠速升温阶段进行测量。在升温阶段，排气歧管温度逐渐上升，各缸之间的热传导较弱，缸的温差在这个阶段差异较大，便于测值分析。

3. 检查点火系统点火线圈的工作状况

如果发动机是 COP 独立点火系统，可以用红外线测温仪检查点火线圈的温度，无效的点火线圈工作温度明显低于正常线圈温度。同样的方法还可以检查燃油分配器。

4. 冷却系统故障检查

（1）在汽车怠速工况下进行。

（2）用红外线测温仪瞄准节温器壳体，测试节温器的温度变化，判断节温器是否打开。

（3）用红外线测温仪扫描散热器表面两边的温度，沿着冷却液流动的方向检测散热器的表面，检测是否有温度突变的地方。

（4）用红外线测温仪检查冷却液温度，当其达到 80 ℃左右时，检查冷却风扇是否开始工作，判断温度传感器是否正常。

5. 检查废气控制系统，准确检查三元催化器，诊断检查排气管故障

启动发动机，预热至正常工作温度，将发动机转速维持在 2 500 r/min 左右，将车辆举升，用红外线测温仪测量三元催化器进口和出口的温度。注意：应尽量靠近三元催化器（50 mm 内）。

6. 测量轴承、皮带、刹车盘、制动鼓和发电机的温度突变

在车辆行驶一段距离后用红外线测温仪测量制动蹄、车轮轴承、皮带、发电机、刹车盘和制动鼓的温度。

八、数据标准与故障分析

（1）汽车零件温度标准，如表 3-2-1 所示。

表 3-2-1 汽车零件温度标准

类别	温度范围/℃
节温器初开到全开温度	85 ~ 105
三元催化器	350 ~ 800
排气管表面温度	130 ~ 200

续表

类别	温度范围/℃
轴承	<80
风扇温度传感器一挡	92~97
风扇温度传感器二挡	99~105

(2) 对于排气温度的测量，由于发动机的配置和负荷状况不一致，各发动机厂家没有绝对标准参考，只能进行测值的相对比较和分析。理论上，若各燃烧室是同样密封的且进入的燃料是一定的，那么，混合气体的终燃温度是一样的，从各缸排出的废气温度也应是一样的。实际工作中，正常的发动机各缸的排气温度也是相差很小的。如果某一个气缸的密封性能差，如活塞、活塞环、缸套严重磨损、活塞头烧溃、活塞环卡死、缸盖垫漏气、进排气门密封性不好或喷入缸的燃料不足、喷油器雾化差等，都将导致这一气缸的排气温度低，发动机出现功率不足、冒黑烟、有异响和运转不平稳等现象。

(3) 对于汽车冷却系统，如果测试节温器时，发现节温器的温度有突然增加的地方，表明节温器打开，如果温度没有变化，说明节温器工作不良，需要更换。如果沿着冷却液流动的方向检测散热器的表面，检测到有温度突变的地方，表明该地方管路阻塞。

(4) 对三元催化器的检测，催化转化器温度一般在 350~800 ℃ 之间，其进出口温差很小，出口温度略高于进口，若出口温度过高，说明混合气过浓或电控系统有故障，也可能是点火系统有失火现象。

(5) 对于其他设备，一般有以下故障：

①测量发电机温度：测量发电机的温度，若发电机温度过高，说明轴承不良、"扫膛"或输出电流过大。

②测量起动电路温度：蓄电池桩头或起动机接线柱温度过高说明接触不良。

③测量皮带和皮带轮温度：当皮带打滑时，其温度明显高于不打滑的皮带和皮带轮。

④测量轴承温度：测量轮毂轴承、万向节轴承等的温度，可方便地发现润滑不良或损坏等故障。

⑤测量制动盘或制动鼓温度：测量制动盘或制动鼓的温度，当某一车轮制动盘或制动鼓的温度明显高于其他几个车轮时，说明该车轮制动拖滞；如果 4 个车轮的制动器温度都过高，如果不是过于频繁或长时间地（如下长坡）使用制动，就一定是制动总泵损坏，或者是制动踏板的自由行程过小。

九、思考题

(1) 简述红外线测温仪工作原理。

(2) 红外线测温仪在对汽车进行故障诊断时，主要应用在哪些方面？

(3) 简述用红外线测温仪进行冷却系统故障检查的过程。

实验 3　噪声检测

一、问题导入

生活中的噪声处处可见，那么汽车的噪声如何检测呢？

噪声泛指人们不需要、令人烦躁和讨厌的干扰声，是一种不规则或随机的声音信号。汽车噪声是一个包括各种性质噪声的综合噪声源，其主要噪声可归为两类：一类是发动机、传动系统、进排气系统和冷却系统工作发出的噪声，另一类是行驶系统工作过程轮胎和喇叭发出的噪声。在这些噪声源中，有的与发动机转速有关，有的与汽车速度有关。不同类型汽车噪声的特性及各噪声源所占整车噪声能量的比率差异很大。以往的研究结果表明：发动机噪声所占的比重最大，而随着路面条件改善，车辆高速行驶时轮胎噪声已成为又一个主要噪声源。

噪声对人的心理、生理会产生较大的影响。长期工作在较大噪声环境下，可导致听觉器官损伤，引起神经系统、心脏、消化系统等产生不良反应，易使人产生烦躁和疲劳，噪声已经成为汽车使用的不安全因素之一。为了有效地控制公路交通噪声，提高汽车乘坐舒适性，降低对乘员及公路周围人员的听觉损害，国内外都制定了一些相关的法规控制汽车噪声。因此，对汽车噪声的重视已经成为一个不容忽视的问题，需要适时使用噪声声级器，对汽车噪声进行检测，与噪声标准值进行对比，找出噪声源所在，控制汽车噪声在标准范围之内，以减轻对环境的污染。

二、实验目的

（1）了解声级器的结构、工作原理和汽车噪声的检测项目。
（2）掌握声级器检测汽车噪声的具体方法。

三、实验内容

对汽车噪声进行检测，与噪声标准值进行对比，找出噪声源所在，控制汽车噪声在标准范围之内。

四、实验前准备工作

（1）实验仪器的准备：噪声声级器 1 个、电池若干、支架 1 个、被检测汽车 1 辆、工具若干。
（2）检查噪声声级器的工作情况：电池电量、校准调零、预热声级器。
（3）选取适当的测量场地，并注意测试时的风速（相对于地面）。

五、实验注意事项

(1) 声级器使用一定要从最高量程挡位开始测试。

(2) 声级器的使用要避免在环境噪声强的地点测试。本底噪声是指测量对象的噪声不存在时，周围环境的背景噪声。检测场地的本底噪声应比被检测车辆的喇叭声响至少低 10 dB，并保证测量不被偶然的其他声源所干扰。

(3) 声级器使用时，避免声级器受大风、反射波、电磁波的影响。

(4) 声级器要避免受振动和冲击，注意防潮和避免阳光直射。

(5) 电池式声级器在不使用期间，应取下干电池。

(6) 声级器每年要接受有关部门的检定。

六、汽车噪声检测评价指标

1. 声音

当声源（电磁喇叭）的膜片高速振动时，激起空气粒子产生波动，在空气中逐渐扩散和传播，声音在空气中传播速度为 340 m/s。

2. 频率

频率是声波每秒（s）振动的次数，单位为 Hz，人耳可听见的频率是 20~20 000 Hz，低于 20 Hz 的为次声波，高于 20 000 Hz 的为超声波。次声波和超声波人耳都听不到。

3. 音调

音调的高低是由频率的高低所决定的，频率越高音调越高；频率越低音调越低。声音由单一音调和多种频率所组成，多种频率组成的音调悦耳好听。

4. 声压

当声波在介质中运动时，使介质的压力在稳定压力附近增加或减少，这个压力的变化量，称为声压。声压是声波作用在单位面积上的压力值，单位为 Pa。

正常人耳在声波频率为 1 000 Hz 时，能听到的最小声压为 2×10^{-5} Pa，其称为听阈声压；当声压为 20 Pa 时，人耳产生疼痛，其称为痛阈声压。

声压大小是表示声音强弱。声压大，则声音强；声压小，则声音弱。

5. 声压级 L_p

声压与基准声压之比，取常用对数的 20 倍称声压级。即

$$L_p = 20 \log(P/P_0)$$

式中：L_p——声压级，dB；

　　　P——声压，Pa；

　　　P_0——基准声压，取 2×10^{-5} Pa。

声压级是声学测量仪器中常用的量级，声压级测量使用声级器进行测量。在声级器中有 A、B、C 共 3 种计权网络。其中 A 计权网络其频率为 1 000 Hz，和人耳听觉特性近似。

七、汽车噪声检测的原理

话筒的功用是将波动的声压信号转换成电压信号。目前常用的是电容话筒，因其输出阻抗很高，经不起电缆电容的衰减，所以紧接其后安排了前置放大器进行阻抗变换，然后通过电缆输出到输入放大器，将微弱的电压信号加以放大。

放大器一般设计在相当宽的频率范围内响应平直；滤波器则是截取某一频带信号对噪声进行频率分析；而计权网络则用来直接读取声级以获得近似的响应级量度。滤波器和计权网络插入在输入和输出放大器之间。在计权网络中，A 计权网络是模拟人耳对 55 dB 以下低强度噪声的频率特性，B 计权网络是模拟 55~85 dB 中强度噪声的频率特性，C 计权网络是模拟高强度噪声的频率特性。三者的主要差别是对噪声低频成分的衰减程度，A 计权网络衰减最多，B 计权网络次之，C 计权网络最少。A 计权网络由于其特性曲线接近人耳的听觉特性，是目前世界上噪声测量中应用最广泛的一种，B、C 计权网络已逐渐不用。

输出放大器的输出端给出的是经滤波或计权放大后的声电信号，必须经检波器和显示装置才能被人们识读。如果将该声电信号接往阴极射线管显示器，在荧光屏上将显示出声压随时间变化的波形，这对脉冲声的测量比较重要。但对于稳定噪声，通常只需要了解其总声压级和 A、B、C 计权网络，以及各频带声压级，而不一定需要了解声压信号的其他细节。这时就必须通过均方根检波电路对声压信号加以平方、平均和开方，然后将得到的直流均方根电压信号输往电表。该电表的刻度是经过专门标定的，可以直接读出声压级的分贝数。均方根检波电路的平均时间是可以调节的，通常有"快""慢"两挡，有些仪器则具体标出所用的平均时间。总声压级读数由衰减器及表针位置决定。

如果要将声压随时间的变化或各频带声压级所构成的频谱做自动记录，则应接上高速电平记录器，该记录器内也有均方根检波和对数转换装置，并能使描笔在记录纸上绘出声压级变化的轨迹。记录器纸带的移动速度是恒定的，通过软轴脉冲使记录器纸带的运动与滤波器的切换同步，这样便可自动地描绘出声压级频谱图。

八、仪器结构功能

测量噪声的仪器包括声级器、频率分析仪、电平记录仪等，一般测量汽车噪声使用的是声级器。声级器有直流式和交流式，因直流式声级器的操作和携带方便，目前较为常用。声级器一般由传声器、前置放大器、衰减器、计权放大器、检波器、对数放大器、保持开关和指示仪表组成。图 3-3-1 为 HY104A 型声级器外形。

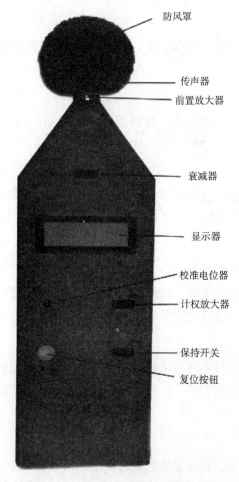

图 3-3-1 HY104A 型声级器外形

1. 传声器

传声器即话筒,是声级器中的关键元件之一,其作用是将声压信号转变为电信号。常见的传声器有晶体式、驻极体式、动圈式和电容式传声器,其中电容式传声器具有动态范围大、频率响应特征好和灵敏度高等特点,是噪声测量中最为常用的一种。电容式传声器示意图如图 3-3-2 所示。

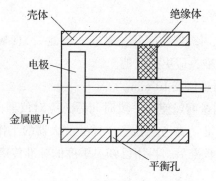

图 3-3-2 电容式传声器示意图

2. 前置放大器

由于电容式传声器输出的信号小，输出阻抗很高，所以需要通过前置放大器将信号进行放大和实现阻抗匹配。

3. 衰减器

衰减器用于调整输出信号的大小，使得显示仪表指示到适当的位置。根据量程的选择，衰减程度分为 H、M、L 三挡。

4. 计权放大器

计权放大器即计权网络，是将声音信号的低频段进行适当衰减的电路，以便使仪器的频率特征更好地适应人耳的听觉特性。有的声级器只有 A、C 计权网络。

5. 检波器

在检波器之前的信号还是包含着声音频率成分的交流信号。为了便于仪表指示，信号需经检波处理，即整流和滤波处理，以便将快速变化的交流信号转换成变换比较慢的直流电压信号。检波器的输出一般分为快慢两挡。

6. 对数放大器

从检波器输出的信号还只是与声压成正比，为了与人耳听觉对声音响应的对数特征相吻合，在电路中设计了对数放大器，以便使信号仪表指示后，能够以均匀的刻度显示所测声级数值。

7. 保持开关

声级器上有一保持按钮，在测量最大值时使用。当按下保持按钮时，仪表指示的数值只能升不能降，从而可测量某一段时间内的声音最大值。当松开按钮后，自动恢复即时显示。

8. 指示仪表

目前使用的指示仪表有数字式和指针式等多种形式。

九、操作步骤

1. 声级器的检查与校准

（1）检查电池容量。把声级器功能开关对准"电池"，衰减器任意，此时电表指针应达到指定红线，否则读数不准，应更换电池。

（2）打开电源开关，预热仪器 10 min。

（3）校准仪器。每次测量前或使用一段时间后，应对仪器的电路和传声器进行校准。根据声级器上配有的电路校准"参考"位置，校验放大器的工作是否正常。如不正常，应用微调电位进行调节。电路校准后，再用已知灵敏度的标准传声器对声级器上的传声器进行对比校准。

（4）将声级器的功能开关对准"线性""快"挡。由于室内的环境噪声一般为 40 ~

60 dB，声级器上应用相应的示值。当变换衰减器刻度盘的挡位时，声级器仪表指针示值应相应变化 10 dB 左右。

（5）检查计权网络。按上述步骤，将"线性"位置依次转换为"C""B""A"。由于室内环境噪声多为低频成分，故经"C""B""A"三挡计权网络后的噪声级示值将低于线性值，而且依次递减。

（6）检查"快""慢"挡。将衰减器刻度盘调到高分贝值处，如 90 dB，通过操作人员发声，来观察"快"挡时的指针能否跟上发音速度，"慢"挡时的指针摆动是否明显迟缓。

（7）在投入使用时，若不知道被测噪声级多大，必须先把衰减器刻度盘预先放在最大衰减位置，即 120 dB，在实测中再逐步旋至被测声级所需要的衰减挡。

2. 车内噪声的检测

1）测量条件

（1）测量所用跑道应有足够试验需要的长度，且应是平直、干燥的沥青路面或者混凝土路面。

（2）测量时风速（相对于地面）应小于 3 m/s。

（3）测量时汽车门窗应关闭，车内带有其他辅助设备是噪声源的，测量时是否开动，应按正常使用情况而定。

（4）车内本底噪声（指假定测量对象噪声不存在时，周围环境的噪声）比被检测车辆内噪声至少低 10 dB，并保证测量不被其他声源干扰。

（5）车内除驾驶员和测量人员外，不应有其他人员。

2）检测点位置的设置

（1）车内噪声测量通常在人耳附近布置检测点，传声器朝车辆前进方向。

（2）驾驶室内噪声检测点位置如图 3-3-3 所示。

（3）载客车厢内噪声检测点可选在车厢中部及最后排座的中间位置，传声器高度如图 3-3-3 所示。

3）测量步骤

（1）汽车以常用挡位 50 km/h 以上各种不同车速分别做匀速行驶，进行测量。

（2）用声级器的"慢"挡测量 A、C 计权网络，分别读取仪表指针最大读数的平均值。

3. 汽车驾驶员耳旁噪声测量

（1）测量时车辆应处于静止状态且变速器置于空挡，发动机应处于额定转速状态。

（2）声级器按图 3-3-3 所示的检测点位置放置，传声器应朝向驾驶员耳朵方向。并置于 A 计权网络、"快"挡位置。

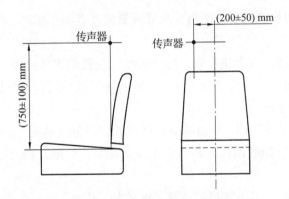

图 3-3-3 驾驶室内噪声检测点位置和高度

4. 车外噪声测量

1) 测量条件

（1）测量场地应平坦而空旷，在测试中心以 25 m 为半径的范围内，不应有大的反射物，如建筑物、围墙等。

（2）测试场地跑道应是大于 25 m 的平直、干燥的沥青路面或混凝土路面，路面坡度 ≤0.5%。

（3）检测场地的本底噪声（包括风噪声）应比被检测车辆的喇叭声响至少低 10 dB，并保证测量不被偶然的其他声源所干扰。

（4）为避免风噪声干扰，可采用防风罩，但应注意防风罩对声级器灵敏度的影响。

（5）声级器附近除测量者外，需要其他人员时，必须在测量者背后。

（6）被检测车辆不应装载物品，测量时发动机应处于正常使用温度。车辆带有其他辅助设备亦是噪声源的，测量时是否开动，应按正常使用情况而定。

2) 车外测量场地及测点位置的布置

车外测量场地及测点位置的布置如图 3-3-4 所示，传声器位于 20 m 跑道中心点两侧，各距中线 7.5 m，距地面高度 1.2 m，用三角架固定，传声器平行于路面，其轴线垂直于车辆行驶方向。

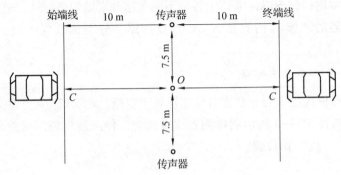

图 3-3-4 车外测量场地及测点位置的布置

3) 加速行驶车外噪声测量方法

(1) 车辆需按规定条件稳定地到达始端线：前进挡位为四挡以上的车辆用第三挡，前进挡位为四挡或四挡以下的用第二挡，发动机转速为其额定转速的3/4。如果此时车速超过了50 km/h，那么车辆应以50 km/h的车速稳定地到达始端线。对于自动变速器的车辆，使用在试验区间加速最快的挡位，辅助变速装置不应使用。在无转速表时，可以控制车速进入测量区，即以所定挡位相当于3/4额定转速的车速稳定到达始端线。

(2) 从车辆前端到达始端线开始，立即将加速踏板踏到底，直线加速行驶，车辆后端到终端线时，立即停止加速，车辆后端不含拖车及其拖车连接的部分。

本次测量要求被检测车辆在后半区域发动机到达额定转速，如果车速达不到这个要求，可延长 OC 距离为15 m，如仍达不到这个要求，车辆使用挡位要降低一挡；如果车辆在后半区域超过额定转速，可适当降低到达始端线的转速。

(3) 声级器用 A 计权网络、"快" 挡进行测量，读取车辆驶过时的声级器最大读数。

(4) 同样的测量往返进行1次，车辆同侧两次测量结果之差不应大于2 dB，并把测量结果记入规定的表格中，取每侧测量2次声级平均值的最大值作为被检测车辆的最大噪声级。若只有1个声级器测量，同样的测量应进行4次，即每侧测量2次。

4. 匀速行驶车外噪声测量方法

(1) 车辆用常用挡位，加速踏板保持稳定，以50 km/h的车速匀速通过测量区域。

(2) 声级器用 A 计权网络、"快" 挡进行测量，读取车辆驶过时的声级器最大读数。

(3) 同样的测量往返进行1次，车辆同侧2次测量结果之差不应大于2 dB，并把测量结果记入规定的表格中，取每侧测量2次声级平均值的最大值作为被检测车辆的最大噪声级。若只有1个声级器测量，同样的测量应进行4次，即每侧测量2次。

5. 城市用汽车喇叭噪声的测量

城市用汽车喇叭噪声的测量位置如图3-3-5所示，测量时应注意不被偶然的其他声源峰值所干扰。测量次数宜在2次以上，并注意监听喇叭声音是否悦耳。

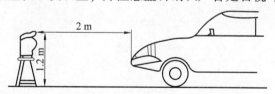

图 3-3-5　城市用汽车喇叭噪声的测量位置

十、数据标准与分析

交通噪声是现代城市中重要的公害。制定机动车辆噪声标准和噪声测量方法，以限制和降低机动车辆噪声和交通噪声，是保护环境的重要措施。20世纪汽车出现后，车辆噪声就是严重的问题。1954年美国制定载重车的噪声测量法和噪声标准，建议噪声容许值为125宋（约相当110 dB）。许多国家相继制定有关标准。1958年国际标准化组织（ISO）开始研究这个问题，1960年提出机动车辆噪声测量法草案，经过修改于1964年通过。

1979 年中国国家标准局颁布《机动车辆噪声测量方法》。

  机动车辆噪声标准一般包括噪声测量和声压级表示的噪声容许标准。噪声测量方法随车辆的种类、用途、目的而异，但所测数据都应具有可重复性和车辆运行的现实性。测量噪声采用的方法有最大加速噪声测量法、匀速噪声测量法、停车噪声测量法、车内噪声测量法等，而以最大加速噪声测量法最为常用，中国和其他多数国家均使用这种方法。

  机动车辆噪声的容许标准，因车辆的种类、功率和用途而异。制定这种标准既是为了控制环境噪声，也是为了促进车辆质量的提高。各国制定的标准有所不同，但都用 A 计权网络，标准日渐严格。

十一、思考题

（1）声压大小表示什么？

（2）简述声级器的检查与校准过程。

实验 4 万用表的使用

一、问题导入

万用表又叫多用表、三用表、复用表,是用来测量电压、电流和电阻的具有多种不同量程的电路测试仪表,它可分为指针式万用表和数字式万用表。在对汽车电脑及其线路进行故障检测时,必须使用专用的多功能数字式万用表,不允许使用普通的指针式万用表。若使用指针式万用表,在检测中将会造成电脑及传感器的损坏,同时也无法检测转速、占空比、频率、时间、电容、电感、温度等,这些参数对故障诊断十分重要。本次实验主要介绍 DY2201D 型多功能汽车检测万用表。

DY2201D 型多功能汽车检修万用表(见图 3-4-1)是带有整流器的,可以测量交、直流电流、电压及电阻等多种电学参量的磁电式仪表。对于每一种电学量,一般都有多个量程,其又称多用电表或简称多用表。

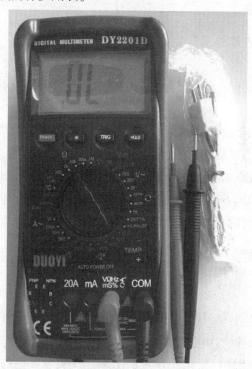

图 3-4-1 DY2201D 型多功能汽车检修万用表

二、实验目的

(1) 了解万用表的特性、组成和工作原理。
(2) 掌握万用表的使用方法、校准方法和操作步骤。
(3) 掌握万用表各测量挡位的测量参数及量程范围。

三、实验内容

(1) 利用万用表进行电压、电流和电阻的测量。
(2) 利用万用表测试二极管的极性、晶体管的管脚及性能。

四、实验前准备工作

(1) 检查万用表,保证万用表状态良好。
(2) 在测试之前,应先进行调零。
(3) 在每次测试之前,将量程选择开关拨至需要测试挡的位置。
(4) 红、黑表笔应插在符合测量要求的插孔内,保证接触良好。
(5) 检查表笔绝缘层完好,无损坏和断线。

五、实验注意事项

(1) 使用前应检查表笔绝缘层完好,无破损、裸露及断线。后盖没有盖好前严禁使用,否则有电击的危险。
(2) 当正在测量的时候,切勿接触裸露的电线、连接器及没有使用的输入端或正在测量的电路。
(3) 输入信号电平不允许超过规定的极限值,以防电击和损坏仪表。
(4) 正在测量时,不要旋转功能/量程开关。
(5) 测量公区端"COM"和"大地"之间的电位不得超过 1 000 V,以防电击。
(6) 被测电压高于 DC 600 V 和 AC 42 V 的场合,均应小心谨慎,防止触电。
(7) 仪表内部保险丝的更换应采用同类型规格。

六、仪器结构功能

1. 万用表的结构

万用表由表头、测量电路及转换开关3个主要部分组成。数字万用表的基本电路是一个表头电路,它包括显示器、功能按键、旋转开关和接线端口等。它所完成的基本功能是将输入的直流电压(模拟量)量化,并显示出来;要实现其他的功能一般需要增加外部电路。

2. 设计原理

数字万用表的测量过程为由转换电路将被测量信号转换成直流电压信号,再由模/数

(A/D)转换器将电压模拟量转换成数字量,然后通过电子计数器计数,最后把测量结果用数字直接显示在显示屏上。

万用表测量电压、电流和电阻功能是通过转换电路部分实现的,而电流、电阻的测量都是基于电压的测量,也就是说数字万用表是在数字直流电压表的基础上扩展而成的。

数字直流电压表中 A/D 转换器将随时间连续变化的模拟电压量变换成数字量,再由电子计数器对数字量进行计数得到测量结果,再由译码显示电路将测量结果显示出来。逻辑控制电路控制电路的协调工作,在时钟的作用下按顺序完成整个测量过程。

技术指标,如表 3-4-1 所示。

表 3-4-1 技术指标

功能	量程	基本精度
直流电压	2/20/200/1 000 V	±(0.5%+3)
交流电压	2/20/200/700 V	±(1.0%+3)
直流电流	20 mA/200 mA/20 A	±(1.0%+2)
交流电流	20 mA/200 mA/20 A	±(1.5%+2)
电阻	200 Ω/20 kΩ/200 kΩ/20 mΩ	±(1.0%+3)
温度	−40~1 000 ℃	±(1.0%+3)
占空比测量	1%~90%	
分电器触点的闭合角	3/4/5/6/8 CYL	±(1.5%+5)
转速	3/4/5/6/8 CYL	±(1.5%+5)
二极管测量	√	
三极管测量	√	
通断蜂鸣	√	
数据保持	√	
自动关机	√	
电源	9 V 电池(6F22)	
LCDzui 大显示	1 999	
输入端自动阻塞系统	√	

七、操作步骤

首先将 POWER 钮按下(如果电池不足,则显示屏上方会显示"■"符号,需要换电池再使用),然后选择所需要的功能及量程。

1. 直流电压(DCV)测量

将功能/量程开关置于 DCV 量程范围。将黑色表笔插入 COM 插孔,红表笔插入显露的表笔插孔,并将表笔并接在被测负载或信号源上,仪表在显示电压读数的同时会指示出红表笔的极性。

注意事项：

（1）在测量之前不知被测电压范围时，应将功能/量程开关置于最高量程；

（2）当只显示最高位"1"，说明被测电压已超过使用的量程，应改用更高量程。

2. 交流电压（ACV）测量

将功能/量程开关置于 ACV 量程范围。将黑色表笔插入 COM 插孔，红表笔插入显露的表笔插孔，并将表笔并接在被测负载或信号源上。

注意事项：

（1）参见直流电压测量的注意事项（1）、（2）；

（2）"⚠"表示不要测量高于 700 V 的电压，虽然有可能显示读数，但可能会损坏万用表。

3. 直流电流（DCA）测量

（1）拔出表笔，将功能/量程开关置于 DCV 量程范围。

（2）将黑色表笔插入 COM 插孔，红表笔插入显露的表笔插孔（mA 插孔或 20 A 插孔）。将测试表笔串入被测电路中，仪表显示电流读数的同时会指示红表笔的极性。

4. 交流电流（ACA）测量

（1）拔出表笔，将功能/量程开关置于 ACV 量程范围。

（2）将黑色表笔插入 COM 插孔，红表笔插入显露的表笔插孔（mA 插孔或 20 A 插孔）。将测试表笔串入被测电路。

5. 电阻（Ω）测量

（1）将功能/量程开关置于当前所需 Ω 量程范围。

（2）将黑色表笔插入 COM 插孔，红表笔插入显露的 Ω 插孔，将测试表笔跨接在被测电阻两端。

6. 温度测量

测量温度时，把功能/量程开关置于"℃"档，并将热电偶的冷端（插头）插入仪表的温度测量插座中，注意"+、−"极性，热电偶的热端（测量端）置于测温点，从仪表显示屏上读取温度值，读数为摄氏度（℃）。

八、思考题

（1）多功能汽车检修万用表的特性、组成和工作原理分别是什么？

（2）多功能汽车检修万用表在测量直流电压时有什么注意事项？

（3）如何使用多功能汽车检修万用表测量交流电流？

实验 5　空调检测

一、问题导入

汽车空调是汽车空调调节的简称，即采用人工制冷和采暖的方法，调节车内的温度、湿度、气流速度、空气洁净度等参数指标，从而为人们创造清新舒适的车内环境。同时还能预防或除去挡风玻璃上的雾霜冰雪，确保行车安全。汽车空调通常具备以下功能：

(1) 调节温度：将车内温度调节到人体感觉适宜的温度；
(2) 调节湿度：将车内湿度调节到人体感觉适宜的湿度；
(3) 调节气流：调节车内出风口的位置、出风方向及风量大小；
(4) 净化空气：过滤空气中的尘土杂质，对空气进行杀菌消毒；
(5) 暖风装置：提高车内温度；
(6) 制冷装置：降低车内的温度，并降低车内的湿度；
(7) 通风装置：调节车内空气；
(8) 空气净化装置：调节、过滤空气及对空气进行消毒处理。

二、实验目的

(1) 掌握汽车空调系统密封性和歧管压力计的基本构造和使用方法。
(2) 掌握汽车空调系统密封性和工作压力的检测方法和检测标准。

三、实验内容

(1) 利用歧管压力计检测空调系统的工作压力。
(2) 利用各种检测仪器检测汽车空调系统的密封性。

四、实验前准备工作

准备好各种检测仪器以及实验设备，确认一切设备处于正常工况。

五、空调系统的工作压力检测

空调系统的工作压力检测一般使用歧管压力计，也称压力表组。该仪器主要用于检测空调系统压力，通过压力的大小来判定空调系统故障；同时还可以使用该仪器对空调系统进行抽真空、充入或放出制冷剂等操作。

1. 仪器组成

歧管压力计由 2 个压力表（低压表和高压表）、2 个手动阀 [低压手动阀（LO）和高压手动阀（HI）]、3 个软管接头（1 个接低压接口，1 个接高压接口，1 个接制冷剂罐或真空泵吸入口）和歧管座组成，如图 3-5-1 所示。

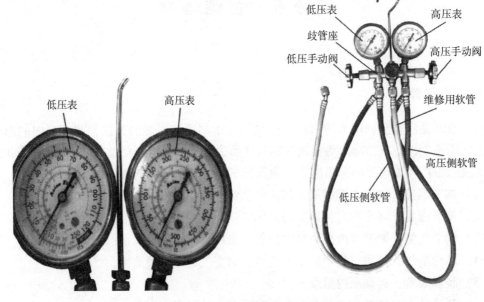

图 3-5-1 歧管压力计

2. 歧管压力计功能操作

（1）歧管压力计用胶皮软管与汽车空调系统连接，在胶皮软管末端接头上带有顶销，用于顶开压缩机上的气门阀。胶皮软管有多种颜色，按规定蓝色软管用于低压侧，红色软管用于高压侧，绿色、白色或黄色软管用于连接歧管压力计上的中间接口，胶皮软管应耐油、耐压。

（2）低压手动阀开启，高压手动阀关闭，此时可以从低压侧向制冷系统充注气态制冷剂。

（3）低压手动阀关闭，高压手动阀开启，此时可使空调系统放空，排出制冷剂，也可以从高压侧向空调系统充注液态制冷剂。

（4）2 个手动阀均关闭，可用于检测高压侧和低压侧的压力。

（5）2 个手动阀均开启，内部通道全部相通。如果接上真空泵，就可以对空调系统抽真空。

3. 压力检测

（1）将歧管压力计正确连接到空调系统相应的检修阀上，如果是手动阀，应使阀处于中位。

（2）关闭歧管压力计上的 2 个手动阀。

（3）用手拧松歧管压力计上高、低压侧软管的连接螺母，让系统内的制冷剂将注入软管内的空气排出，然后再将连接螺母拧紧。

（4）起动发动机并使发动机转速保持在 1 000～1 500 r/min，然后打开空调 A/C 开关和鼓风机开关,设置到空调最大制冷状态,鼓风机高速运转。

(5) 关闭车门、车窗和舱盖,发动机预热。

(6) 把温度计插进中间出风口并观察空气温度,在外界温度为 27 ℃时。运行 5 min 后出风温度应接近于 7 ℃。

(7) 观察高低压侧压力。

六、空调系统检漏

空调系统的检漏方法常用的有目测检漏法、皂泡检漏法、染料检漏法、检漏灯检漏法、电子检漏仪检漏法、抽真空检漏法和加压检漏法等。

1. 目测检漏法

目测检漏法是指用肉眼查看空调系统(特别是空调系统的管接头)部位是否有润滑油渗漏痕迹的检漏方法。因为制冷剂通常与润滑油(冷冻机油)互溶,所以在泄漏处必然也带出润滑油,因此,空调系统管道有油迹的部位就是泄漏处。

2. 皂泡检漏(肥皂水检漏)法

皂泡检漏法是指在检漏时,对施加了压力的空调系统,用毛刷或棉纱蘸肥皂水涂抹在被检查部位,查看被检查部位是否有气泡产生。若被检查部位有气泡产生,则说明这个部位是泄漏处(点)。肥皂水检漏法简便易行,而且很有效,但操作比较麻烦,维修工采用此法检漏时,要求一定要细致、认真。

3. 电子检漏仪检漏法

电子检漏仪,如图 3-5-2 所示。使用电子检漏仪检漏法检查时,应当遵照电子检漏仪制造厂家的有关规定。一般按下列步骤进行:

(1) 转动控制器或敏感性旋钮至断开(OFF)或 0 位置;

(2) 电子检漏仪接入规定电压的电源,接通开关。如果不是电池供电,应有 5 min 的升温期;

(3) 升温期结束后,放置探头于参考泄漏点,调整控制器和敏感性旋钮至电子检漏仪有所反应为止,移动探头,反应应当停止,如果继续反应,则是敏感性调整得过高,如果停止反应,则是调整合适;

(4) 移动寻漏软管,依次放在各接头下侧,还要检查全部密封件和控制装置;

(5) 断开和系统连接的真空软管,检查真空软管接头处有无制冷剂蒸气;

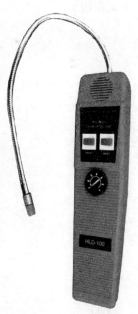

图 3-5-2 电子检漏仪

(6) 如发现泄漏点,电子检漏仪就会出现放置在参考泄漏点处的反应状况;

(7) 探头和制冷剂的接触时间不应过长,也不要把制冷剂气流或严重泄漏的地方对准探头,否则会损坏电子探测仪的敏感元件。

4. 抽真空检漏（负压检漏）法

抽真空检漏法如图 3-5-3 所示，其是对空调系统抽真空以后，保持一段时间（至少 60 min），观察系统中的真空压力表指针是否移动（即指针是否发生变化）的一种检漏方法。要指出的是，采用这种方法检漏，只能说明空调系统是否泄漏，而不能确定泄漏的具体部位。抽真空检漏法的操作步骤如下。

（1）将歧管压力计的两根高、低压侧软管分别接在高、低压接口上，将其中间软管与真空泵相连接。

（2）打开歧管压力计上的高、低压手动阀，启动真空泵，观察低压表（连程表）的指针，应该有真空显示。

（3）连续抽 5 min 后，低压表应达到 0.03 MPa（真空度），高压表略低于 0，如果高压表不能低于 0 刻度，表明系统内有堵塞，应停止，待修复后再抽真空。

（4）真空泵工作 15 min 后，低压表指针应在 0.01～0.02 MPa 之间。如果达不到此数值，这时应关闭高、低压手动阀，观察低压表的指针，如果指针上升，说明真空有损失，系统有泄漏点，应停止，修复后才能继续抽真空。

（5）系统压力接近于真空时，关闭高、低压手动阀，保压 5～10 min。如低压表指针不动，则打开高、低压手动阀开启真空泵，继续抽真空，抽真空的时间不得少于 30 min，如时间允许，可再长些。

（6）抽真空结束时，先关闭高、低压手动阀，再关闭真空泵，其目的是防止空气进入空调系统。

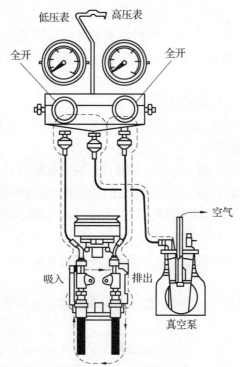

图 3-5-3　抽真空检漏法

5. 加压检漏（正压检漏）法

加压检漏法是指将 1.5~2 MPa 压力的氮气、二氧化碳或混有少量制冷剂的氮气、二氧化碳等介质加入空调系统中，再用肥皂水或卤素检漏灯进行检漏的一种方法。这种方法常用于空调系统中的制冷剂全部漏光时的检漏。要注意的是，在高压条件下操作时尽量不要用空气压缩机加压或空调系统本身的压缩机加压，因为这样会使空调系统带入一部分水分。

七、数据标准与故障分析

空调系统正常压力值如表 3-5-1 所示。

表 3-5-1　空调系统正常压力值

环境温度（车外空气）/℃	高压侧压力/MPa	低压侧压力/MPa
15.5	0.84~1.19	0.090~0.120
21.1	1.05~1.75	0.090~0.140
26.6	1.26~1.93	0.090~0.140
32.2	1.40~2.18	0.120~0.211
37.7	1.61~2.30	0.150~0.240
43.3	1.89~2.53	0.190~0.260

一般情况下，低压侧压力约为 150~250 kPa，高压侧压力约为 1 400~1 600 kPa。如果压力表指示与正常值不符，则可按照如下方法进行故障诊断。

（1）高、低压表指示同时比正常值低。这可能是因为制冷剂不足，检查时，可发现高压管微热，低压管微冷，但温差不大，从视镜中可以观察到每隔 1~2 s 就有气泡出现。这时应先检查有无泄漏点，补漏后再补足制冷剂。

（2）低压表指示比正常值低很多。这时，视镜内可见模糊雾流，高、低压管无温差，冷气不冷，说明制冷剂严重泄漏。

（3）低压表指示接近 0，高压表指示比正常值低。这时，空调系统常表现为出风不冷、膨胀阀前后的管路上结霜。其原因，一方面可能是膨胀阀结霜堵塞，使得制冷剂在系统中无法循环，此时应反复抽真空，重新添加制冷剂；另一方面可能是膨胀阀感温包损坏，造成膨胀阀未开启，此时应检查感温包。

（4）高、低压表指示都过低。这可能是压缩机的内部故障，如阀板垫、阀片损坏，需要更换压缩机。

（5）高、低压表指示都比正常值要高。压缩机吸气管表面温度比正常情况下低，出现潮湿冰冷现象（俗称出汗）。由于膨胀阀开度过大，蒸发器内制冷剂"供过于求"，影响蒸发，相应的吸热量减少，造成空调凉度不够。此时，如果膨胀阀开度可以调节，应将开度调小；如不可调，则更换膨胀阀。

（6）高、低压两侧的压力均过高。这表明制冷剂过多，两手分别触摸压缩机进气管和排气管，而且高压侧有烫手感，低压侧能看到冰霜，空调系统压缩机关掉电源停止运行后，其余部分继续工作时，在超过45s以后，视镜内仍然清晰，无气泡，可以断定制冷剂过多，应排出多余的制冷剂。

（7）低压表指示过高，高压表指示稍高。这可能是冷凝器冷却不足，如果用冷水对冷凝器进行冷却，压力表压力变为正常，则可断定是冷凝器冷却不足。如果有这种故障，则在刚开空调时，制冷效果好，工作时间长了，制冷效果较差。如果冷凝器的散热片阻塞、发动机水温过高、冷凝器风量不够，则有可能是冷凝器的风扇或风扇皮带出现问题。

（8）低压表指示为零或负压，高压表指示正常或偏高。冷风时而欠凉，时而正常，这种现象说明空调系统中有水分或干燥剂吸湿能力达到饱和，水分进入循环系统，在膨胀阀小孔处冻结，溶化后恢复正常状态，此时应更换干燥瓶或反复抽真空以排除系统内水分。

（9）低压表指示较低，高压表指示过高。这种现象一般是空调系统堵塞，堵塞经常在空调系统中通道截面较小的位置发生，易于堵塞的部件绝大部分处于空调系统的高压侧，例如干燥过滤器、膨胀阀滤网等，而且堵塞现象一般是由制冷剂所含有的水分、尘埃等脏物造成的，堵塞部位经常有结霜现象。找到堵塞部位后，拆下堵塞的部件进行清除或更换，堵塞严重时，应将空调系统全部拆卸，分段清洗。

（10）低压表指示过高，高压表指示过低。这种现象常常表明压缩机内部有泄漏，应更换或修理压缩机。

（11）低压表指示略高，高压表指示略低。无冷气，压缩机吸气管出现凝结水分或有一层霜，可能是膨胀阀损坏，需要更换膨胀阀，充入制冷剂。

八、汽车空调系统的正确使用

（1）严格按汽车空调生产厂家的规定进行保养。

（2）使用空调时应先起动发动机，待发动机稳定运转几分钟后，打开鼓风机至某一挡位；然后再按下空调开关A/C以起动空调压缩机，调整送风温度和选择送风口，空调即可正常工作。需要注意的是当温度调节推杆处于最大冷却位置时，应尽量使用鼓风机的高速挡，以免蒸发器因过冷而结冰。

（3）在使用取暖、制冷状态时，必须关闭通风口、车窗和车门，以尽快达到满意的温度，节省能量。

（4）在只需换气而不需冷气时，如春、秋两季，只需打开鼓风机开关（不要起动压缩机）。

（5）夏日停车应尽量避免在阳光下曝晒，以免加重空调装置的负担。在太阳照射的情况下行车，如果车内温度很高，应打开所有车窗，当行车3 min左右，车内热空气排出后，立即关上车窗，再开空调。

（6）在夜间行驶时，由于整车耗电量较大。不应长时间使用空调以免引起蓄电池亏电。

（7）汽车停驶时不要长时间使用空调制冷装置，以免耗尽蓄电池的电能和防止废气被吸入车内，造成再次起动发动机时产生困难和乘员中毒，或冷凝器和发动机因散热不良而过热，影响空调的制冷性能和发动机的寿命。

（8）在发动机怠速时，如使用空调应适当提高发动机怠速转速至 1 000 r/min 以上（有怠速提升装置的空调将自动提高发动机转速），以防发动机因驱动空调压缩机而熄火。

（9）汽车低速行驶时（如低于 25 km/h），应采用低速挡以使发动机有一定转速，防止发电量不足和冷气不足。

（10）空调使用季节过后，为保持空调良好的工作状态，应每星期开动 1 次，每次开动数分钟。

（11）有些空调器空气入口有控制新鲜和再循环空气的两个控制位置。若汽车在尘土飞扬的道路上行驶，应将空气入口控制在再循环空气位置，以防车外灰尘进入车内。

九、思考题

（1）汽车空调通常具备哪几个功能？

（2）简述歧管压力计的组成。

（3）如何检测空调系统的泄漏？

实验 6　ADO 示波器的使用

一、问题导入

某 4S 店售后服务小组接到一张任务工作单：一辆汽车，行驶里程 100 000 km，因发动机烧机油而大修，完工后，启动困难，但发动机无故障代码。在检测之前，先了解 ADO 示波器的使用方法。

二、实验目的

ADO 示波器是小型、轻便的便携式仪器，向用户提供方便且易操作的前面板，可以进行基本测试。

本节主要阐述如何执行以下任务：
(1) 简单信号测量；
(2) 光标测量；
(3) 捕捉单次信号。

三、实验内容

1. 简单信号测量

观测电路中一未知信号，迅速显示和测量信号的频率和峰值。欲迅速显示该信号，请按如下步骤操作：

(1) 进入"通用示波器"将探头菜单衰减系数设定为 10X，并将探头上的开关设定为 10X。

(2) 将 CH1 的探头连接到电路被测点。

(3) 按下"自动"按键。

2. 光标测量

ADO 示波器可对大多数显示信号进行自动测量，欲测量信号的各个参数值（最大值、最小值、占空比、幅度、周期），请按如下步骤操作：

(1) 进入"通用示波器"按"自动"按键，可迅速测得当前信号波形。

(2) 按"CH1"按键进行翻页，可观察到最大值、最小值、占空比、幅度（CH2 ~ CH4 类似操作）。此时，信号参数测量值分别显示在 F1 ~ F4 对应的位置，可以按对应的 F1 ~ F4 功能键选择显示信号参数值，如图 3-6-1 所示。

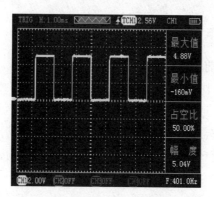

图 3-6-1　光标测量

3. 捕捉单次信号

ADO 示波器的优势和特点在于可方便地捕捉脉冲、毛刺等非周期性的信号。捕捉一单次信号，首先需要对此信号有一定的先验知识，才能设置触发电平和触发沿。对于信号不确定的情况，可以通过自动或正常的触发方式先进行观察，以确定触发电平和触发沿。

具体操作步骤如下：

（1）如前述设置探头和 CH1 的衰减系数为 10X。

（2）进行触发设定：

①按"CH1"按键→"F3"按键，设置耦合为"直流"；

②按"触发"按键，显示边沿触发菜单设置；

③在此菜单下，按"F2"按键设置边沿类型为"斜率下降"，按"F3"按键设置信源为"CH1"，按"F4"按键设置触发方式为"单次"；

④按"启/停"按键，显示屏左上角显示"SIGL"，等待符合触发条件的信号出现。如果某一信号达到设定的触发条件，即采样 1 次，显示在屏幕上。利用此功能可以轻易地捕捉到偶然发生的事件，例如突发性的低电平：将边沿触发设置为下降沿触发，按"启/停"按钮开始等待，当有低电平发生时，机器会自动触发并把触发前后的一段时间的波形记录下来。通过"时基"可以改变触发位置的水平位置，从而得到不同长度的负延迟触发，便于观察高电平发生前后的波形，如图 3-6-2 所示。

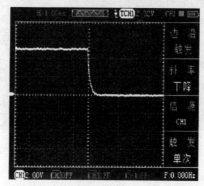

图 3-6-2　捕捉单次信号

四、实验前准备工作

在使用 ADO 示波器之前,首先要了解示波器的前面板。

ADO 示波器前面板采用中文菜单标识,以方便用户操作使用。在前面板上显示屏的左右方标有各个功能按键。通过上下左右键设置当前菜单的不同选项。而红色衬底的电源按键,长按此按键可对示波器进行开关机操作。其他按键为功能按键,通过他们可进入不同的功能菜单或直接获得特定的功能应用。ADO 102 示波器前面板和 ADO 104 示波器前面板分别如图 3-6-3、图 3-6-4 所示。

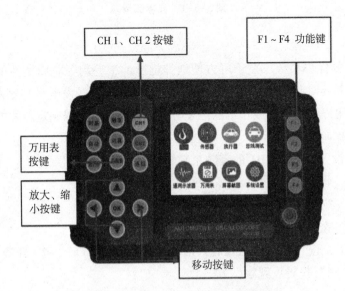

图 3-6-3　ADO 102 示波器前面板

图 3-6-4　ADO 104 示波器前面板

五、实验注意事项

（1）正确插拔：当探头或测试导线连接到电压源时不要插拔。

（2）正确连接探头：探头地线与地电势相同，不要将地线连接到高电压上；并且在测试过程中，不要触摸裸露的接点和部件。

（3）查看所有终端额定值：为了避免火灾和过大电流的冲击，应查看所有额定值和标记说明。应在连接设备前查阅使用说明以了解额定值的详细信息。

（4）不要开盖操作：如盖板或面板已卸下，不要操作设备。

（5）避免电路外露：开机后不要接触外露的接头和元件。

（6）怀疑设备出故障时，不要操作设备，待维修人员进行检查。

（7）保持适当的通风，不要在潮湿环境下操作设备。（测量汽车信号时远离热源、风扇叶片和传动轴，避免设备损坏和信号干扰。）

（8）不要在易燃、易爆环境中操作。

（9）应保持设备表面的清洁和干燥。

六、仪器结构功能

1. 曲轴、凸轮轴位置传感器（磁电式、霍尔式）

（1）ADO 示波器装上电池后，长按示波器的红色"⬤"按键，直到听到蜂鸣器响即可松手，此时示波器进入主菜单界面，如图 3-6-5 所示。

（2）进入主菜单界面后选择"传感器"，然后进入子菜单按上下按键选中"曲轴、凸轮轴位置传感器"，如图 3-6-6 所示，进入二级子菜单按上下按键选择"磁电式"或"霍尔式"，按"OK"按键确认后会分别提示"幅度随转速变化"和"0-5v 或 0-12v"等待几秒后即可进入操作界面（注：通道和功能要对应；CH1 对应曲轴位置传感器，CH2 对应凸轮轴位置传感器）。

图 3-6-5　示波器主菜单界面　　　图 3-6-6　传感器界面

（3）将 2 个探头分别接到示波器 CH1、CH2 且探头调至 1X 档，然后接地夹接到信号地或搭铁。

（4）由于示波器的"磁电式"和"霍尔式"功能已有默认设置（探头挡1X，时基挡10 ms），只需将 2 个探头接到对应的信号即可直观地显示波形，如图 3-6-7 所示（所测是

800 转下的波形）。

（5）按下"CH1"或"CH2"按键，可以查看各项数值和配置（默认配置）如图 3-6-8 所示。

（6）显示的波形可以自行通过调节时基、垂直伏/格和触发方式实现自己的需求（时基、垂直伏/格和其他的具体操作方法请参考 ADO 示波器操作）。

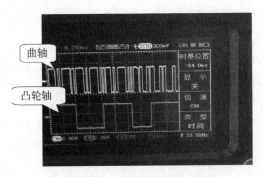
图 3-6-7　曲轴、凸轮轴位置传感器显示的波形

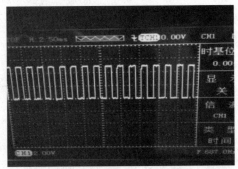
图 3-6-8　各项数值和配置

2. 氧传感器（锆型、钛型）

（1）同曲轴、凸轮轴位置传感器步骤（1）。

（2）进入主菜单界面后选择"传感器"，然后进入子菜单按上下按键选中"氧传感器"，进入二级子菜单按上下按键选择"锆型"或"钛型"，按"OK"按键确认后进入操作界面。

（3）将探头接到示波器 CH1 且探头调至 1X 挡，然后接地夹接到信号地或搭铁。

（4）由于示波器"锆型"和"钛型"功能已有默认设置（探头挡 1X，时基挡 1s），只需将探头接到对应的信号即可直观地显示波形，如图 3-6-9 所示（注：由于处于"SCAN"扫描模式需要耐心等待波形扫描出来）。

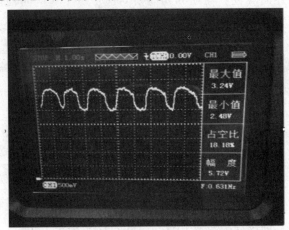
图 3-6-9　氧传感器显示的波形

（5）按下"CH1"按键，可以查看各项数值和配置（默认配置）。

（6）同曲轴、凸轮位置传感器步骤（6）。

3. 节气门位置传感器

(1) 同曲轴、凸轮轴位置传感器步骤(1)。

(2) 进入主菜单界面后选择"传感器",然后进入子菜单按上下按键选中"节气门位置传感器",按"OK"按键确认后进入操作界面。

(3) 将探头接到示波器 CH1 且探头调至 1X 挡,然后接地夹接到信号地或搭铁。

(4) 由于示波器"节气门位置传感器"功能已有默认设置(探头挡 1X,时基挡 500 ms)只需将探头接到对应的信号即可直观地显示波形,如图 3-6-10 所示(注:由于处于"SCAN"扫描模式需要耐心等待波形扫描出来)。

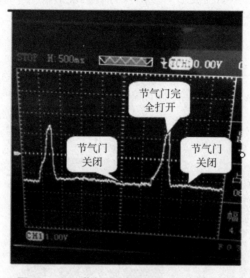

图 3-6-10　节气门位置传感器显示的波形

(5) 按下"CH1"按键,可以查看各项数值和配置(默认配置)。

(6) 同曲轴、凸轮轴位置传感器步骤(6)。

4. 空气流量计传感器

(1) 同曲轴、凸轮轴位置传感器步骤(1)。

(2) 进入主菜单界面后选择"传感器",然后进入子菜单按上下按键选中"空气流量计传感器",进入二级子菜单按上下按键选择"高频"或"低频",按"OK"按键确认后进入操作界面。

(3) 将探头接到示波器 CH1 且探头调至 1X 挡,然后接地夹接到信号地或搭铁。

(4) 由于示波器"空气流量计传感器"功能已有默认设置(高频:探头挡 1X,时基挡 100 μs,低频:探头挡 1X,时基挡 10 ms)只需将探头接到对应的信号即可直观地显示波形(注:由于处于"SCAN"扫描模式需要耐心等待波形扫描出来)。

(5) 按下"CH1",可以查看各项数值和配置(默认配置)。

(6) 同曲轴、凸轮轴位置传感器步骤(6)。

七、操作步骤

1. ADO 示波器快速操作指南

（1）波形高低的调整（幅度）：先按对应的通道，再通过上下按键调整。

（2）波形整体的移动：先按对应的通道，再通过左右按键调整。

（3）波形疏密的调整（时基）：先按"时基"按键，再通过上下按键调整。

（4）波形晃动难以捕捉：先按"触发"按键，再通过左右按键控制屏幕右边红色触发箭头，将红色触发箭头移动到波形对合适位置直到波形稳定下来。

（5）波形冻结回放查看：先按"启/停"按键，再按"时基"按键，最后通过左右按键查看曲轴是否存在缺齿的现象。

2. ADO 示波器操作指南

ADO 102 示波器和 ADO 104 示波器的控制按键如图 3-6-11 所示，ADO 示波器通用按键如图 3-6-12 所示。

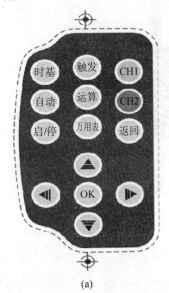
(a)

(b)

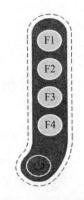

图 3-6-11　ADO 102 和 ADO 104 示波器的控制按键

（a）ADO 102 示波器；（b）ADO 104 示波器

图 3-6-12　ADO 示波器通用按键

3. 故障处理

（1）如果按下"⊙"按键示波器仍然黑屏，没有任何显示，请按下列步骤处理：

①打开仪器电池后盖，检查供电电池是否有电，或是否存在漏液、胀气等问题；

②检查完毕后，重新启动仪器；

③如果仍然无法正常使用，应及时与相应的厂商联系。

（2）采集信号后，画面中并未出现信号的波形，请按下列步骤处理：

①检查探头是否正常接在信号连接线上；

②检查信号连接线是否正常接在 BNC 上；

③检查探头是否与待测物正常连接；

④检查待测物是否有信号产生；

⑤再重新采集信号 1 次。

（3）测量的电压幅度值比实际值大 10 倍或小 10 倍：检查通道衰减系数是否与实际使用的探头衰减比例相符。

（4）有波形显示，但不能稳定下来：检查触发菜单中的触发源设置是否与实际信号所输入的通道一致，若一致但仍抖动可以通过上下按键移动触发位置。

（5）按下"启/停"按键无任何显示：检查触发菜单的触发方式是否在"正常"或"单次"挡，且触发电平是否已超出波形范围。如果是，应将触发电平居中，或者将触发方式设置为"自动"挡。

（6）波形显示呈阶梯状：此现象正常，可能水平时基挡位过低，增大水平时基可以提高水平分辨率，改善显示。

八、数据标准与故障分析

除非另有说明，所有技术规格都是用于衰减开关设定为 10X 的探头和此系列示波器。要验证示波器是否符合技术规格，示波器必须首先符合以下条件：

（1）示波器必须在指定的操作温度内连续运行了 30 min 以上；

（2）如果操作温度变化范围达到或超过 5℃，则要进行校正，除标有"典型"字样的规格以外，所有规格都要校正。

（3）示波器必须在出厂校正期限内。

ADO 示波器的技术规格，如表 3-6-1 所示。

表 3-6-1 ADO 示波器的技术规格

输入	说明
输入耦合	交流、直流（AC、DC）
输入阻抗	1 MΩ，25 pF
最大输入电压	40 V（探头 X1）；400 V（探头 X10）可测 220 V 电压；（探头 X100）可测 2 000 V 电压
探头衰减	1X、10X、100X
探头衰减系数设定	1X、10X、100X
信号获取系统	
采样方式	实时采样、随机采样
存储深度	4K
获取模式	采样，峰值检测
垂直系统	

续表

输入	说明
垂直灵敏度	10 mV ~ 5 V（探头 1X），100 mV ~ 50 V（探头 10X）（1，2.5，5 步进）
垂直精度	±3%
垂直分辨率	8 bit
带宽	10 MHz
水平系统	
实时采样率	100 MSa/s
水平扫描范围	25 nS/div ~ 5 S/div
触发系统	
模式	自动、正常和单次
类型	上升沿、下降沿
自动检测	支持（20 Hz ~ 10 MHz）
测量系统	
光标测量	支持时间和电压光标
测量方式	手动
测量	幅度、频率、周期、占空比
设备	
屏幕	3.2 寸，16 位真彩色，TFT，320 mm×240 mm
电池	3 000 mA 锂电池（单节电池连续工作 5 h 左右）
尺寸	115 mm×180 mm×35 mm

九、思考题

（1）采集信号后，画面中并未出现信号波形时该如何操作？

（2）简述 ADO 示波器的作用。

思考题参考答案

第一章

实验1

（1）Q：VCI 连接到汽车的 OBD 后，硬件显示"未知"是出现了什么问题？

A：硬件显示"未知"说明 USB 连接失败，需要检查 USB 连接以及网络的正常工作与否。

（2）Q：当使用汽车诊断仪测得安全气囊（SDM）当前显示为"N/A"，这有何含义？

A："N/A"表示系统检测发现该车未安装安全气囊。

（3）Q：什么情况下需要对汽车进行故障码清除？

A：临时故障码可以自行清除，临时故障码是车辆在行驶过程中检测到的故障，可能是由于路面恶劣导致的，也可能是驾驶员操作不当导致的，这种故障码会在车况良好时自动清除。而有时候会出现永久故障码，它会使车辆怠速突然抖动，转速不稳定，故障灯亮起等，这时需要去检测维修，再使用解码仪读取数据流和故障码进行清除。

实验2

略

实验3

（1）Q：动力电池有哪些常见类型？

A：三元动力电池、磷酸铁锂电池、钛酸锂电池、铅酸蓄电池。

（2）Q：动力电池有哪些常见故障？

A：单体电池过压、电池高温、电池温度异常。

（3）、（4）、（5）略

实验4

（1）Q：简述 BMS 的作用。

A：BMS 的主要任务是防止过充、避免过放、温度控制、电池组件电压和温度的平衡、预测电池的荷电状态（SOC）和剩余行驶里程。

（2）Q：BMS 一般采用模块化分布式结构设计，具体包含哪几部分结构？

A：BMS 主要包含一个 BCU，收集来自各个单元的信息通过 CAN 总线进行数据传输与控制；从板（LCU）实时监控模组的单体电压、单体温度等信息。BMU 负责单体电池电压检测、电池温度检测、均衡控制，并将采集的电池数据和 BMU 的实时工作状态通过 CAN 总线发送给 BCU 或其他监控设备；BDU 是电池包电能进出的大门；高压控制板，实时监控电池包的电压电流，同时还包含预充检测和绝缘检测功能。

（3）略

实验 5

（1）Q：除了以上几个交流充电桩常见故障，列举几个交流充电桩在使用中的故障？并简述其处理方法。

A：①跳枪现象。解决方案：在刷卡时确认 IC 卡余额充足，充电过程中余额不足会自动终止充电。

②充电结束后，枪锁死拔不出。解决方案：重新启动充电流程，断电后等其跳枪即可，若不可行，则立刻联系厂家进行维修。

③平台连不上网。解决方案：检查网线接口是否接好，若是网络通信板故障，则需要联系厂家，更换网络通信板。

（2）Q：简述交流充电桩各个系统工作原理及其组成构造。

A：主回路由输入保护断路器、交流智能电能表、交流控制接触器和充电接口连接器组成；二次回路由控制继电器、急停按钮、运行指示灯、充电桩智能控制和人机交互设备（显示、输入与刷卡）组成。输入保护断路器具备过载、短路和漏电保护功能；交流控制接触器控制电源的通断；充电接口连接器提供与电动汽车连接的充电接口，具备锁紧装置和防误操作功能。二次回路提供"启停"控制与"急停"操作；运行指示灯提供"待机""充电"与"充满"状态指示；充电桩智能控制进行交流充电计量；人机交互设备则提供刷卡、充电方式设置与启停控制操作。

（3）Q：电流传感器在交流充电桩中有何作用？

A：交流充电桩中的电流传感器能够准确对关键系统环节上的电流进行测量，及时发现和报告内部异常情况，从而避免安全事故发生。

实验 6

（1）Q：简述 DC-DC 转换器的工作原理。

A：把直流电转化为脉动的直流电，然后通过电感等储能元件以及稳压二极管得到所需的直流电流。

（2）Q：简述 DC-DC 转换器的作用。

A：DC-DC 转换器的作用就是将动力电池组高电压转换为恒定 12 V 或者 14 V、24 V

低电压,是既能给全车电器供电,又能给辅助蓄电池充电的设备。

(3) 略

实验7

(1) Q:简述永磁电动机的结构组成和工作原理。

A:永磁电动机的结构由定子、转子、线圈绕组、前端盖、后端盖、减速机构壳体、差速器、主齿轮和减速器输入轴组成。工作原理:在电动机的定子绕组中通入三相电流,在通入电流后就会在电动机的定子绕组中形成旋转磁场,由于在转子上安装了永磁体,永磁体的磁极是固定的,根据磁极的同性相吸异性相斥的原理,在定子中产生的旋转磁场会带动转子进行旋转,最终达到转子的旋转速度与定子中产生的旋转磁极的转速相等,所以可以把永磁电动机的起动过程看成是由异步启动阶段和牵入同步阶段组成的。

(2) Q:驱动电动机在汽车上的作用。

A:驱动电动机的作用是将电源的电能转化为机械能,通过传动装置或直接驱动车轮和工作装置。

(3) Q:对比直流电动机、交流异步电动机、永磁无刷电动机、开关磁阻电动机4种驱动电动机的区别。

A:直流电动机:在电动汽车发展的早期,很多电动汽车都是采用直流电动机方案。主要是看中了直流电动机的产品成熟,控制方式容易,调速优良的特点。但由于直流电动机本身的短板非常突出,其自身复杂的机械结构(电刷和机械换向器等),制约了它的瞬时过载能力和电动机转速的进一步提高;而且在长时间工作的情况下,电动机的机械结构会产生损耗,提高了维护成本。此外,电动机运转时的电刷火花会使转子发热,浪费能量,散热困难,还会造成高频电磁干扰,这些因素都会影响具体整车性能。

交流异步电动机:是目前工业中应用十分广泛的一类电动机,其定、转子由硅钢片叠压而成,两端用铝盖封装,定、转子之间没有相互接触的机械部件,结构简单,运行可靠耐用,维修方便。交流异步电动机与同功率的直流电动机相比效率更高,质量约轻了1/2左右。如果采用矢量控制的控制方式,可以获得与直流电动机相媲美的可控性和更宽的调速范围。由于有着效率高、比功率较大、适合于高速运转等优势,交流异步电动机是目前大功率电动汽车上应用最广的电动机。但在高速运转的情况下电动机的转子发热严重,工作时要保证电动机冷却,同时交流异步电动机的驱动、控制系统很复杂,电动机本体的成本也偏高,另外运行时还需要变频器提供额外的无功功率来建立磁场,故与永磁无刷电动机和开关磁阻电动机相比,交流异步电动机的效率和功率密度偏低,不是能效最优化的选择。

永磁无刷电动机:永磁无刷电动机根据定子绕组的电流波形的不同可分为2种类型,一种是无刷直流电动机,它具有矩形脉冲波电流;另一种是永磁同步电动机,它具有正弦波电流。这两种电动机在结构和工作原理上大体相同,转子都是永磁体,减少了励磁所带来的损耗,定子上安装有绕组通过交流电来产生转矩,所以冷却相对容易。由于这类电动机不需要安装电刷和机械换向结构,工作时不会产生换向火花,运行安全可靠,维修方便，能量利用率较高。永磁无刷电动机的控制系统相比于交流异步电动机的控制系统来说更加简单。但是由于受到永磁材料本身的限制，在高温、振动和过流的条件下，转子的永磁体会产生退磁现象，所以在相对复杂的工作条件下，永磁无刷电动机容易发生损坏，故这一块还有待继续发展改善。

开关磁阻电动机：开关磁阻电动机作为一种新型电动机，相比其他类型的驱动电动机而言，开关磁阻电动机的结构最为简单，定、转子均为普通硅钢片叠压而成的双凸极结构，转子上没有绕组，定子装有简单的集中绕组，具有结构简单坚固、可靠性高、质量轻、成本低、效率高、温升低、易于维修等诸多优点。而且它具有直流调速系统可控性好的优良特性，同时适用于恶劣环境，非常适合作为电动汽车的驱动电动机使用。

实验 8

(1) Q：三元锂电池的结构特点是什么？

A：三元锂电池中的三元材料是过去几年的热点，其中 Ni 成分，可以提高材料活性，提高能量密度；Co 成分也是活性物质，既能稳定材料的层状结构，又能减小阳离子混排，便于材料深度放电，从而提高材料的放电容量；Mn 成分，在材料中起到支撑作用，提供充放电过程中的稳定性。三元锂电池基本上综合体现了几种材料的优点。

(2) Q：磷酸铁锂电池的结构特点是什么？

A：橄榄石（olivine）结构的 lifepo4 作为电池的正极；由铝箔（aluminiumfoil）与电池正极连接。由碳（carbon）、石墨（graphite）组成电池负极；由铜箔（copperfoil）与电池的负极连接。隔膜（diaphragm）为聚合物（polymer）材料。电解质（electrolyte）为六氟磷酸锂、高氯酸锂、四氟硼酸锂等。电解液包含：碳酸乙烯酯、碳酸丙烯酯、碳酸二甲酯、丁酸乙酯、氟代碳酸乙烯酯、双草酸硼酸酯锂、六氟磷酸锂。另外还有绝缘材料、安全阀、密封圈、外壳等。

(3) Q：磷酸铁锂电池和三元锂电池各自的优缺点是什么？

A：磷酸铁锂电池和三元锂电池最主要的区别是正极材料使用的不同。磷酸铁锂离子电池的正极材料主要有钴酸锂、锰酸锂、镍酸锂、三元材料、磷酸铁锂等，其中钴酸锂是目前绝大多数锂离子电池使用的正极材料。三元锂电池正极材料使用镍钴锰酸锂或者镍钴铝酸锂。

磷酸铁锂作为正极材料的电池充放电循环寿命长，但其缺点是能量密度、高低温性能、充放电倍率特性均存在较大差距，且生产成本较高。

实验 9

(1) Q：讲述有分电器和无分电器的连接方法和区别。

A：无分电器点火系统中去掉了传统点火系统的分电器，故没有旋转元件产生的机械摩擦，高压线数量少而且短，故抗无线电干扰能力更强。

(2) Q：怎样确定点火线圈的极性？

A：用电压表测量判断。将 0~50 V 的普通直流电压表（或采用万用表的相应挡）的

"+"表笔接搭铁（接机体），表笔接任一缸的火花塞与高压线连接处，在发动机运转时，若电压表指针向右移动，表示点火线接线正确，即火花塞中心电极为负。

（3）Q：气缸分析操作有哪些？请说明操作步骤。

A：起动压缩比测试：开始实验时要把发动机熄火，再依次按下 F1、F5、F4 后，再按下仪器面板上的断缸键进行点火短路，然后起动发动机直到发动机起动成功为止（注：起动期间不能断续，要一次完成，否则要重头操作一次）。操作完毕后，分析仪会显示检测结果。

断缸测试：开始实验时发动机为怠速状态，再依次按下 F1、F5、F6 后，系统自动进行断缸测试，断缸顺序为发动机点火顺序，最后观察转速变化并读取数据。

（4）Q：试分析次级电压标准波形各个阶段的含义。

A：发动机点火系统波形有初级波形和次级波形，初级波形是初级线圈电压信号随时间变化的曲线，同样次级波形是点火线圈次级绕组电压信号随时间变化的曲线。次级电压标准波形如下图所示。

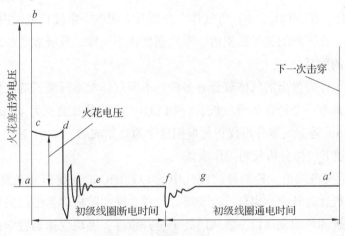

次级电压标准波形

触点开启段（a—f 段）：指断电器触点开启时的电压波形。它包括点火段与低频振荡段。

触点闭合段（f—a' 段）：是点火线圈的充磁区。触点闭合段右端点 a' 即触点开启点，是下一次发火线的起点。当传统点火系统的触点闭合或电子点火系统的晶体管道导通时，点火线圈的初级绕组开始通电。由于线圈的电抗作用，电流由零逐渐增大，在变化的初级电流作用下，次级电路中也感应出电动势，并与电路电容互相作用，形成又一振荡。当初级电流稳定后，次级中既无电压，也无电流，波形呈水平线。

点火段（a—b—c—d 段）：包括发火线和火花线。

低频振荡段（d—f 段）：火花消失后，点火线圈中仍有一些残余能量继续释放，它使线圈和电路中的分布电容形成低频衰减振荡，直至能量耗尽。正常工作的点火系统的衰减振荡应显示 3 个以上的波峰。

发火线（a—b 段）：最左边的垂线是发火线，为一尖脉冲。发火线的高度代表火花塞击穿电压（点火电压），一般在 7~11 kV 之间。电子点火的汽车一般在 8~16 kV 之间。火花塞不工作时点火电压为 20~30 kV。其值受火花塞或次级电路、发动机温度、混合气浓度和气缸压缩压力的影响。

火花线（c—d 段）：火花线是指发火线后面的波小而密的曲线。这一阶段为高频振荡，它反映了火花塞的放电过程。标准的火花线为一条向下弯曲的弧线，如果混合气过浓或气缸压缩压力低，则火花线后部不向上翘起，而是向下倾斜。火花线的平均高度代表击穿火花塞电极之后，维持两电极间火花放电所需的电压值（火花电压），其正常高度约为发火线的1/4。火花线的长度代表火花延续的时间，火花线的右端表示放电结束。

实验 10

（1）Q：简述气体分析仪测量废气的基本原理。

A：不同颜色的光线具有不同波长，人们通常把 0.8~600 μm 的一段电磁波称为红外线。

废气中的 CO、HC、CO_2、NO_x 等气体，分别具有吸收一定波长范围内红外线的性质。

不同的气体，在不同的波长范围内，吸收强度也不一样，且吸收红外线的程度与废气浓度之间有一定的关系。

汽车发动机工作时排出的气体成分有多种。不同气体对不同波长的红外线吸收有选择性，即每种气体都有一个特定的吸收波长，如 CO 气体的吸收波长为 47 μm，而 HC 气体吸收波长为 3.4 μm 等。气体分析仪正是根据这个原理制成的。

（2）Q：简述五气体分析仪的操作步骤。

A：按照国家标准规定，检测排放废气中的 CO、HC 的浓度值要在怠速工况下进行，怠速工况指发动机在运转中，离合器处于接合位置，油门踏板和手油门处于松开位置。采用化油器供油系统的汽油发动机，阻风门处于全开位置，手动变速器置空挡，自动变速器处于停车挡或空挡位置。

①仪器检查与校准。在检测之前，仪器必须进行仔细检查。在确认无问题后，接通电源，预热 30 min 以上，并按说明书要求进行调试。

②车辆准备。汽车排气系统不得有泄漏，按规定调整发动机怠速和点火正时，并运行发动机至规定的状态。

③将发动机由怠速加速至 70% 的额定转速，维持 60 s 后降至怠速运转，将取样探头插入汽车排气管中，深度为 400。在发动机降至怠速 15 s 后开始读数，读取 30 s 内的最高值和最低值，其平均值为测量结果。检测结束后，把取样探头从排气管中抽出，让它吸入新鲜空气 5 min，待仪器指针回零后再关掉电源。

（3）Q：简述双怠速测量方法。

A：从怠速加速到额定转速的 70%，运行 30 s 后再恢复到怠速状态；然后怠速运行 15 s 后，用仪器读取 30 s 内的平均值就是怠速污染物的测量结果。

（4）Q：对比五气体分析仪和二气体分析仪的异同。

A：五气体分析仪是测量在用车尾气排气的，它可以实现对汽油机尾气中 CO_2、CO、NO_x、O_2 和 HC 的测量。在测量尾气的过程中，通常采用直接将五气体分析仪取样探头伸到排气管来直接测量尾气成分。

（5）Q：发动机混合气过浓时要进行哪些调整与检验。

A：混合气过浓产生的主要原因是：空气滤清器堵塞或阻风门没完全打开，致使与汽油混合的空气量减少，化油器调整不当，浮子室油面过高，主喷油针与主喷油嘴磨损，使环形面积增大从而使与空气相混合的汽油量增多。化油器空气量孔堵塞或调整不当也能造成可燃混合气过浓的故障。

诊断与排除：诊断时，让发动机怠速运转，突然关闭阻风门，若发动机立即熄火，说明混合气过浓。

排除时可按以下步骤进行，首先拆下油平面检查孔螺钉，检查油平面，如油平面过高，则应对油平面重新进行调整，因为浮子破漏，浮子针阀关闭不严，针阀衬垫损坏造成的油平面过高，则应更换新件或进行修复。如油平面正常，则检查阻风门是否完全打开，空气滤清器是否堵塞，阻风门如不能全开，应重新调整，空气滤清器堵塞，应进行清洗或更换滤芯，如果空气畅通，则应起动发动机，将主量孔调整至适当位置即可；如调整主量孔调整针发动机工作仍不正常，则检查化油器空气量孔，如堵塞须进行清洗。检查主量孔螺钉是否松动，如松动应拧紧，主喷油针及其油嘴磨损应更换新件。

实验 11

（1）Q：简述发动机气缸压缩压力检测方法。

A：检测方法如下：

①预热并停止发动机；

②拆下发动机罩盖；

③将点火系统的正极与初级点火线圈断开，使其不起作用，并将其他电线用电工胶带绝缘，使其不能与接地线接触，对无分电器的点火系统，拆下 4 个点火线圈；

④拆下 4 个火花塞，并用空气枪吹掉其凹坑内所有的尘土；

⑤将发动机的燃油泵关掉，使其不起作用或断开 4 个喷油器连接器。注意：在进行气缸压缩压力检查时，若喷射系统不停止工作，燃料喷射发动机喷出的燃料会进入气缸。若燃料蒸气从火花塞孔喷出，可能会导致严重的爆炸，造成人身伤害。

（2）Q：当气缸压缩压力的检测值超过标准值时，过高或过低会说明什么问题？

A：发动机气缸压力过高故障诊断如下。

①一般发动机气缸压力过高的原因主要是燃烧室内积炭过多。

检修方法：清除燃烧室内的积炭。

②刚大修后的发动机气缸压力过高的原因主要是气缸衬垫过薄或气缸盖加工过薄，导致燃烧室容积过小。

检修方法：更换气缸衬垫或气缸盖。

气缸压力过低故障现象：发动机启动后，怠速不稳，动力不足，机油和燃油消耗增加,尾气排放超标,甚至不能启动;测量气缸压力,测量值低于允许极限。

气缸压力过低故障主原因及处理方法如下。

①空气滤清器过脏、堵塞:清洁或更换空气滤清器滤芯;

②气缸、活塞环、活塞磨损过大,密封不良:检修或更换气缸、活塞环、活塞;

③气门和气门座工作面磨损或烧灼,密封不良:检修或更换气门和气门座;

④气缸衬垫损坏:更换气缸垫;

⑤气缸盖变形:检修或更换气缸盖;

⑥气门间隙或配气正时不当:调整气门间隙或配气正时。

(3) Q:试分析气缸压缩压力的检测值超过标准值的原因。

A:一般发动机气缸压力过高的原因主要是燃烧室内积炭过多。

实验12

(1) Q:简述百分表的测量和读数方法。

A:使用前,应检查测杆活动的灵活性。即轻轻推动测杆时,测杆在套筒内的移动要灵活,没有任何轧卡现象,每次手松开后,指针能回到原来的刻度位置。

使用时,必须把百分表固定在可靠的夹持架上。切不可贪图省事,随便夹在不稳固的地方,否则容易造成测量结果不准确或摔坏百分表。

测量时,不要使测杆的行程超过它的测量范围,不要使表头突然撞到工件上,也不要用百分表测量表面粗糙度过大或有显著凹凸不平的位置。

测量平面时,百分表的测杆要与平面垂直,测量圆柱形工件时,测杆要与工件的中心线垂直,否则,将使测杆活动不灵或测量结果不准确。

为方便读数,在测量前一般都让大指针指到刻度盘的零位。

百分表的读数方法为:先读小指针转过的刻度线(即毫米整数),再读大指针转过的刻度线并估读一位(即小数部分),并乘以0.01,然后两者相加,即得到所测量的数值。

(2) Q:论述气缸体和气缸盖的变形检测具体步骤。

A:测量气缸体上平面,具体过程如下:

①用一只手轻轻将刀刃尺的锐角靠在气缸体上平面,另一只手用塞尺内0.05 mm的测量片向刀刃尺和气缸体上平面的缝隙中试插。

②如果用0.05 mm的测量片不能或很难插入刀刃尺和气缸体上平面之间的缝隙中,则说明此测量点的变形量没有达到最大值,然后更换位置检测刀刃尺和气缸体上平面之间的其他缝隙。

③如果测得刀刃尺和气缸体上平面之间的所有缝隙都没有达到最大限值,则再将刀刃尺其他五个方位,用上面两个步骤的方法重复进行检测。

④在测量过程中,如果用0.05 mm的测量片插入刀刃尺和气缸体上平面之间的缝隙时有一些阻力或阻力很小,则说明此气缸体上平面的变形量达到或超过了最大限值。

测量气缸盖下平面,具体过程如下。

①用一只手轻轻将刀刃尺的锐角靠在气缸盖下平面,另一只手用塞尺内0.05 mm的测

量片向刀刃尺和气缸盖下平面的缝隙中试插。

②如果用 0.05 mm 的测量片不能或很难插入刀刃尺和气缸盖下平面之间的缝隙中,则说明此测量点的变形量没有达到最大限值,然后更换位置检测刀刃尺和气缸盖下平面之间的其他缝隙。

③如果测得刀刃尺和气缸盖下平面之间的所有缝隙都没有达到最大限值,则再将刀刃尺用上面两个步骤的方法重复进行检测。

④在测量过程中,如果用 0.05 mm 的测量片插入刀刃尺和气缸盖下平面之间的缝隙时有一些阻力或阻力很小,则说明此气缸盖下平面的变形量达到或超过了最大限值。

(3) Q:怎样运用量缸表对气缸进行测量。

A:通常用量缸表对气缸的磨损进行测量,测量方法如下:

①根据气缸直径,选择合适的测杆固定在量缸表的下端,使整个测杆长度与被测气缸的尺寸相适应。

②校正量缸表的尺寸。将千分尺调到气缸的标准尺寸,再将量缸表通过千分尺校正到气缸的标准尺寸(使测杆有 2 mm 左右的压缩量),旋转表盘使表针对准零位。

③测量气缸上、中、下位置的纵向和横向上的气缸直径。测量时应摆动量缸表,指针指示的最小值即为被测值,并将测得的值逐一记录下来。

④计算气缸的圆度误差和圆柱度误差。圆度和圆柱度误差的计算方法与曲轴主轴承座孔相同。

(4) Q:简述曲轴弯曲的检查。

A:①将曲轴清洗干净,擦干后,将曲轴第一道和最后一道主轴颈用 V 形块支承,将百分表抵在中间主轴颈上轴承沟槽未磨损的部位。

②慢慢转动曲轴(应避开油孔位置),找出反映在百分表上的最小读数,转动表盘使表针对零。

③再把曲轴转动 180°,这时百分表读数即为曲轴弯曲的摆差,摆差的一半即为曲轴的弯曲度。

④如曲轴主轴颈为双数,应测中间两道主轴颈的摆差,以最大值为准。

实验 13

(1) Q:简述无负荷测功的原理和方法。

A:对于某一结构的发动机,它的运动件的转动惯量可以认为是一定值,这就是发动机加速时的惯性负载。

因此,只要测出发动机在指定转速范围内急加速时的平均加速度,即可得知发动机的动力性能。或者说通过测量某一定转速时的瞬时加速度,就可以确定出发动机的功率大小。瞬时加速度愈大,则发动机功率愈大。

用无负荷测功仪测量发动机功率时,应先使发动机达到正常工作温度,然后熄灭发动机。将无负荷测功仪接通电源并预热,检查调整至正常。把转速传感器的夹子与分电器的点火线圈并接,打开点火开关,测量仪器一切准备就绪后,将发动机油门一脚踩到底,

n_1、n_2 指示灯相继闪亮，发动机自动熄灭。此时显示器上的显示值为发动机最大功率。一般测试重复 3~4 次，取其平均值。根据测试结果，对发动机技术状况进行判断。

①各种车辆都有一定的标准值。若达不到额定功率，应对油电路进行调整。若调整后功率值仍低时，应检查气缸压力值、进气管中真空度等，判断是哪一缸出现了故障。

②对个别缸技术状况有怀疑时，可对其进行断火后再测功，从功率下降情况判断该缸的工作好坏。

（2）Q：论述发动机功率不足的原因。

A：缸压不足；缸垫不密封、烧蚀；气门座圈烧蚀、不密封或脱落；气门弹簧过软工作不良；活塞环咬死或对口；活塞配缸间隙过大。

实验 14

（1）Q：简述自动清洗检测的方法和步骤。

A：具体步骤如下：

①在进行自动清洗检测前，如果玻璃管中有检测液，按"排油"键将玻璃管中检测液排净。

②在喷油嘴清洗检测仪控制面板中选择"自动清洗检测"，然后参照该车喷油嘴的性能参数表在参数选择区的"喷射缸号/模式"中选择清洗检测的模式，系统默认模式1，按"运行"键开始测试。

③系统运行过程中，此时可通过"增压""减压"键来调节压力，也可按"项目选择"键再按"运行"键使系统压力值自动恢复到默认值。

④测试完毕，系统自动停止，并以蜂鸣器鸣叫提示。

（2）Q：简述超声波清洗的方法和步骤。

A：具体步骤如下：

①接通超声波清洗机电源。把电源线的一端插入超声波清洗机的插座，另一端插入电源插座。

②把外部清洗干净的喷油嘴放在超声波清洗池中的清洗支架上。

③在超声波清洗机内加入适量的清洗剂或专用的超声波清洗剂，一般清洗剂以浸过喷油嘴针阀 20 mm 左右即可。

④将喷油嘴脉冲信号线分别与喷油嘴插好并打开超声波电源开关。

⑤在控制面板的项目选择区中选择"超声波清洗"，然后设定时间（系统默认为600 s），按"运行"键即可。

⑥此项工作结束，系统自动停止，并以蜂鸣器鸣叫提示，这时可关闭超声波电源开关。

⑦从超声波清洗池中拿出喷油嘴，用软布擦净上面的清洗剂，准备下一项工作。

（3）Q：可否将脉冲信号线连接头同喷油嘴整体浸泡于超声波池中进行清洗？为什么？

A：不可以。因为极易损坏脉冲信号线连接头。

第二章

实验 1

(1) Q：简述前束值的意义。

A：由汽车上方看左右两个前轮，两轮的中心面是不平行的，左右前轮分别向内，即两轮的前边缘距离小于后边缘距离，两距离之差就是前轮前束值。

采用这种结构目的是修正上述前轮外倾角引起的车轮向外侧转动。如前所述，由于有了车轮外倾角，方向盘操作变得容易。但是另一方面，由于车轮向外倾斜，车轮在转动时，就类似于滚锥，从而导致左右前轮分别向外侧转动。由于转向横拉杆和车桥的约束，使得车轮不可能向外转动，那么车轮在地面上将会出现边滚边滑的现象，从而增加了轮胎的磨损。为了修正这个问题，如果左右两轮带有车轮前束值，这样就可以使车轮在每一瞬间滚动方向接近于向着前方，使汽车保持直线行进，从而很大程度上减轻和消除了由于车轮外倾角而产生的不良后果，减少轮胎磨损。

(2) Q：汽车后轮外倾角的作用是什么？

A：一是由于后轮外倾角是负值，可增加车轮接地点的跨度，增加汽车的横向稳定性；二是负后轮外倾角是用来抵消当汽车高速行驶且驱动力较大时，车轮出现的负后轮前束（前张），以减少轮胎的磨损。

实验 2

(1) Q：前轮定位参数的变化有什么影响？

A：前轮定位参数的变化会导致轮胎与路面接触区的作用力或侧滑发生变化，它不但影响汽车乘车的舒适性，有时甚至危及行车安全。因此，常采用前轮定位参数作为深入诊断参数，对前轮定位进行检测，并根据检测的数据进行维修。

(2) Q：水准仪的分类及作用是什么？

A：水准仪是建立水平视线测定地面两点间高差的仪器。原理为根据水准测量原理测量地面点间高差；主要部件有望远镜、管水准器（或补偿器）、垂直轴、基座、脚螺旋。按结构其分为微倾水准仪、自动安平水准仪、激光水准仪和数字水准仪（又称电子水准仪）。按精度其分为精密水准仪和普通水准仪。

(3) Q：主销内倾角可以通过直接测量得出吗？

A：主销内倾角不能直接测出，而只能利用转向轮绕主销转动时的几何关系进行间接测量。由于主销内倾，因而当转向轮绕主销转动一定角度时，其转向节连同转向轮将会绕转向节枢轴轴线转过一角度，测出该角度，即可间接测出主销内倾角。为消除主销后倾角对测量值的影响以及提高测量的灵敏度和精度，测量时将转向轮先向内转一定角度（通常为20°），再把其水泡调至水平位置，然后向相反方向回转2倍该角度。

实验 3

（1）Q：侧滑检测台的作用是什么？

A：检测汽车侧滑量和汽车的侧滑方向，用来检验车轮外倾角和车轮前束匹配状况是否良好。

（2）Q：使用侧滑检测台时有哪些注意事项？请举例。

A：①检测前应先放松开关板或侧滑板的限位螺栓，检查汽车轮胎气压是否正常。
②汽车通过检测台滑板时不得转向或制动，以免损坏设备影响检测精度。
③前驱动的汽车在测试时，不应该突然加油、收油或踏离合器，这样会改变前轮受力状态和定位角，造成测量误差。

（3）Q：侧滑超标时如何进行调整？

A：侧滑超标时，若侧滑量为负值，则表明前束太大或外倾角太小甚至车轮内倾；若侧滑量为正值，则表明前轮外倾角太大或前束过小甚至负前束。总之，车轮侧滑量超标，则说明车轮外倾与前束匹配不当，此时应加以调整。调整时只能调前束，若调整前束后仍无法达到侧滑量的要求，或前束调整量太大而超标，则可判断是外倾角变化太大的影响，此时须进一步用静态车轮定位仪检测各自定位参数。

实验 4

（1）Q：车轮平衡机的类型有哪些？

A：车轮平衡机有以下类型：按功能，车轮平衡机可分为车轮静平衡机和车轮动平衡机；按测量方式，车轮平衡机可分为离车式车轮平衡机和就车式车轮平衡机；按转轴形式，车轮平衡机又可分为软式车轮平衡机和硬式车轮平衡机。

（2）Q：车轮不平衡有哪些后果？

A：当汽车在高速行驶时，发现车轮上下振动和左右摆动，汽车附着力减小，轮胎磨损严重，这时就需要考虑汽车车轮是否出现了不平衡。车轮不平衡不仅降低零部件的使用寿命，并且影响到汽车的行驶平顺性，还使驾驶员难以控制汽车行驶方向，甚至会酿成重大交通事故。及时进行车轮动平衡检测不仅可提高汽车的行驶平顺性和操纵稳定性，更重要的是可提高汽车行驶的安全性。

（3）Q：为什么要进行汽车动平衡检测？

A：汽车的车轮是由轮胎、轮毂组成的整体。但由于制造上的原因，使这个整体各部分的质量分布不可能非常均匀。当汽车车轮高速旋转起来后，就会形成动不平衡状态，造成车辆在行驶中车轮抖动、方向盘振动的现象。

为了避免这种现象或是消除已经发生的这种现象，就要使车轮在动态情况下通过增加配重的方法，校正车轮各边缘部分的平衡。这个校正的过程就是人们常说的动平衡，也就是通常所说的加装平衡块。

实验 5

（1）Q：轮胎气压过高或过低有什么影响？

A：轮胎气压是轮胎的命门，过高和过低都会缩短轮胎的使用寿命。轮胎气压过低会使胎体变形增大，胎侧容易出现裂口，同时产生屈挠运动，导致过度发热，促使橡胶老化，帘布层疲劳，帘线折断，还会使轮胎接地面积增大，加速胎肩磨损。轮胎气压过高会使轮胎帘线受到过度的伸张变形，胎体弹性下降，使汽车在行驶中受到的负荷增大，如遇冲击会产生内裂和爆破，同时气压过高还会加速胎冠磨损，并使耐轧性能下降。

（2）Q：引起爆胎的原因有哪些？

A：引起爆胎的原因如下。

①轮胎漏气。在被铁钉或其他尖锐物刺扎而暂时没有把轮胎扎破，轮胎会出现漏气现象，进而引起爆胎。

②轮胎气压过高。因汽车高速行驶，轮胎温度升高，气压随之升高，轮胎变形，胎体弹性降低，汽车所受到的动负荷也增大，如遇到冲击会产生内裂或爆胎。这也是爆胎事故会在夏季集中爆发的原因。

③轮胎气压不足。当汽车高速行驶时（速度超过 120 km/h），轮胎气压不足容易造成胎体"谐振动"从而引发巨大的谐振作用力，如果轮胎不够结实或者已经有"伤"，就易爆胎。而且气压不足使得轮胎的下沉量增大，在急转弯时容易造成胎壁着地，而胎壁是轮胎最薄弱的部分，胎壁着地同样会导致爆胎。

④轮胎"带病工作"。轮胎在使用时间过长后磨损严重，冠上已无花纹（或花纹过低）、胎壁变薄，已变成了人们常说的"光头胎"或已出现了高低不平的"薄弱环节"，它将会因为承受不了高速行驶的高压、高温而爆胎。

（3）Q：根据所学知识，简述除了轮胎气压表，还有什么检测轮胎气压的方法？

A：TPMS 全称轮胎气压监测系统，是 "tire pressure monitoring system" 的缩写，TPMS 的作用是在汽车行驶过程中对轮胎气压进行实时自动监测，并对轮胎漏气和低气压进行报警，以确保行车安全。它有两种类型。

间接式轮胎气压监测系统实际上是依靠计算轮胎滚动半径来对轮胎气压进行监测；直接式轮胎气压监测系统是将带有传感器的气门嘴直接替换原车的气门嘴，采用传感器内的感应芯片感知轮胎在静止和运动状态下的轮胎气压和温度细微变化，将电信号转变成无线射频信号，并采用独立的频道发射器传入接收器内，从而使车主无论在行车还是静止状态下都能知晓车身轮胎的气压和温度。

实验 6

（1）Q：转向系统的作用是什么？

A：用来改变或保持汽车行驶或倒退方向的一系列装置称为转向系统。转向系统的功能就是按照驾驶员的意愿控制汽车的行驶方向。

(2) Q：方向盘抖动的原因有哪些？

A：汽车在行驶时，出现方向不稳、来回摆头或方向盘发抖的现象，是由于转向车轮偏摆大，转向车轮动不平衡，转向机构机件松旷、前轮定位失准、动力转向液压系统进气等原因。

(3) Q：直行自动跑偏的原因是什么？

A：直行自动跑偏的原因如下：
①左、右轮胎气压不一致或磨损程度不同；
②左、右前悬架刚度不同；
③四轮定位失准；
④前梁、车架或车身变形；
⑤左、右侧轴距差超出规定值；
⑥车轮有单边制动或拖滞现象；
⑦转向轮单边轮毂轴承装配过紧或损坏。

第三章

实验1

(1) Q：前照灯检测仪有哪几种？

A：前照灯检测仪主要有：屏幕式前照灯检测仪、聚光式前照灯检测仪、投影式前照灯检测仪、自动追踪光轴式前照灯检测仪和采用CCD图像传感器的全自动前照灯远近光检测仪。

(2) Q：在前照灯检测仪不受光的情况下，怎样调整前照灯检验仪光度计和光轴偏斜指示计？

A：在前照灯检测仪不受光的情况下，调整前照灯检验仪光度计和光轴偏斜指示指针的机械零点。

(3) Q：将被检测车辆尽可能与检验仪的屏幕或导轨保持垂直方向驶进检验仪，使前照灯与受光器相距多少？

A：将被检测车辆尽可能与检验仪的屏幕或导轨保持垂直方向驶进检验仪，使前照灯与受光器相距3 m。

实验2

(1) Q：简述红外线测温仪工作原理。

A：红外线测温仪由光学系统、光电探测器、信号放大器及信号处理电路、显示输出等部分组成。光学系统汇集其视场内的目标红外辐射能量，视场的大小由测温仪的光学零件及位置决定。红外能量聚焦在光电探测器上，并转变为相应的电信号。该信号经过信号放大器和信号处理电路，按照仪器内部的算法和目标发射率校正后转变为被测目标的温度值，并显示输出。

（2）Q：红外线测温仪在对汽车进行故障诊断时，主要应用在哪些方面？

A：主要应用在以下几方面：

①通过测量每个缸的排气歧管温度，判断发动机各缸工作情况；

②检查点火系统的点火线圈是否工作不良；

③检查冷却系统，准确判断汽车散热器和节温器是否阻塞以及水温度传感器的好坏；

④检查废气控制系统，准确检查三元催化器，检查排气管故障；

⑤测量轴承、皮带、轮胎、制动鼓、刹车盘和发电机的温度突变。

（3）Q：简述用红外线测温仪进行冷却系统故障检查的过程。

A：对于冷却系统，如果测试节温器时，发现节温器的温度有突然增加的地方，表明节温器打开，如果温度没有变化，说明节温器工作不良，需要更换。如果沿着冷却液流动的方向检测散热器的表面，检测到有温度突变的地方，表明该地方管路阻塞。

实验3

（1）Q：声压大小是表示什么？

A：声压大小是表示声音强弱。声压大，则声音强；声压小，则声音弱。

（2）Q：简述声级器的检查与校准过程。

A：声级器的检查与校准过程如下。

①检查电池容量。把声级器功能开关对准"电池"，衰减器任意，此时电表指针应达到指定红线，否则读数不准，应更换电池。

②打开电源开关，预热仪器 10 min。

③校准仪器。每次测量前或使用一段时间后，应对仪器的电路和传声器进行校准。根据声级器上配有的电路校准"参考"位置，校验放大器的工作是否正常。如不正常，应用微调电位进行调节。电路校准后，再用已知灵敏度的标准传声器对声级器上的传声器进行对比校准。

④将声级器的功能开关对准"线性""快"挡。由于室内的环境噪声一般为 40~60 dB，声级器上应用相应的示值。当变换衰减器刻度盘的挡位时，声级器仪表指针示值应相应变化 10 dB 左右。

⑤检查计权网络。按上述步骤，将"线性"位置依次转换为"C""B""A"。由于室内环境噪声多为低频成分，故经"C""B""A"三挡计权网络后的噪声级示值将低于线性值，而且依次递减。

⑥检查"快""慢"挡。将衰减器刻度盘调到高分贝值处，如 90 dB，通过操作人员发声，来观察"快"挡时的指针能否跟上发音速度，"慢"挡时的指针摆动是否明显迟缓。

⑦在投入使用时，若不知道被测噪声级多大，必须先把衰减器刻度盘预先放在最大衰减位置，即 120 dB，在实测中再逐步旋至被测声级所需要的衰减挡。

实验 4

（1）Q：多功能汽车检修万用表的特性、组成和工作原理分别是什么？

A：多功能汽车检修万用表是一种带有整流器的，可以测量交、直流电流、电压及电阻等多种电学参量的磁电式仪表。

万用表由表头、测量电路及转换开关 3 个主要部分组成。数字万用表的基本电路是一个表头电路，它包括显示器、功能按键、旋转开关和接线端口等。它所完成的基本功能是将输入的直流电压（模拟量）量化，并显示出来；要实现其他的功能一般需要增加外部电路。

数字万用表的测量过程由转换电路将被测量转换成直流电压信号，再由模/数（A/D）转换器将电压模拟量转换成数字量，然后通过电子计数器计数，最后把测量结果用数字直接显示在显示屏上。万用表测量电压、电流和电阻功能是通过转换电路部分实现的，而电流、电阻的测量都是基于电压的测量，也就是说数字万用表是在数字直流电压表的基础上扩展而成的。数字直流电压表中 A/D 转换器将随时间连续变化的模拟电压量变换成数字量，再由电子计数器对数字量进行计数得到测量结果，再由译码显示电路将测量结果显示出来。逻辑控制电路控制电路的协调工作，在时钟的作用下按顺序完成整个测量过程。

（2）Q：多功能汽车检修万用表在测量直流电压时有什么注意事项？

A：注意事项如下：

①在测量之前不知被测电压范围时，应将功能/量程开关置于最高程挡；

②当只显示最高位"1"，说明被测电压已超过使用的量程，应改用更高量程。

（3）Q：如何使用多功能汽车检修万用表测量交流电流？

A：测量交流电流的过程如下：

①拔出表笔，将功能/量程开关置于 ACV 量程范围；

②将黑色表笔插入 COM 插孔，红表笔插入显露的表笔插孔（mA 插孔或 20 A 插孔）。将测试表笔串入被测电路。

实验 5

（1）Q：汽车空调通常具备哪几个功能？

A：汽车空调通常具备的功能如下：

①调节温度：将车内温度调节到人体感觉适宜的温度；

②调节湿度：将车内湿度调节到人体感觉适宜的湿度；

③调节气流：调节车内出风口的位置、出风方向及风量大小；

④净化空气：过滤空气中的尘土杂质，对空气进行杀菌消毒；

⑤暖风装置：提高车内温度；

⑥制冷装置：降低车内的温度，并降低车内的湿度；

⑦通风装置：调节车内空气；

⑧空气净化装置：调节过滤空气及对空气进行消毒处理。

(2) Q：简述歧管压力计的组成。

A：歧管压力计由 2 个压力表（低压表和高压表）、2 个手动阀 [低压手动阀（LO）和高压手动阀（HI）]、3 个软管接头（1 个接低压接口，1 个接高压接口，1 个接制冷剂罐或真空泵吸入口）和歧管座组成。

(3) Q：如何检测空调系统的泄漏？

A：空调系统的检漏方法常用的有目测检漏法、皂泡检漏法、染料检漏法、检漏灯检漏法、电子检漏仪检漏法、抽真空检漏法和加压检漏法等几种。

实验 6

(1) Q：采集信号后，画面中并未出现信号的波形时该如何操作？

A：操作的方法如下：

①检查信号连接线是否正常接在 BNC 上；

②检查探头是否与待测物正常连接；

③检查待测物是否有信号产生；

④再重新采集信号 1 次。

(2) Q：简述 ADO 示波器的作用。

A：ADO 示波器是用来检测汽车电子电路故障的示波器。

参考文献

[1] 陈家瑞. 汽车构造（上）[M]. 北京：机械工业出版社，2000.
[2] 陈家瑞. 汽车构造（下）[M]. 北京：机械工业出版社，2000.
[3] 王望予. 汽车设计 [M]. 北京：机械工业出版社，2006.